敦煌

石窟全集

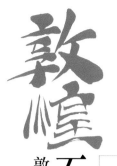

敦煌石窟全集

敦煌研究院主編

25

民俗畫卷

本卷主編　譚蟬雪

商務印書館

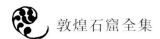

敦煌石窟全集

主編單位 ……………… 敦煌研究院

主　　編 ……………… 段文杰

副 主 編 ……………… 樊錦詩 (常務)

編著委員會 (按姓氏筆畫排序)
主　　任 ……………… 段文杰　樊錦詩 (常務)
委　　員 ……………… 吳　健　施萍婷　馬　德　梁尉英　趙聲良

出版顧問 ……………… 金沖及　宋木文　張文彬　劉　杲　謝辰生
　　　　　　　　　　　　羅哲文　王去非　金維諾　周紹良　馬世長

出版委員會
主　　任 ……………… 彭卿雲　沈　竹　劉　煒 (常務)
委　　員 ……………… 樊錦詩　籠文善　黃文昆　田　村
總 攝 影 ……………… 吳　健
藝術監督 ……………… 田　村

民 俗 畫 卷

主　　編 ……………… 譚蟬雪

攝　　影 ……………… 孫志軍
線　　圖 ……………… 呂文旭　吳曉慧　李　鏄　霍秀峰

出 版 人 ……………… 陳萬雄
策　　劃 ……………… 張倩儀
責任編輯 ……………… 劉　煒
設　　計 ……………… 呂敬人
出　　版 ……………… 商務印書館 (香港) 有限公司
　　　　　　　　　　　　香港筲箕灣耀興道 3 號東滙廣場 8 樓
　　　　　　　　　　　　http://www.commercialpress.com.hk
製　　版 ……………… 中華商務分色製版公司
　　　　　　　　　　　　香港新界大埔汀麗路 36 號中華商務印刷大廈三字樓
印　　刷 ……………… 中華商務彩色印刷有限公司
　　　　　　　　　　　　香港新界大埔汀麗路 36 號中華商務印刷大廈
版　　次 ……………… 1999 年 9 月第 1 版第 1 次印刷
　　　　　　　　　　　　©1999 商務印書館 (香港) 有限公司
　　　　　　　　　　　　ISBN 962 07 5272 4

前　言

佛教殿堂裏的世俗情

敦煌石窟壁畫以佛教經典、佛教故事為主題，同時又出現豐富的民情風俗畫面，為甚麼提倡超凡脱俗、出離塵世的佛教，卻又飽含着濃濃的世俗之情呢？

敦煌石窟壁畫原本不是單純供審美的欣賞品，而是一種弘揚佛法、化度眾生的宣傳品。所有的宗教都有一個自成體系的天國，而這個天國是人們根據自己的理想構築的，所以說神的世界是人的世界的折射。彌勒世界是佛教的天國，在那裏人們的壽命有幾萬歲，而且也有七情六欲，仍然面臨婚喪嫁娶，於是"彌勒經變"中便出現人生大事如婚嫁、喪葬等世俗風情的畫面。描繪理想世界的壁畫，為民俗畫留下創作的空間。

佛教的善權方便法門就是面向眾生，為順應眾生不同的能力，運用種種方便、巧妙的方法，說明佛理，以達到教化眾生、救度眾生的目的，也就是適應世俗、面向世俗，用種種靈活的方法引導更多人皈依佛教。

壁畫把佛教的教義、法理變成形象的、生動的、通俗易懂的語言傳達給眾生。如《楞伽經》的中心思想是唯識論這個玄奧的哲學命題，難以為廣大信徒所理解和接受，"楞伽經變"通過鏡中影、百戲音樂等畫面，宣傳世界萬物皆由心所造，使眾生在自己熟悉的民俗畫面中去認識佛法。

敦煌壁畫資料的來源一是樣稿、粉本；二是創作。樣稿、粉本或從印度、西域，或從中原傳來，其創作素材同時來自畫師所生活的社會。

畫師既要再現樣稿，但又不局限於樣稿。壁畫中反映了畫師創作的廣闊
空間，也有直接取材於當時當地的，例如農耕圖中的長把芨芨草掃帚、
連枷、簸箕、木杴、家庭火炕及炊具平底鐺；"福田經變"中的商隊
正是絲綢之路的情景等等。畫師還把個人的生活經歷和感情也融匯到壁
畫之中，如"藥師經變‧九橫死"所説觸犯國法處死刑這一主題，在壁
畫中一般是畫皂隸棒打無辜，而第468窟的畫面卻是在學堂院內，助教
鞭打學郎。這與畫師反對官府欺壓百姓和體罰學生的感情是緊密相聯
的。

　　佛教本身的需要、畫師在現實社會的生活體驗，令壁畫內容面向社
會、面向生活、面向眾生，給我們展現了一個生動、真實、直觀的歷史
風俗畫卷。

　　敦煌石窟可以説是一座民俗史博物館。從魏晉至北宋七百年間的中
古民俗概貌活現於壁畫上，揭示了民俗發展的軌迹，透露了民俗演變的
規律，構築出民俗史學的重要篇章。它不僅包括已從歷史中消失的民俗
事象，而且包括流傳到今天的民俗民風。由於紙本、絹本繪畫不易保
存，宋及以前的民俗畫真迹已絕無僅有。本卷收錄畫面較完好的民俗壁
畫，不少為唐代作品，堪稱珍貴紀錄。

　　敦煌石窟壁畫中表現民俗的畫面不獨立成鋪，它是經變、故事畫中
的一個情節，或者是為了説明某一佛理而採用的事例。其發展趨勢可分
三個階段：

　　第一階段魏晉及隋。民俗畫面較少，主要內容是絲路商貿活動，還
有佛傳中的瑞應、太子遊四門所見的生老病死等，情節和畫面都比較簡
單。

　　第二階段初、盛唐。隨着中國佛教世俗化、社會經濟的發展及文化
藝術的興盛，經變畫中出現了生動、豐富的民俗畫面，突出的有"彌勒
經變"的婚嫁圖、老人入墓圖、一種七收圖等；"藥師經變"的"九橫
死"；"法華經變"的"觀音普門品"及獨立成鋪的"觀音經變"等，
都與眾生的生活及苦難相連，情節豐富，描繪細膩生動。

　　第三階段中晚唐至北宋。在盛唐的基礎上，更多的經變出現民俗畫
面，如"維摩詰經變"中的妓院、酒肆、賭場；"楞伽經變"的百戲、
陶匠、獵戶、肉鋪等等。另外中唐以後，出現漢化偽經的經變壁畫，如
"父母恩重經變"、"地獄變"、"十王圖"等，直接取材於現實生活。
從題材豐富繁縟而言，這是民俗藝術的鼎盛時期。

　　敦煌自古以來就是西方文化進入中原的主要門戶。敦煌民俗壁畫為
我們展現了外來文化、民族文化和中原文化的交融。中華文化總是以中
原文化為本體，大量吸收、融匯外來文化的精華，創造出新的文化。民
俗是民族文化的重要部分，民俗在民間創造傳承，世代相習，是一個民
族在漫長的繁衍變異中逐漸形成的文化心理的外在表徵。它涵蓋的內容
很廣泛，從廣義上講包括社會生活的各個層面、各個領域，例如建築、
家具；歲時節令、慶典；服飾、飲食；信仰、崇拜；語言、文學、美
術、音樂、舞蹈等。由於《敦煌石窟全集》另有建築、服飾、音樂、舞
蹈等卷，本卷主要介紹中古時期西北地區的民間的生產、生活、信仰的
一般狀況，並着重分析婚姻、喪葬儀式。由於敦煌的居民來自不同的地
區和民族，畫匠也不全是本地人，所以壁畫上描繪的習俗是複雜的，因
而也更有研究價值。

　　以往的民俗畫面雖然也有不少研究，但敦煌壁畫面積龐大，在塑像

背後、牆壁高處或角落的也不容易發現，此次稟《敦煌石窟全集》窮盡
資料、用其精華的精神，搜集篩選成書，讓我們在敦煌壁畫中尋覓到中
古時期人們的生活氣息，從而加深對於民俗藝術的了解，珍視這筆豐厚
的文化遺產。

目　錄

百業俱興的古郡

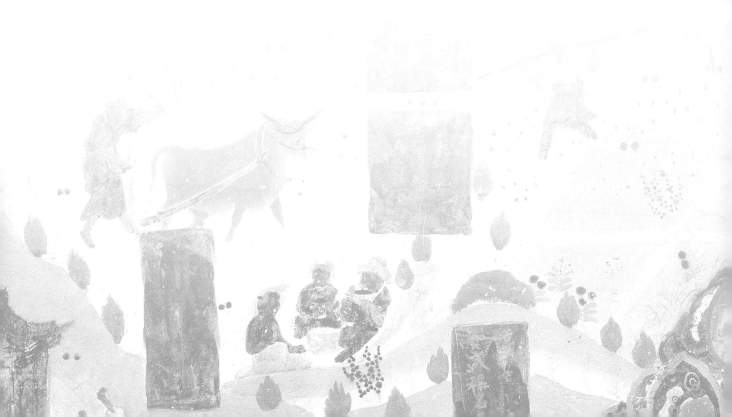

　　敦煌是建郡兩千多年的古城，多民族聚居之地，中西文化薈萃，也
是中國最早的佛教經典研究地之一。敦煌向以河西重鎮、絲路商旅和千
佛洞而聞名，但因人口眾多、迂路頻繁，敦煌的農、牧、手工業亦算發
達。

　　敦煌位於河西走廊的西端，故郡佔據党河、疏勒河流域，南望祁連
山，北接合黎山，中間是廣袤的沙漠戈壁。這座瀚海孤城，由於水源充
沛、土地肥沃，成為發展農牧業的綠洲。

　　敦煌在漢代建郡之前，曾經是羌人、月支、匈奴遊牧之所，他們以
牧獵為生，逐水草而居。

　　漢武帝為實埧拓邊的宏圖，出於軍事、經濟的需要，終於在元鼎六
年（公元前111年）設立敦煌郡，與酒泉、武威、張掖並稱“河西四
郡”。敦煌之名，由此前沿用的當地民族語音轉而變成漢字。

　　西漢時，河西戍卒達三十萬人，與當地二十八萬多的總人口基本持
平，這些以漢族為主的士兵對當地社會影響極大。為了保障軍隊的給
養，李廣利將軍推行戍卒耕作的“軍屯”，敦煌至今還留有貳師廟、貳
師泉等遺迹。為了開發“民屯”，從內地大量移民至河西。西漢末年，
敦煌郡發展為擁有一萬一千餘戶、三萬八千多人的城鎮。

　　隨着城鎮的鞏固，敦煌居民的民族結構發生了根本變化，形成以漢
族為主體的多民族成分，經濟從遊牧過渡到農牧，並形成集貿中心。西
方的佛教文化和中原的城鎮文化並存，由此決定了敦煌的民俗特徵。

第一節　農牧兼作的邊城

　　從敦煌石窟中留下的歷代禮佛圖上，可知敦煌曾是王公貴族的駐蹕之所，當年敦煌城的盛況是可以想見的。作為戈壁灘上的一方綠洲，迢迢絲路上的關隘重鎮，敦煌擁有發達的農業、畜牧業、手工業和商業，這種不同的經濟活動，包含着不同民族的習俗文化基因。

　　唐朝時，敦煌糧食不但自給，還成為拓邊軍糧的儲備基地。天寶年間在河西收購的糧食達三十七萬一千餘石，約佔全國和糴總數的三分之一左右，沙州就是其中之一。

　　正是在這種歷史背景下，敦煌壁畫中出現了約八十幅農作圖，起自北周，迄於北宋，其中唐代約佔四十二幅。唐宋時期農耕圖主要分佈在彌勒經變、法華經變、佛傳故事及千手觀音變中。"彌勒經變"反映的是彌勒世界之樂事——一種七收；"法華經變"是以雨水對禾苗的滋潤，譬喻佛法對眾生的護佑；佛傳故事是反映太子觀看農耕；"千手觀音變"是為了表現觀音菩薩廣大慈悲之化用。現實生活中的農耕場面因此形諸壁畫。

　　在盛唐第23窟的雨中耕作圖中突出了喜降甘霖的情景，降雨在西北地區是罕見的，畫面只選取牛耕及挑麥兩個場面，表現春種秋收的歲時概念。地頭上還畫有一家人正在歇晌進餐，氣氛溫馨，猶如一幅中原農家樂圖。

　　第61窟五代的農作圖，以牛耕、收割、揚場三個畫面表現農作的主要過程。反映農作過程比較全面的是盛唐第445窟的農作圖，從開始耕地直至糧食收

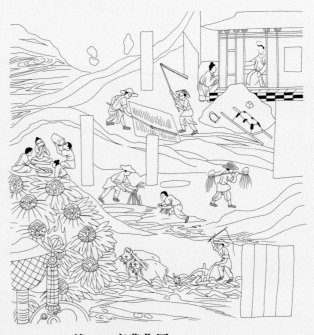

第445窟農作圖

倉。可惜原壁畫被煙熏，圖中還顯示了僱傭勞動，屋內坐着一位穿圓領袍服者，正在聽屋外一人的稟報，擬把糧食搬運進倉。此人或是莊園主，或是寺院常住的僧職人員，或是衙府營田司的官員。榆林窟第20窟為了突出收穫的主題，只表現收割和揚場，榜題明確交代：爾時一種七穫，用功甚少，所收甚多。唐宋時期敦煌仍用牛耕，沿用一牛拉犁，或二牛抬杠，使用中原的生產技

術和農具，如曲轅犁出現在盛唐。榆林窟第3窟"千手觀音變"的農作圖只畫牛耕代表農作的全過程。農作物以小麥為主，盛唐、中唐時有種植大米的記載，壁畫上有少數用黃牛耕種水田的場面。據藏經洞出土文獻記載，當時還種植粟、糜、豆類及麻、棉等作物。此外還有葡萄、果樹等。

敦煌還是畜牧業發達的地區，這裏原有放牧的傳統，發展農業以後，仍然直接受境內及周邊遊牧民族的影響。發展畜牧業不僅是為了經濟生活之需，還有軍事上的重要意義。雖然壁畫中幾乎沒有直接反映放牧的場面，但敦煌文獻中記載了官府設立馬坊和郡草坊，負責飼養管理職能，還另設長行坊，管理長行的馬、駝、驢，保證交通、貨運、驛使及軍事所需。每年四月中下旬馬羣、駝羣便進入草澤放牧，每羣有專人看守，還實行分欄飼養。"牲畜飼養欄"的畫題是出自佛傳故事中，反映悉達太子降生時的祥瑞之一：六畜同生五百子。分圈飼養可以減少畜羣之間的爭鬥損傷，規模較大，各圈頭數不致擁擠，通風和衛生條件較好，料草也可各得其所。第108窟的馬坊圖，出自《法華經》中"窮子喻"故事，反映窮子在馬坊中的一段生活，但畫面無疑真實地記錄了當年馬羣飼養已有專人負責的情況。

役畜以馬、駝、牛、驢、騾為主，肉畜以羊為主，牛還用於供給乳品。從衙府到各寺院都擁有羊羣，及專職牧羊人。歸義軍時期，內宅司養羊十五羣，約六百七十六頭；大乘寺羊羣九十五頭，金光明寺五十二頭，普光寺四十頭，靈修寺三十二頭。設羊籍登記，年度核查，家庭也養羊，除食用外，還可出賣。

隨着畜牧業的發展，專門為牲畜治病的獸醫應運而生。為牲畜治病的畫面出現在第296窟"福田經變"中，馱載着貨物的駱駝和馬匹在艱苦的絲綢之路上，不堪重負，時常在旅途中生病，獸醫便得治療。治療方法有藥物治療和手術治療，前者給病畜灌藥，後者把牲畜固定後，在相應部位動手術，描繪得很生動。

壁畫中的獵戶，代表着西北地區的遊獵民族。狩獵者中有的是貴族，有的是以捕獵為生的獵戶。壁畫的狩獵場面也可分為兩類，一類是作為現實生活的寫照，另一類屬於經變畫中的一個情節，宣揚佛教戒殺生、禁食肉，狩獵的場面是從反面告誡信徒。如第321窟的"寶雨經變"為了表現熙攘的塵寰、紛爭的人世而描繪了獵戶。第85窟的"楞伽經變"從輪迴觀念出發，嚴禁狩獵殺生。通過壁畫，當年獵人的形象呈現在我們面前。他們手持的利器是大斧、鐵錘和弓箭，斧、錘均安裝長柄，具有唐代兵器的特點。獵戶出獵時必以鷹犬為助，從春秋以來，畋獵者便以鷹犬為伴，如楚文王好畋獵，匯聚了天下的快犬名鷹。畋獵之時，鷹則戾天，犬則走陸，所逐同至。在敦煌還曾專設鷹坊，他們是以網鷹、馴鷹及養鷹為業者。歸義軍衙府每年七月末至八月，派專人外出網鷹，還向朝廷貢鷹。在第249窟的狩獵圖中表現了精湛的馬技及射技：獵手邊騎馬奔馳，邊拉弓出弦，稱曰"馳射"。更有高手，可以在奔馳中反身後射，這種射藝據說傳自西域和北方草原地區，比馳射更勝一籌。難怪《前涼錄》記載有：敦煌人索孚，善射，十中八九，並對射法作出概括。

作為一個發達城鎮，敦煌擁有各種手工業，其中尤以釀酒業、鍛造業、製陶業與羣眾生活息息相關。當時的手工業是以家庭作坊為主體的。酒類中高檔的是麥酒，普通的是粟酒，還有葡萄酒。釀酒的專業戶中，分官酒戶、寺院酒戶和眾多的私人酒戶。榆林窟第3窟壁畫中的釀酒圖，反映了當時先進的釀酒技術。蒸酒房內是女性司爐，採用了蒸餾技術。一般家庭釀酒用臥酒法，即將蒸煮後的麥、粟發酵，產生酒液，這種

酒的濃度較低。而蒸餾技術，可以大大提高酒的濃度，得到較為純淨的酒，即所謂燒酒。

敦煌的鑄造鍛鐵業主要生產車馬用具、農具以及生活用具。當時的鑄匠又稱鎬匠。據五代時的《衙府酒帳》記載："（八月）十七日支寫鎬匠酒半甕"、"（十月）四日支寫鎬匠酒壹甕"。鍛鐵者統稱鐵匠，在晚唐《歸義軍衙府布破歷》中記載："（三月）支與鐵匠索海全細布壹匹"。五代的《寺院破歷》記載："粟壹碩六斗，鐵匠史都料手工用"。從這些記載還可以看出晚唐以後敦煌貿易市場不流通貨幣的事實，因此用酒、布匹和糧食來支付工匠的勞動報酬。西夏時期在榆林窟的3窟中，出現了鍛鐵的畫面，人工鍛打的情景畫得準確、生動。

在晚唐以後的"楞伽經變"中出現製陶畫面，以陶師為例，來說明佛法義理："譬如陶師於泥聚中，以人功、水杖、輪繩，方便作種種器。"壁畫中的製陶工藝採用輪製法，即下部設一木製圓盤，可操縱旋轉。第454窟中所畫陶工坐在樹下勞作，妻子在不遠處相伴，體現了家庭作坊的特點。由於這些家庭作坊的產量很小，產品只在當地銷售。

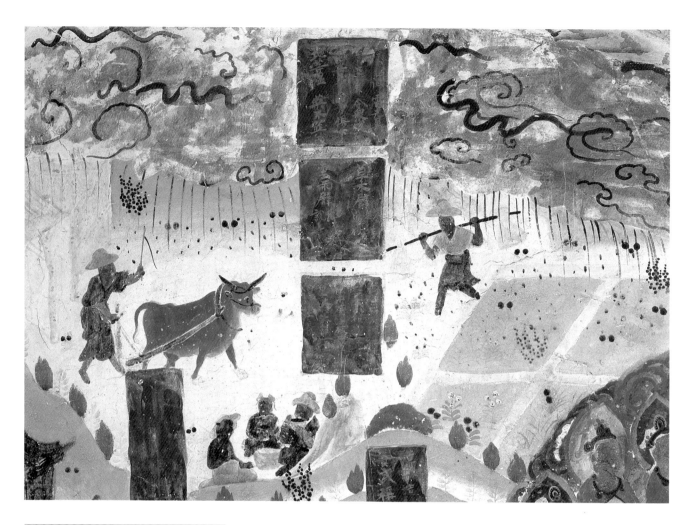

1 雨中耕作

天上烏雲密佈，閃電倏忽，條雨下瀉。
農夫頭戴蓆帽，正在耕地。另一農夫上
着半臂衫，下穿犢鼻褲，肩挑麥束行
進。一家四口席地在田間餐飲。

盛唐 莫23 北壁

2 農耕收穫

農夫戴蓆帽,着缺胯衫、小口褲,手持
鐮刀正在割麥。一農夫手持木枚 在揚
場,農婦梳髮髻,上襦下裙,手持芨芨
草長掃帚在掃場。

五代 榆20 南壁

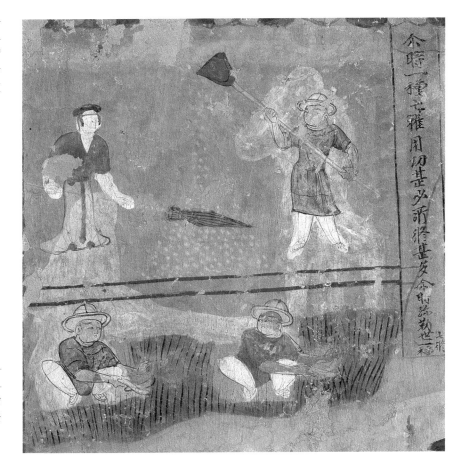

3 揚場

農婦以小巾覆髻,站凳上持簸箕當風揚
場。敦煌諺語: "風中揚穀,秕者登
先。"

五代 莫6 南壁

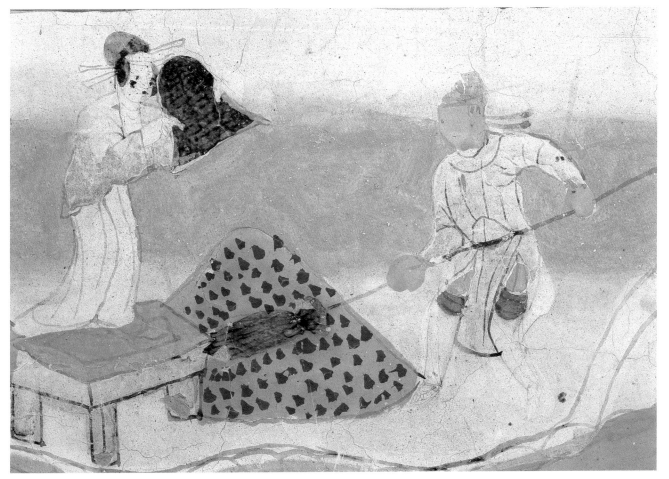

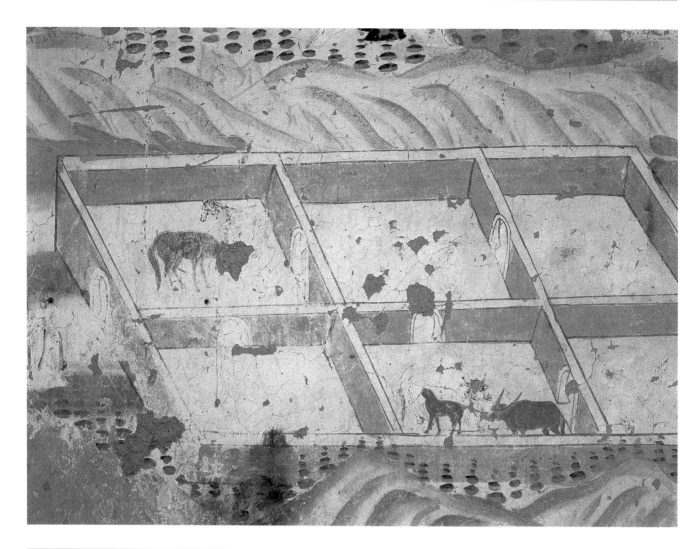

4 牲畜飼養欄

各圈分別飼養不同的種畜,馬圈、牛圈,各圈之間有1—2門相通。

五代 莫61 西壁

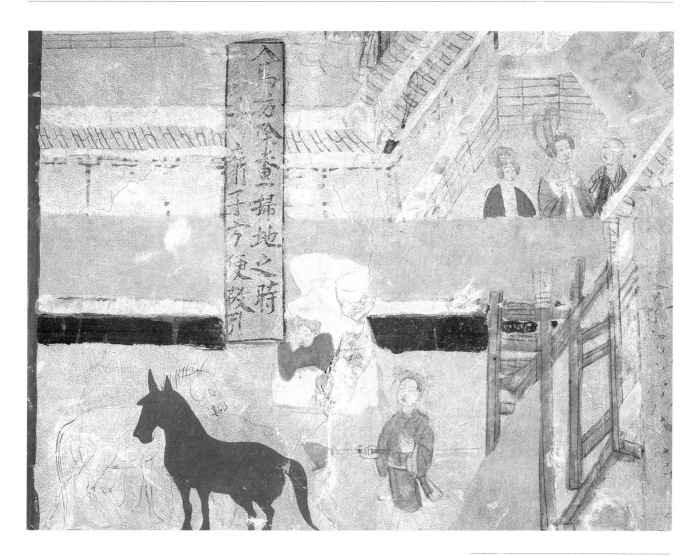

5　馬坊

馬坊是專門飼養管理馬羣的場所，有專
人負責看管、餵養及打掃衛生。一少年
紮雙角髻，着缺胯衫，手執鏟子清除馬
圈的糞便，後面是臥在馬圈中的情景。
五代　莫108　南壁

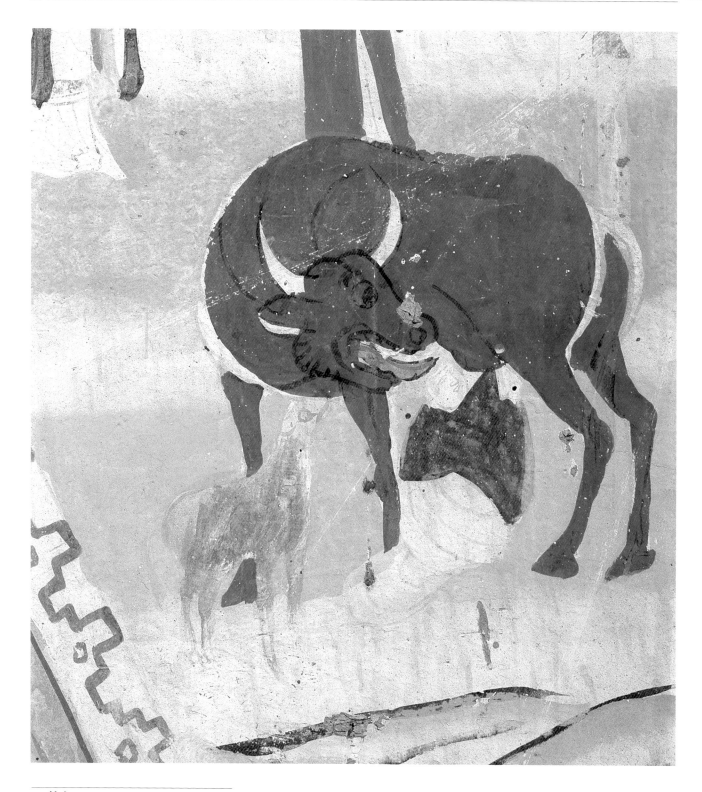

6 擠奶

一農婦在擠奶，牛犢偎依在母牛身旁，
一片舐犢情深。
五代 莫146 東壁

7 出獵

四位獵人整裝出獵，均戴幞頭，着缺胯
衫，足穿半腰靴。左起：第一人右臂立
鷹，左手牽犬；第二人右手持弓，左臂
挎箭囊；第三人扛斧；第四人牽犬。
晚唐 莫85 窟頂東坡

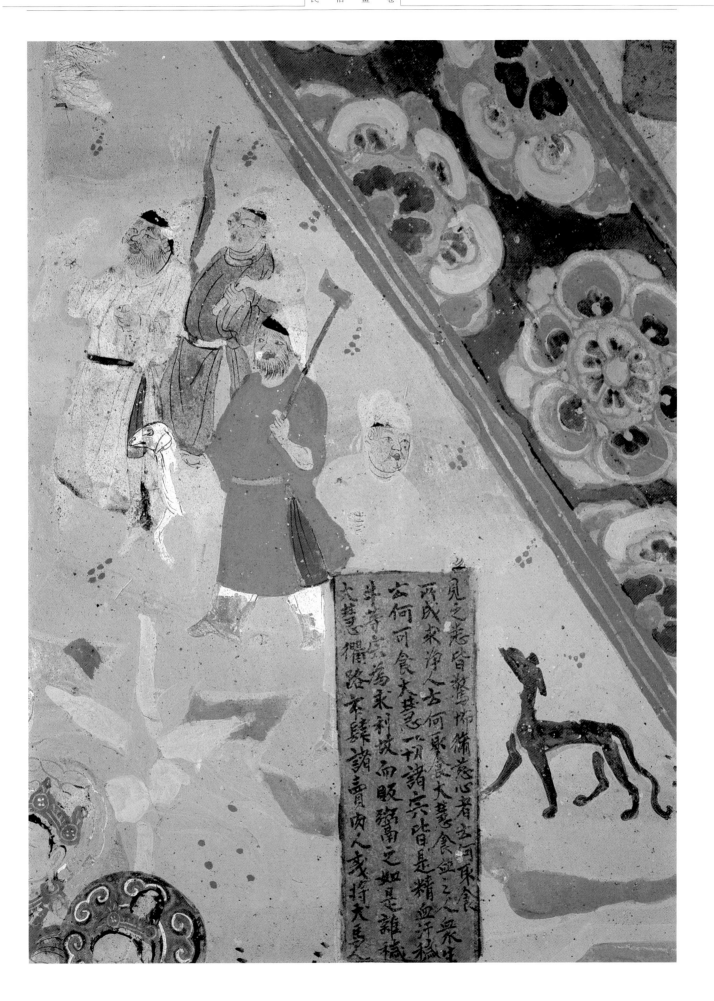

見之志皆驚怖備慈心者立可東食
兩氏求淨人去何眾象大慈食血之人眾生
云何可食大慈一切諸宗皆是精血汗穢
非寺眾為采利攻而販鬻當之如是雜穢
大慈備路本縣諸賣肉人戈持犬馬人

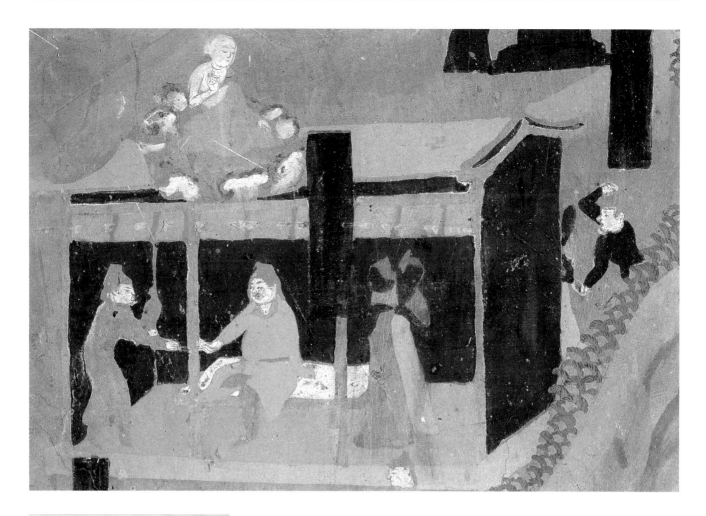

8 獵戶

主人端坐床上，左側是臂上立鷹的獵
人，正向主人稟報。右側是主人的眷
屬，側身掩面，反映出佛典所説的：殺
生食肉之人，眾生見之都驚恐遠避。
初唐 莫321 南壁

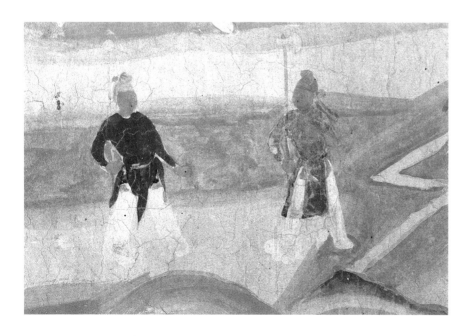

9 出獵

兩名獵人戴幞頭，着缺胯衫，左側者右
手執圓錘，右側者右手持斧。
五代 莫61 南壁

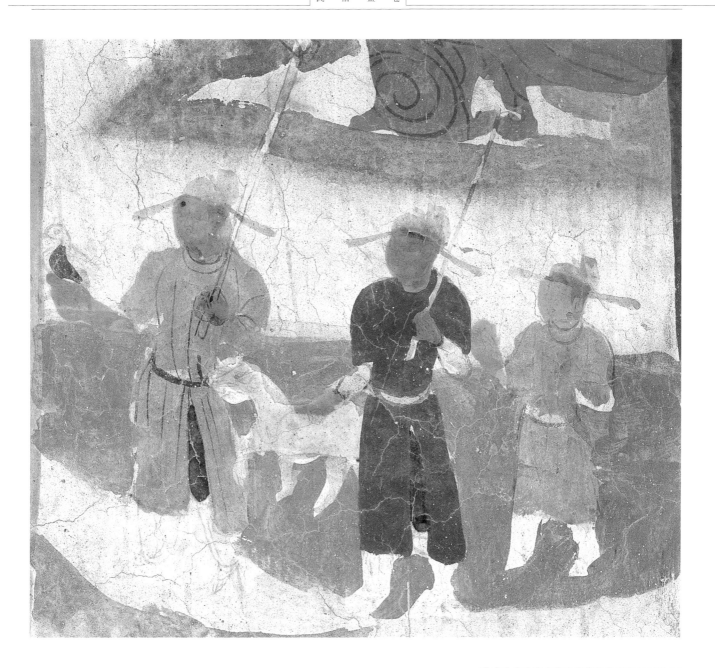

10　出獵

三位獵人整裝出獵，左起：第一人右臂
立鷹，肩扛鐵錘；第二人右手牽犬，左
肩扛斧；第三人背箭囊，但弓卻看不
清。

五代　莫61　南壁

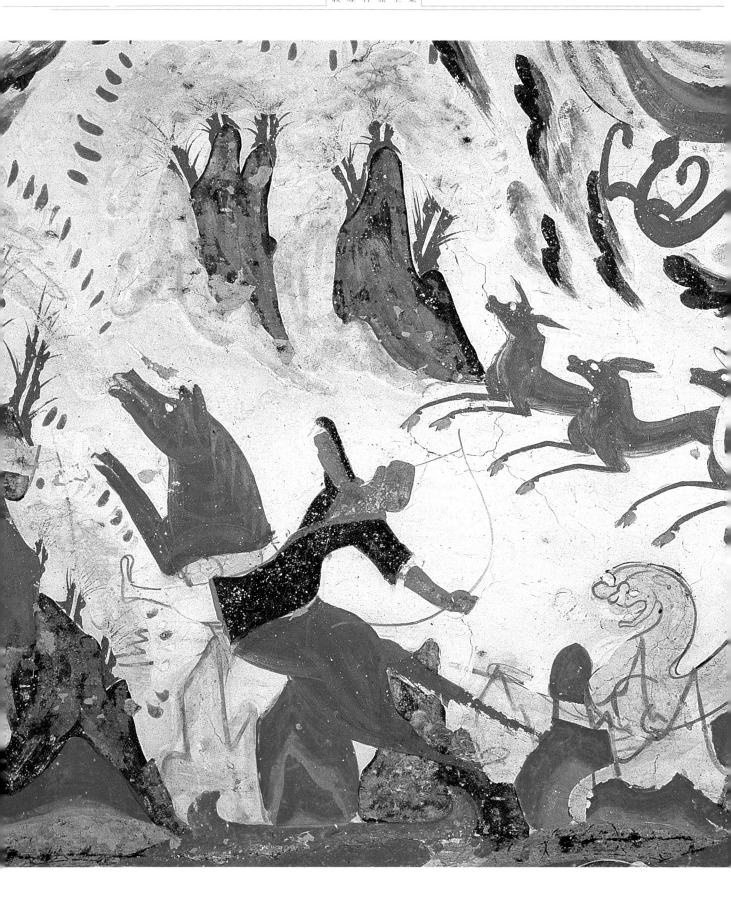

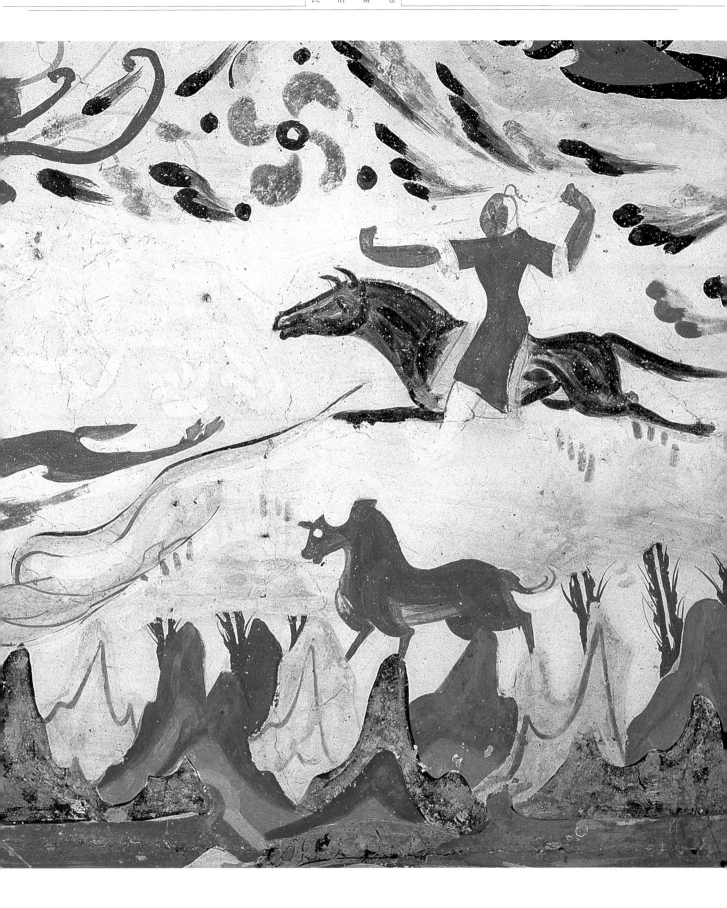

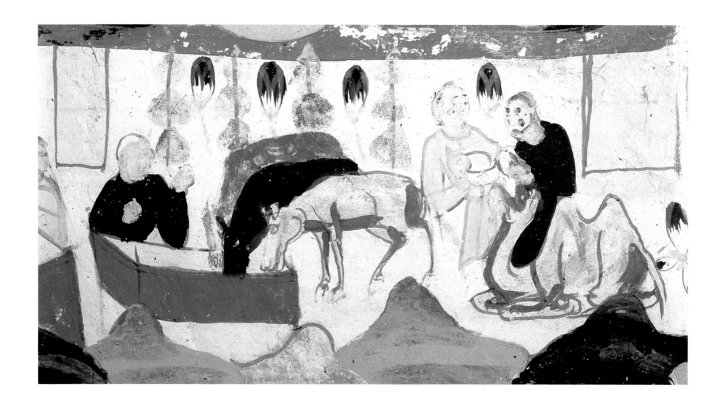

12 飲馬灌駝

左側是三匹饑渴的馬正在飲從井裏汲上
的清水,右側兩人在灌駝。駱駝患病,
軟臥地上,左側是獸醫師,手持藥臼,
正向駝嘴灌藥。右側是駝夫,協助醫師
工作。

北周 莫296 窟頂北坡

11 狩獵　　　　　◀ 見上頁

在崇山峻嶺中,進行着一場人獸搏鬥,
右側獵人馳射追捕着三頭野鹿,攬弓挾
鳴鏑,長驅直前。左側的獵人正躍馬奔
騰,猛虎突從身後撲來,他毫無懼色,
反身引弓,弓如滿月,控弦發矢。畫面
上人比山大,這是魏晉時期的特色之
一。

西魏 莫249 窟頂北坡

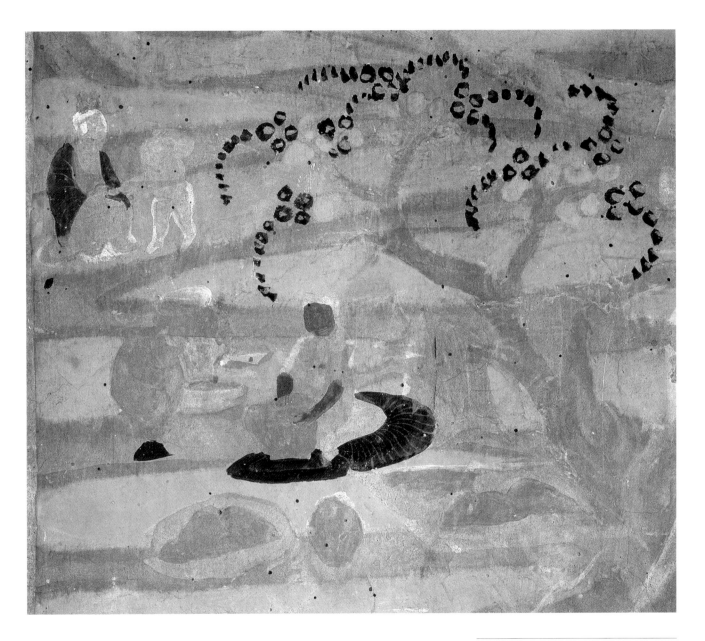

13 製陶之家

陶師在樹下正緊張地勞動，身下是木圓
輪，周圍擺放着已成型的各種器皿。不
遠處是陶師的妻子和孩子，家庭氣氛顯
得祥和、安樂。此圖是家庭作坊的形象
反映。

宋 莫454 南壁

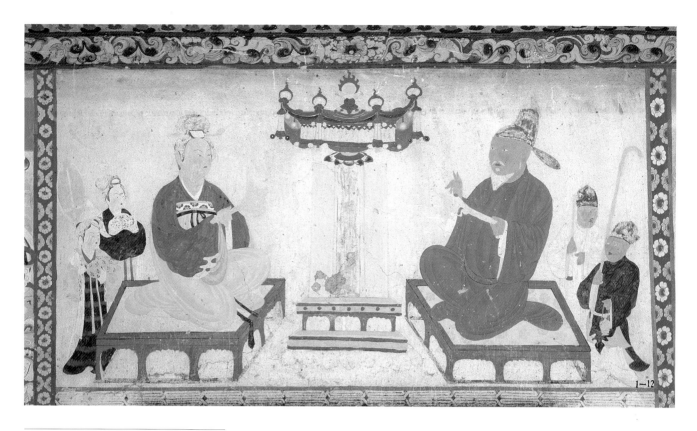

1—12

14 索家供養像

索家是敦煌豪族。男女主人在禮佛時，
相對胡跪於胡牀上（單腿跪或坐，稱胡
跪）。均着中原官服，男主人頭戴幞頭，
身穿圓領襴衫；女主人頭束高髻，肩垂
帔帛，束長裙。

晚唐 莫144 東壁

15 女供養人像

據榜題，供養人為于闐國王后，她是敦
煌曹氏家族之女，其母為回鶻公主。由
此可知敦煌地區漢族與西域各族的親密
關係。

五代 莫61 東壁

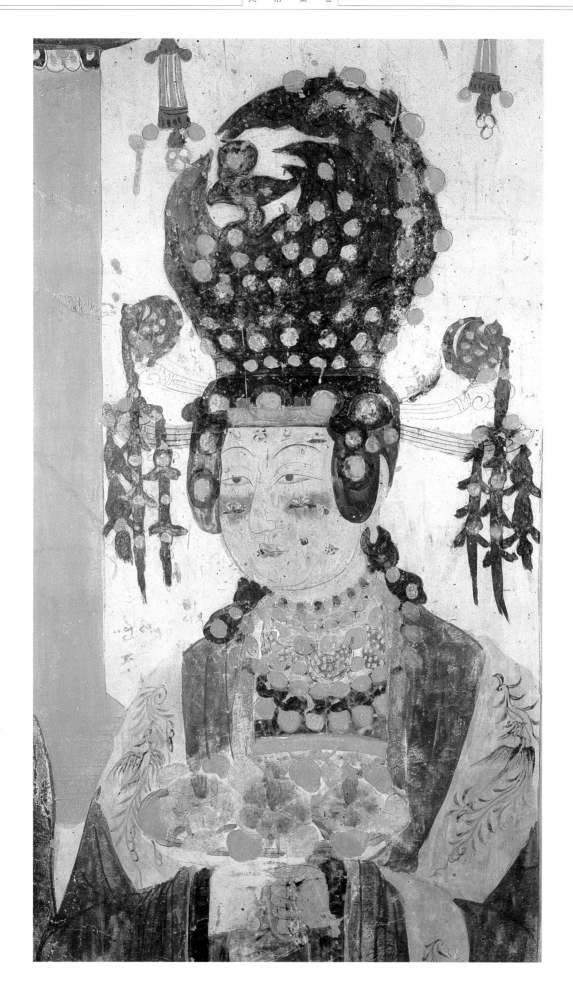

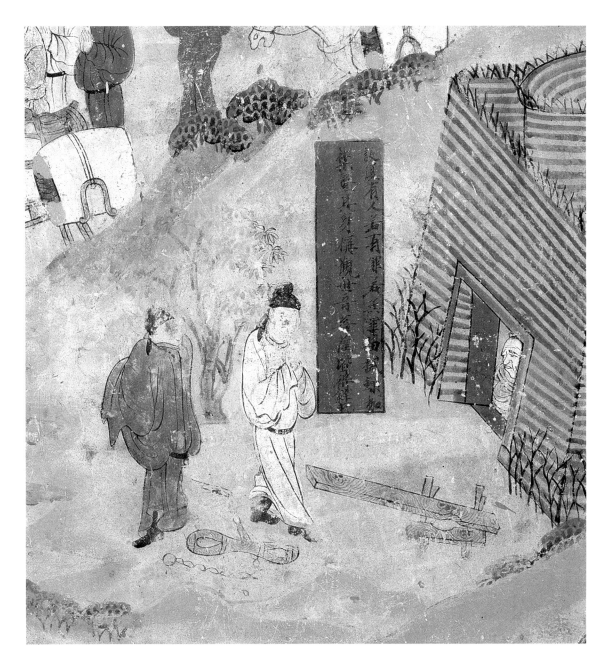

16 牢獄圖

觀音經變中說，有罪的人只要誠心稱念
觀世音菩薩即可得解脫。圖中反映了盛
唐時期敦煌官府所使用的刑具和監獄監
禁罪犯的情景。

盛唐 莫45 南壁

17 行刑圖

罪犯跪於地上，一個行刑者在後拉住綑
綁犯人的繩索，另一個在前拉着犯人的
頭髮，劊子手在中間舉起長刀，這時犯
人若心念觀世音，長刀即斷數節。此圖
是唐代時執行死刑的寫照。

盛唐 莫45 南壁

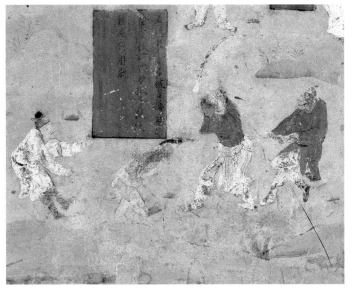

第二節 絲路商旅

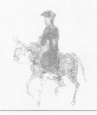

中原通往西方的貿易通道，被西方人稱作"絲綢之路"，它以長安為起點，至敦煌分作南北中三道，西至地中海之濱，敦煌正處三道的匯合處，扼絲路之咽喉。中外客商、使者憑"過所"進出。過所即通行證，由官府發放，注明姓名、事由、時間及沿途所經之地。至唐代，官員還設魚牒之制，執分剖的魚符通行。

在第103窟《法華經·化城喻品》中繪有一隊胡商，以大象滿載貨物來華貿易。可見胡商是當年活躍在絲綢之路上的主力軍。胡商又稱商胡、興生胡，多數是粟特人，還有波斯人、大食人、回鶻人及猶太人等。他們或買賣中國本土貨物，或交易西域特產，或列肆販賣，或來往轉鬻。《法華經·普門品》記載了眾生遭遇的各種災難，其中之一是遇盜賊，第45窟的畫面表現一隊來華貿易的胡商，途中遇盜，他們只有卸下駝馬運載的貨物，祈求觀音菩薩的救助。此圖足以證明在沒有官兵保護下的商路是如何艱險。

在絲綢之路上既有東來的胡商，也有西去的華人，通過國際交往，帶來了經濟貿易的繁榮。壁畫中在南北朝時就以全景式的畫卷，連續性的橫列構圖，再現了絲路貿易的繁榮風貌。第296窟呈現在人們眼前的是華人與胡人的商隊在路上相遇，馬隊、駝隊滿載貨物，彼此顯得謙和禮讓，胡商停在橋頭，讓中國商隊平穩過橋。而且他們途中的生活也歷歷在目，經過長途跋涉，人困馬乏，在這裏休憩停頓。不禁使人想起唐代詩人張籍的《涼州詞》：

"邊城暮雨雁飛低，蘆筍初生漸欲齊。

無數鈴聲遙過磧，應馱白練到安西。"

絲路的暢通，貿易的興盛，輻射到國內各地。最典型的是第61窟五台山圖中的行旅，在層巒疊嶂中穿梭往來的有乘馬的官員、富商，也有肩挑背馱步行的勞苦人；既有駝馬商隊，也有個體小販；既有朝廷貢使，也有趕腳的挑夫。真是往來行旅，摩肩接踵；貨貿之路，密如蛛網；店鋪客棧，沿路可見。人畜在山嶺中行走，山高路險，他們同心協力，彼此照應，共同抵禦災禍，反映了行商的艱辛。

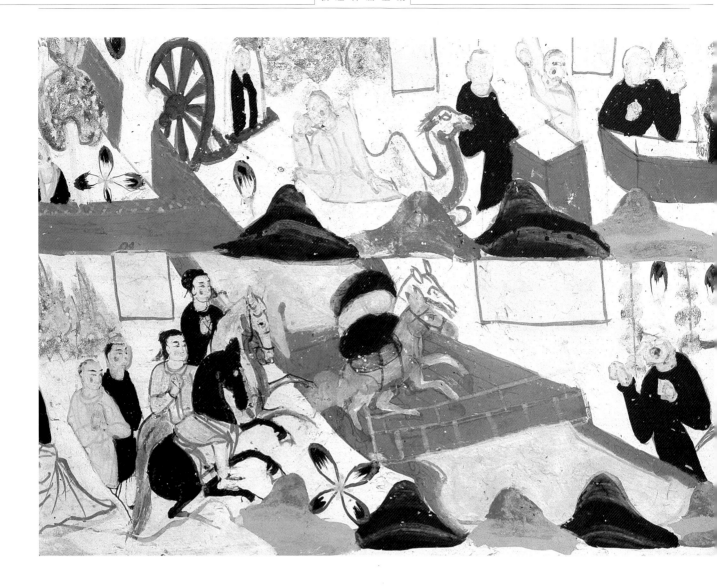

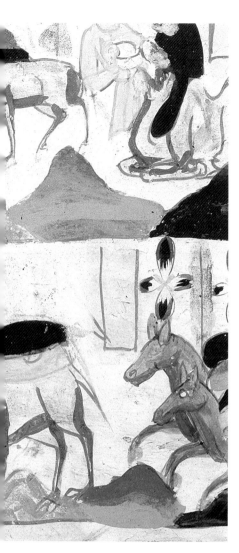

18 絲路貿易

畫面分作兩欄，下欄是商隊，以橋為
界，左側是中國的商隊，正在上橋；右
側是胡商，前面是駝隊，後面是馬隊。
上欄是途中休憩，左起：車內的商主、
臥地的駱駝、一旁打盹的駝夫、汲水
者、飲馬、給病駝灌藥。

北周 莫296 窟頂北坡

19 胡商遇盜

一羣胡商戴胡帽，着圓領袍服，臉上留
髯鬚。當途中遇盜時，他們一方面乖乖
地卸下鞍架上的貨物，一方面雙手合
十，虔誠祈求觀音菩薩的保佑。馬背上
設鞍架，是為了盡可能多運載貨物。

盛唐 莫45 南壁

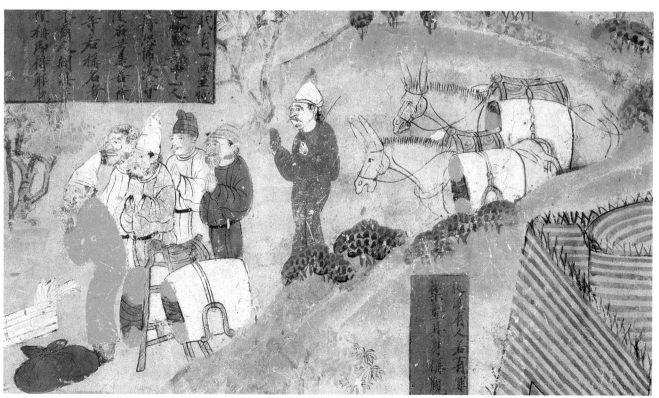

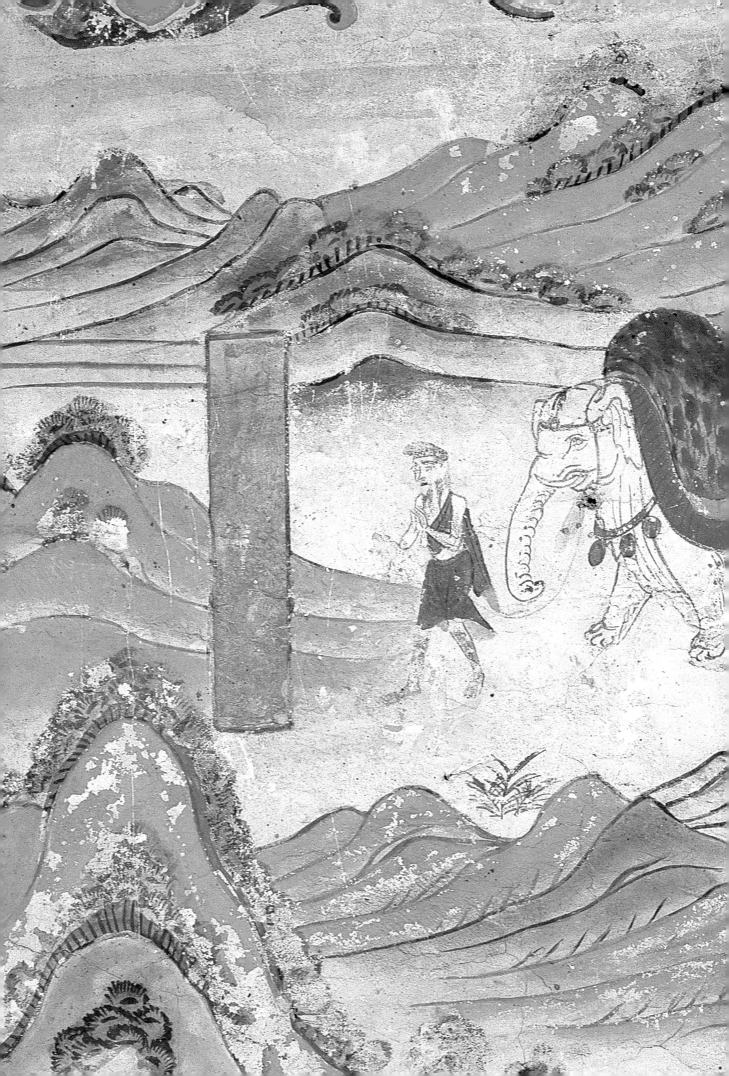

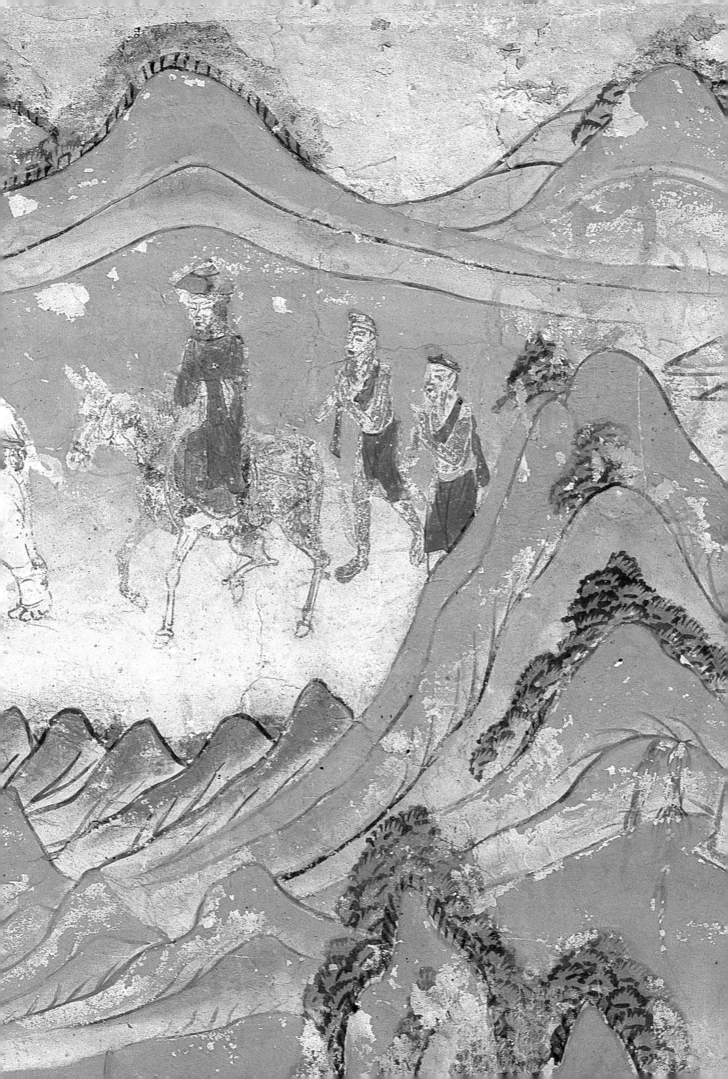

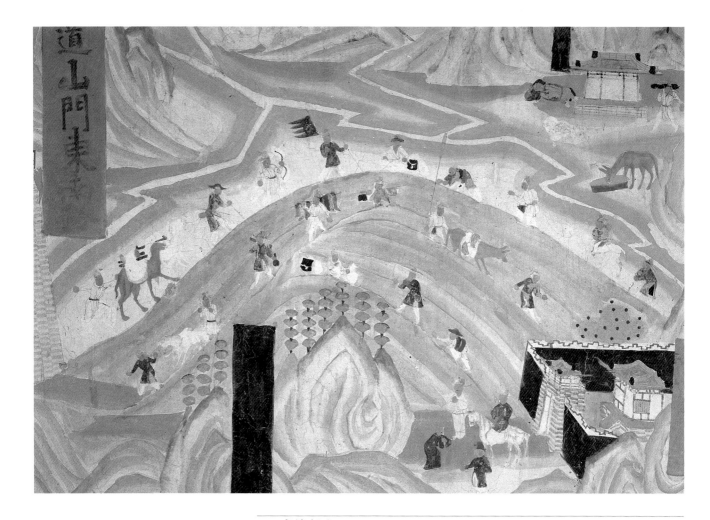

21 商旅行人

上下山的人有序地分成上山、下山、上山三層，後層為上山者，一隊送供使從左面上山：前面的是執牙旗的旗手和護衛的弓箭手，第三人是騎馬的官員，最後是狠命趕着駝馬上山的腳夫。山頂有行旅席地盤坐休息，右面是數人結伴背負財物上山：挎行囊者，趕着毛驢運貨上山者。中層是下山的人羣，左側由下往上：一前一後兩人趕驢下山；一人背負財貨，左手提着貯水的葫蘆。後二人是肩挑小販。右側人與毛驢下山，最後一人拽住驢尾，是"下山驢抽弓"的形象。前面一層是上山者，最後一人正艱難地爬坡。畫面右上角是一座店鋪，一人臥在屋旁，一行商背負財物向店鋪走來，一旁在給牲口餵料。右下角是石嶺關鎮的衙府，府前數人在辦理有關進出手續。

五代 莫61 西壁

20 來華胡商　◀ 見上頁

一隊胡商在崇山峻嶺中行進，前行者為引象人，大象滿載貨物。商主戴帷帽，騎在馬上，後面兩人為僕役。

盛唐 莫103 南壁

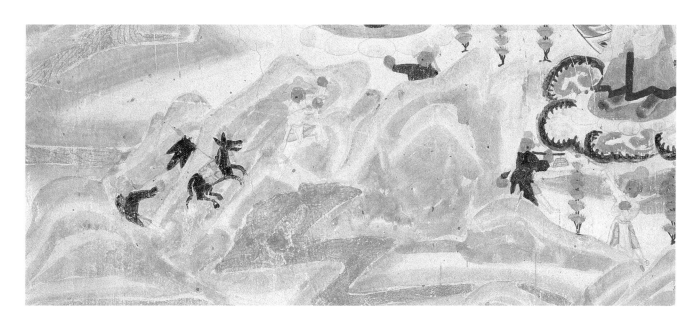

22 山中行旅

一行五人在山中艱難跋涉,他們彼此前呼後應,反映團結互助、戰勝困難的精神。

五代 榆33 南壁

23 山中行旅

一行三人趕着滿載貨物的馬匹上山,前兩人戴蓆帽,後一人戴油帽,背囊袋,均着缺胯衫,是小商販。前面山窪裏腳夫挑擔,貨主隨後。

五代 榆19 西壁

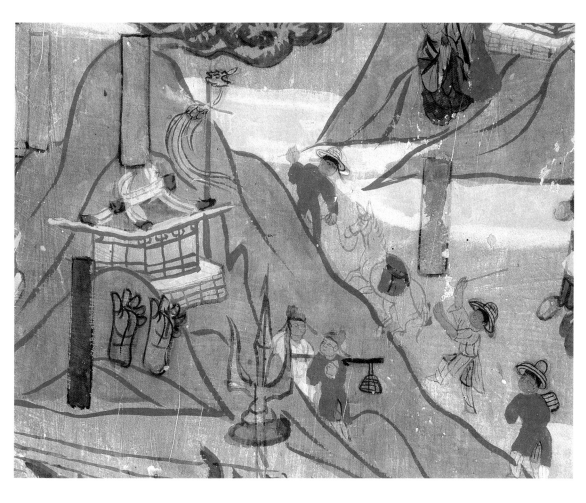

第三節　市井百業

敦煌是河西地區的重要商貿集鎮，在這裏不僅開設貿易場所，還開設有提供南來北往的商旅和長住市民娛樂、消費、服務的場所。儘管敦煌壁畫主要是反映與佛教有關的題材，但透過一些場景，如肉坊、酒肆、瓦舍、妓院、醫坊以及勾欄百戲、賭博場等，對當年的百業風貌也可窺豹一斑了。

敦煌氣候寒冷、乾旱，每年從十月至來年三月，近半年內，地裏不能生長蔬菜，居民除靠窖藏的蔬菜外，還要靠部分肉食維持度日。由於畜牧業發達，無論城鎮還是村落都受到遊牧民族生活習俗的影響，所以屠戶、肉坊是本地區重要行業之一。在北周的壁畫中已出現屠戶形象，其本意是宣揚佛教戒殺生，告誡人不要賣肉、食肉。《賢愚經·善事太子入海品》中說：善事太子曾騎馬出行，目睹了屠戶宰牛等一系列殺生害命之事。屠戶的畫面還見於"寶雨經變"中，通過一所大雜院揭露人世間的醜惡行為，其中就畫有兩個屠夫肩扛、擔挑着宰殺的肉大步向外走去。在第85窟的"楞伽經變"中出現肉坊，以此作為警示。但實際上敦煌的僧尼均可吃肉，這與中原是有很大區別的。

屠戶、肉坊不是截然分開的，有的屠戶也兼賣肉，有的肉坊也可自己屠宰。肉坊的規模有大小之別，大者有鋪面，還有攤位，肉品豐富，不但有現成的肉塊，還有宰好的全羊，供人隨意選購。小者只有攤位，肉案上放着不多的幾塊肉。畫面上肉鋪多繪有狗，這有兩

方面的含意，一方面是狗食肉，以狗烘托肉坊的氣氛；另一方面是寓託貶義，賣肉、食肉者與狗為伍。

唐宋時期，敦煌地區飲酒成風，以致成為官府迎來送往的必備禮儀。無論是朝廷來的天使，還是周邊民族的使者，乃至境內各縣、鎮來州府辦事的官員，均由衙府的宴設司及官酒戶供酒，稱"逐日酒"，每次最少是二升，最多為一斗至二斗。還有"迎頓酒"、"送路酒"，彼此看望也飲酒。民間社團的集會也大設飲宴。社條規定，凡春秋二社日以及社內建福佛事、婚喪、勞作互助等活動，均由社人納粟設酒。甚至女人社的社條也說："便須驅驅濟造食飯及酒者。"不僅如此，連僧官、男女僧徒都可喝酒，文獻中記載有："粟三斗沽酒，下城來日就大和尚院眾僧吃用。"到了歲時節令的慶典活動或喜慶的日子，更是豪飲助興。如元正、寒食、端午、冬至及二月八行像、四月八佛誕等，從僧人到百姓，或設局席、或相互邀請飲酒作樂。在敦煌，酒還有一項特殊的社會功能，即作獎懲之用，對重勞力或工匠活幹得好，以酒獎勵，如《酒帳》："（五月）廿三日支縛箔子僧兩日酒一斗，又償酒一斗。"對違反社規、社條者，則罰酒半甕或一甕不等。

晚唐歸義軍衙府專設"酒司"作為用酒的管理機構，下轄官酒戶。官酒戶以戶主的姓名為號，如馬三娘、龍粉堆等。官酒戶向酒司領取釀酒的糧食和釀酒所需物品，即酒本，然後按規定繳納

一定數量的酒。如是一般使客，由官酒戶直接供酒，如是高級官員，則通過宴設司辦理。這種官酒戶直至南宋仍有記載，他們開設酒樓，公開營業，稱"官庫"。

私營酒店大大超過官酒戶，獲利十分可觀，如敦煌文獻記載僧人龍藏未出家時，家中種田不得豐饒，他自開酒店，自僱人，並出本糜粟卅石造酒。那一年除吃用外，得利刈價七十畝，柴十車，麥一百卅石。可見開酒店比種田獲利大。私營酒店多以店主的姓氏為號，如汜家店、趙家店、馬家店，還有粟特人姓氏的康家店、何家店、石家店、曹家店、安家店等。也有以店主全名作店號者，如郭慶進店、石狗狗店等。酒店有女性當壚者，如官酒戶馬三娘、酒店楊七娘子、灰子妻等。還有僧官開酒店者，如汜法律店、郭法律店。

在敦煌壁畫出現酒肆的畫面是據《維摩詰經·方便品》所繪："入諸酒肆，能立其志。"表現維摩詰在酒肆中，勸說眾生，宣傳佛法，使酒徒醒悟，立志做人。酒肆的畫面從盛唐直至五代均有繪製，因房屋、設備、飲食及活動的差異，酒肆可分為以下幾種：

一、露天酒肆：設在寬敞的原野，在花樹環抱之中，人們坐在長形酒桌兩邊的條凳上開懷暢飲，同時還欣賞舞伎的表演。在南宋《都城紀勝》中，又名之為"花園酒店"，多設於城外，或利用城中原有的園館。露天酒肆充分利用自然環境，雖設備簡單，亦頗有雅興。

二、帳篷酒肆：以布幕帳篷搭成，這是一種大眾化的酒肆。從第12窟的壁畫上可以看出這類酒肆比較簡陋，供庶民任意來此喝上一兩碗，謂之"打碗"，又名"散酒店"，可以隨時賣零酒，桌前有男伎表演。

三、宅子酒肆：酒肆設在一間廡殿頂、帶鴟吻的宅子內，內壁裝飾花草屏風圖案畫，這是敦煌地區檔次較高的酒肆，客人多為仕宦之輩，宅外有男伎表演。還有一種宅子酒肆是樂舞齊作，如第61窟，宅外有舞伎表演，宅內圍坐的酒客羣中還有樂隊演奏。

酒肆中的伎樂表演，有的是店內專設，供客人玩耍，和宋代記載酒肆設娼妓、官庫設官妓同一性質，投客人之所好，以增加營業為目的。壁畫中出現的是男伎。也有的表演屬於"趕趁"者，這些樂舞藝人為了謀生，出入酒肆中，不呼自至，歌吟強聒，以求錢財，花費不多，名曰"荒鼓板"。還有的是客人自娛，或是家伎，帶來助興。唐人飲酒有"令舞"之俗，《朱子語類》說："唐人俗舞謂之打令。舞時皆裹頭，列坐飲酒，少刻起舞。"飲酒時行酒令，犯者按例罰以歌舞。

唐宋時期瓦舍之風頗興盛。有說瓦是野合易散之意，來時瓦合，去時瓦解，易聚易散，故名"瓦舍"。每一處瓦舍內又有若干勾欄，一座勾欄即為一項活動的地盤，是民間遊藝性的場所，又名"遊棚"。第61、85窟繪的勾欄是用條狀粗布圍成的帷帳，其形狀既象瓦合,又似勾形,裝拆極為方便。這裏有百戲的尋橦、樂隊以及説話人,觀眾席地圍坐觀賞嬉戲。

壁畫中的勾欄百戲場面多出現在"楞伽經變"中,《楞伽經》認為人本性乃清淨心,由於雜染塵俗,以致淨心蒙蔽,繪製了勾欄中的百戲,告誡人們聲色娛樂皆由心造,是虛幻之情,應當自律。

在"維摩變"中出現博戲,即賭博的畫面。維摩詰居士出入賭場,利用接觸的機會,宣傳佛法,化度賭徒。敦煌唐代博戲大致有如下幾種:

一、擲骰子:第159窟的"維摩變"表現了維摩詰參與擲骰子。擲骰子賭博具有世界性,而且歷史久遠,公元前三千年以前在伊拉克和印度就出現了六面的骰子,並用擲骰子來解決事端、分配財產和占卜。中國骰子戲由五木、六博演變而來,最早的骰子實物見於浙江餘姚的一座東晉墓葬。唐以前骰子稱"投子",還有諸多別名,如"浮圖"、"渾花"、"撒家"等等,唐代的骰子戲又稱"投瓊"、"彩戰"。遇到歲時節令,人們常以擲骰聚博為樂。一時成為皇宮黎庶、男女老少皆宜的博戲,唐玄宗本人常以投瓊為樂。唐代李白詩云:"六博爭雄好彩來,金盤一擲萬人開。"後來骰子幾乎主宰了所有賭博形式,成為"博戲之魂",直至現代,骰子戲仍在民間流行。

二、雙陸:又名"長行"、"握槊",是中國古代流行時間最長、地域最廣的博戲,從三國直至明清,尤其是唐代,可說風靡一時。唐代王公大人沉溺於長行博戲,夜以繼日,廢慶弔、忘寢食,甚至輸得傾家蕩產。雙陸之源一説是陳思王曹植所製,一説本是胡戲、始於西竺。雙陸的道具有枰,即棋盤、棋局,雙陸的棋路必須畫十二條直線,左六右六,這就是雙陸(雙六)之意。還有棋子和骰子,棋子又稱"馬",和象棋棋子的用途相同,然後通過骰子的不同點數來行棋。雙陸雖有鬥巧的一面,但更重要的是鬥智,為一般士大夫階層所崇尚。

三、弈棋:第454窟中的棋盤內畫縱橫七道,頗似後世的象棋格局,但又無楚河漢界之分,為古代博棋的一種。

唐宋時期,女子在城鎮從業有許多是以賣淫為生的,妓院也就成為城鎮裏的一大行業。中國最早的娼妓是女樂伎,權勢、豪富蓄女樂、倡優以取樂,導致家妓和官妓的產生。春秋時齊國相國管仲首創官妓,將其夜合之收入充國家所有。漢代設營妓,即隨軍妓女。隨着都市商業的發展,出現了私妓,這是以賣淫、獻藝為業的婦女。唐宋時期的妓女中有些人是富有文學藝術才華的,甚至對詩、詞、歌、舞的發展起到推波助瀾的作用。由於妓女各自色藝才情的差別,又有等級區分,如盛唐時教坊妓女分作三等:第一等謂之"內人",又稱"前頭人"。第二等謂之"宮人"。一二等是妓女中的錚錚者。第三等為卑屑妓,謂之"搊彈家"。她們的待遇也不一樣,一二等居住寬靜的堂宇,各有三數廳事，園圃花卉，小堂垂簾，茵榻帷幄。並以坐鎮青樓，迎來送往為主，如唐人《潯陽樂》所云：

"雞亭故人去，九里新人還。

送一卻迎兩，無有暫時閑。"

三等的居住條件就很普通，並可以提供上門服務，如《夜度娘》詩云：

"夜來冒霜雪，晨去履風波。

雖得敘微情，奈儂身苦何。"

敦煌壁畫所繪"維摩變"中有妓院淫舍，反映的是私妓生活。唐代娼妓之風興盛，士人狎妓以為風流。《維摩詰經·善權品》：說"入諸淫種，除其欲怒。"《維摩詰經·方便品》："入諸淫舍，示欲之過。"在晚唐第9窟中以鳥瞰的角度繪出妓院一座，院落錯別有致，戶牖交疏，櫺軒櫛比，迴廊曲徑，叢叢修竹。"維摩變"的主題是頌揚維摩詰的諸功德，妓院的出現正是反映居士超人的般若正智和無限靈活的善權方便，可以吃喝嫖賭而無自愧。妓院是維摩詰博入諸通的行為之一。維摩詰處三界而不染凡塵，有妻子眷屬而彼此隔離，一心堅持修行。畫面反映的是維摩詰居士就在院內，而且有三、四名盛服靚妝的婦女立在庭院之中。同時後門立有一侍女，兩名衣冠楚楚的士人從後門進入；另一處廂房回廊，兩名士人圍坐桌前，兩名婦女一旁侍候。此情此景正是靚妝迎門，爭妍賣笑的春宮院的風貌。

《法華經·普門品》中繪製了許多觀世音菩薩利益眾生之事例，其中之一便是解救陷入淫欲的人。正如第85窟淫舍的榜題所云："若有眾生安於淫欲，常念恭敬觀世音菩薩便得離欲。"淫舍表現的是低檔次色妓的形態，畫面比較簡單：一房一牀，一男一女而已。

此類圖畫在中國石窟中是絕無僅有的。

敦煌壁畫有關醫療、病坊的畫面出現在"福田經變"、"楞伽經變"、"法華經變"、"寶雨經變"中，其含義是，治病是一種功德，宣揚佛教以慈悲為懷，解救眾生脫離苦難。另外是比喻佛法對於眾生來說是"如病得醫"。

從敦煌文獻記載看，敦煌在盛唐天寶年間已有病坊之設，相當於後世的醫院。病坊是官辦的，規模不大，全部資金為一百三十貫七十二文，其中三十貫七十二文是盈利所得，可見病坊是營業的。病坊既可門診也可住院，有四尺、八尺病牀各兩張，備有氈、被及餐具十套。病坊還提供製藥用的藥杵、藥臼、藥罐和鐺。在沙州開設醫學一所，專門培養醫護人才。壁畫中反映的醫療方式有三種，第296窟表現的是個別治療，病人在家中，由眷屬服侍吃藥。第9、61窟表現的是病坊治療，病人臥牀，有專人護理，但要付一定的報酬。第217窟表現的是巡診醫療，豪富之家可以請醫師專程登門治療。唐代已有出診制度，設醫師和醫工，醫師負責診脈開處方，醫工負責配藥、搗藥及輔助工作。只要病家前往請醫，便可及時得到上門治療。

由此可見，中古時期敦煌地區相當重視醫療保健工作。

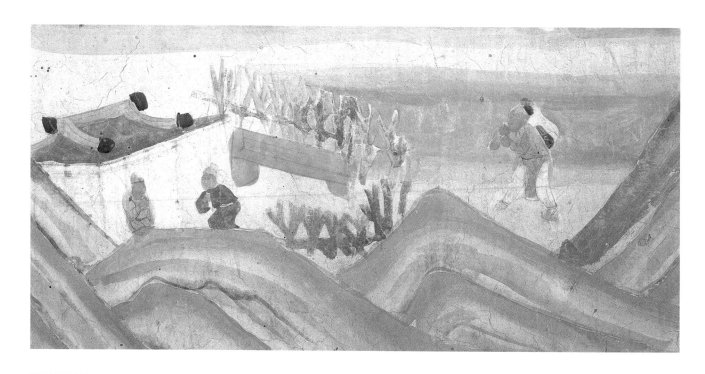

24 店鋪

這種設立在旅途中的店鋪相當於客棧，
屋內坐着店主，門前一人作揖求宿，屋
前有籬笆圍牆，設一長形木槽，供客戶
餵牲口。屋外一背負財物的行旅正向店
鋪走來。

五代 莫61 西壁

25 屠戶

屋外持刀站立者為屠夫，上身赤裸，穿
犢鼻褲，屋內宰殺了一頭牛，身首分
離，血流滿地，一旁正用平底鐺燒水。
右側乘馬者為善事太子及隨從。

北周 莫296 窟頂南坡

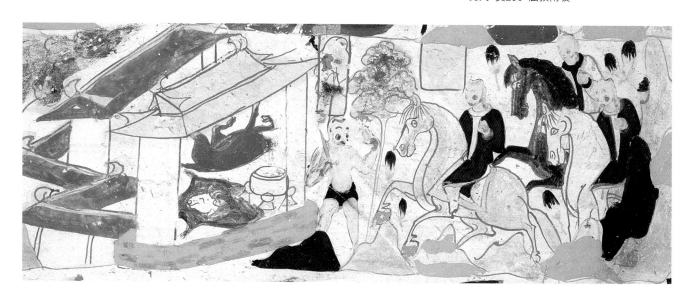

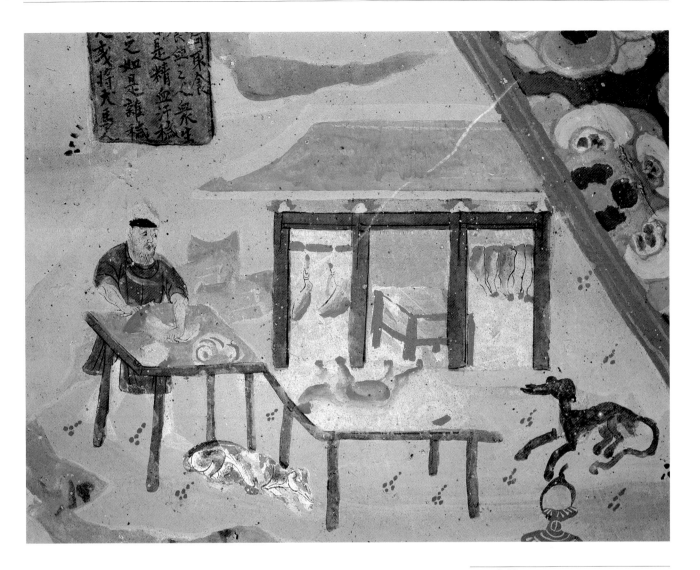

26 肉坊

坊內架子上用勾子掛滿了待售的肉,桌子上下也擺滿了肉,顯得貨色豐富。門前設兩張肉案,一張放着一隻宰過的整羊,另一張放着肉塊,主人正操刀割肉。案下一隻狗在啃着扔下的骨頭,另一隻狗則翹首仰望,等待着主人的恩賜。

晚唐 莫85 窟頂東坡

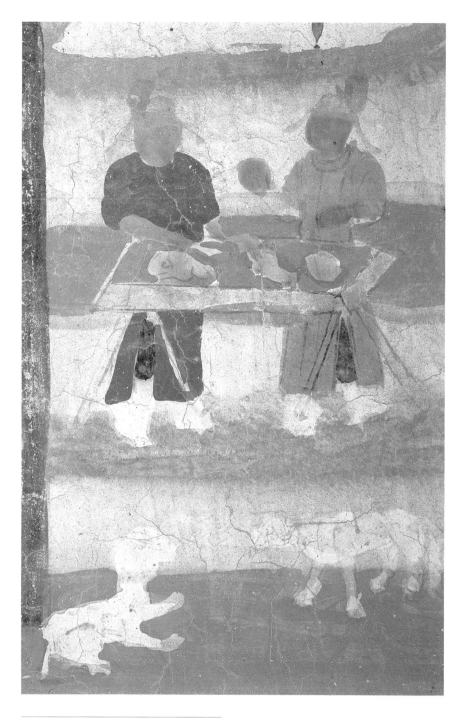

27 肉攤

肉案上擺着幾塊肉，主人正操刀以割。
右側站着一位信徒，似在勸說主人不要
殺生，不要賣肉。

五代 莫61 南壁

28 露天酒肆

客人戴軟腳幞頭，着圓領袍服，圍坐長
桌聚飲。桌前右側一男伎跳舞。酒店兼
營下酒的飯菜，又稱茶飯店。因自然環
境幽雅，花樹簇擁，故又名花園酒店。

中唐 莫360 東壁

29 帳篷酒肆

多為庶民飲酒之地，後排左起第一人是
維摩居士，披鶴氅，揮羽扇，桌前一男
伎躬身作揖。

晚唐 莫12 東壁

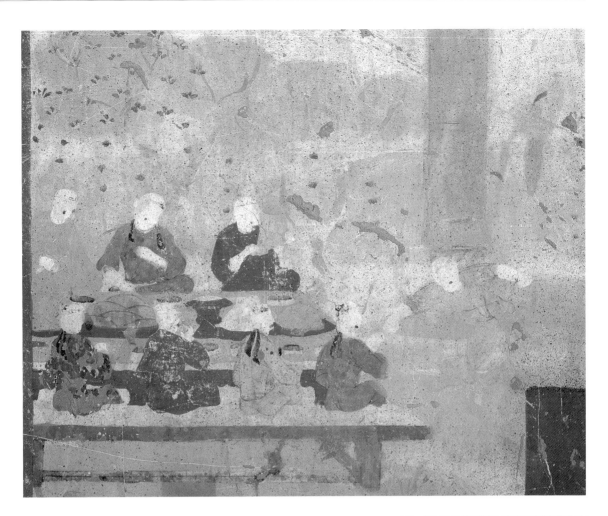

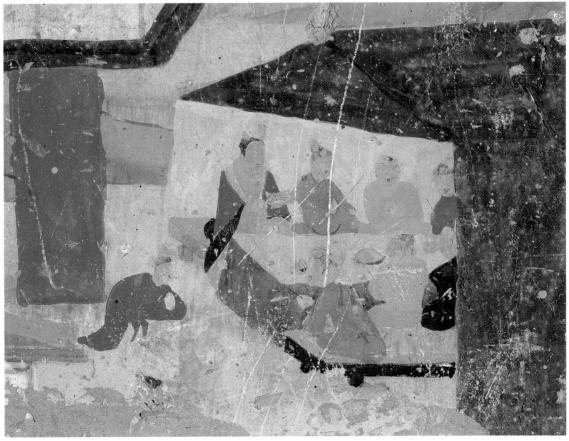

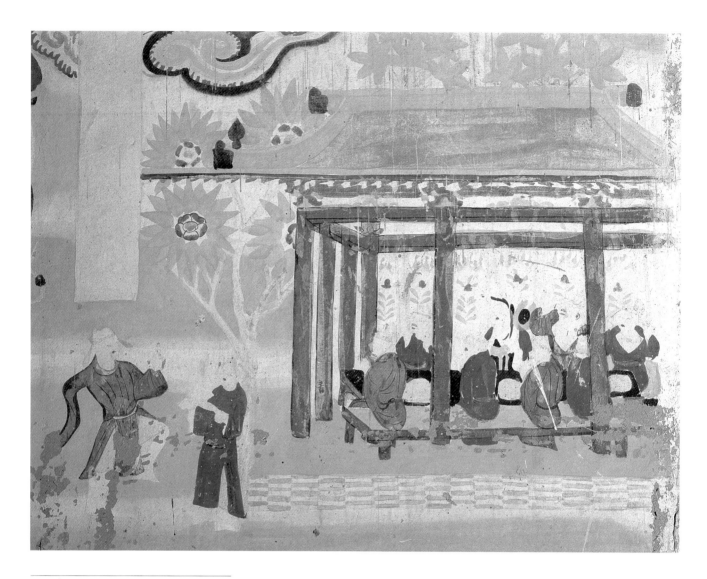

30 宅子酒肆

在宅子內眾人開懷暢飲，後排中立者是
維摩居士，其右側兩人似有醉態，敞開
衣襟，雙手上揚。宅外兩人，左側是着
缺胯衫的舞伎，右側為梳雙丫髻的侍
女，正端盤而上。
五代 莫146 東壁

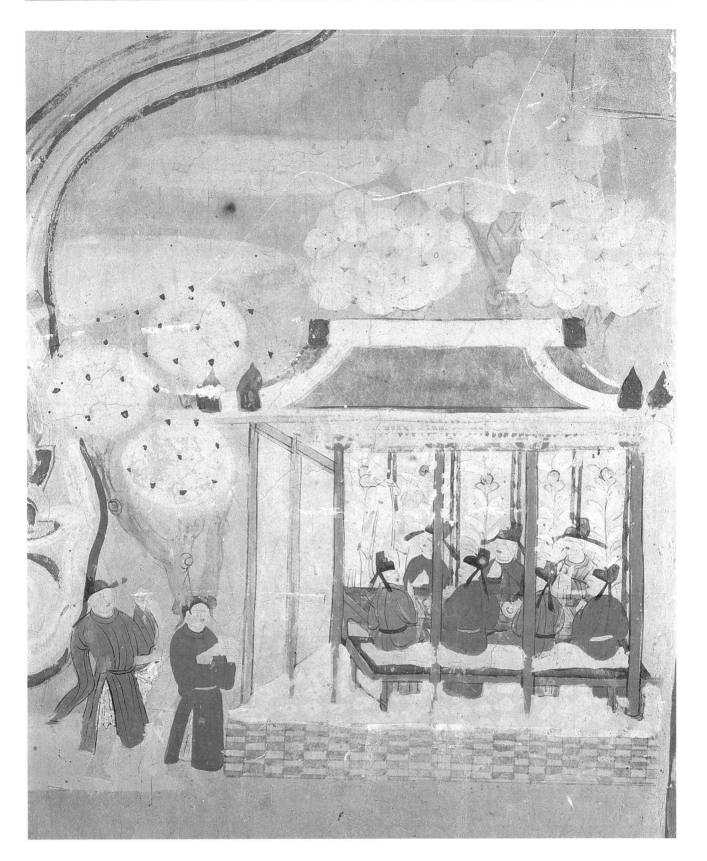

31 宅子酒肆

宅子內壁裝飾花草屏風畫,顯得華麗,
後排左起第一人是維摩居士,宅外是舞
伎及侍女。
五代 莫108 東壁

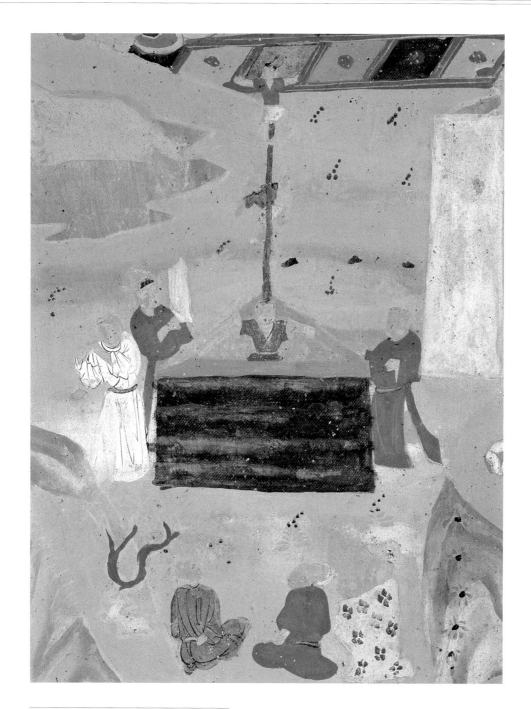

32　勾欄百戲

以青布縵圍作勾欄，欄內三名幢末伎着
百戲衣在表演：一人頭頂竿，一人在中
部單腿側立，一人在竿頂亮相。欄外左
側為樂伎演奏，右側為說話人，欄前圍
坐者是觀眾。

晚唐　莫85　窟頂東坡

33　勾欄百戲

用條縵圍成的勾欄內，表演着百戲上
竿，兩名童子着百戲衣：上為半臂，下
作綢短裙。勾欄外表演者圍成半圓，或
站立，或在氈上席地盤坐。左起：吹橫
笛、打拍板、彈曲項琵琶、持打擊樂器
（因只見背影）、吹排簫、吹洞簫，以
上伎人均戴硬腳幞頭、着缺胯衫。右後
站立者是說話人，邊說邊做手勢，着圓
領袍服。

五代　莫61　南壁

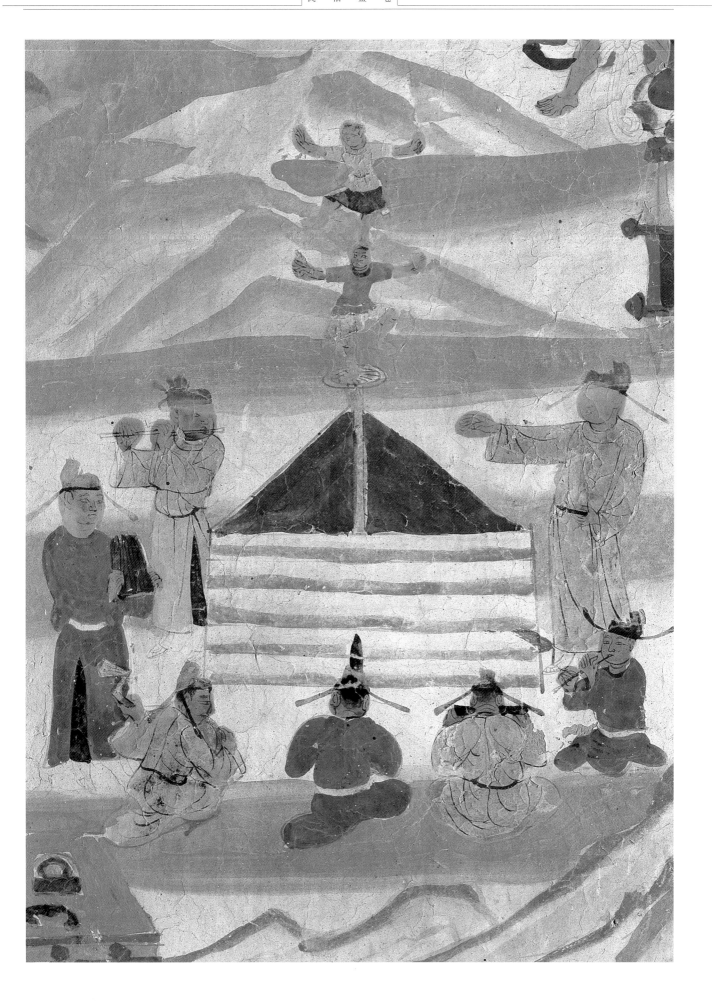

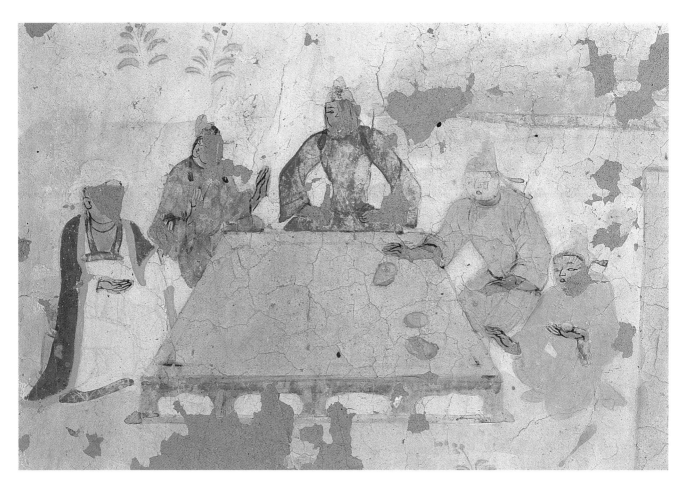

34 擲骰戲

聚賭的四人戴樸頭，着袍服，在一張矮
桌上擲骰子，桌面已擲下三粒，還有一
粒在右側第一人的左手掌上，正要擲
出，大家神情緊張地注視着。左側第一
人是維摩居士。

中唐 莫159 東壁門

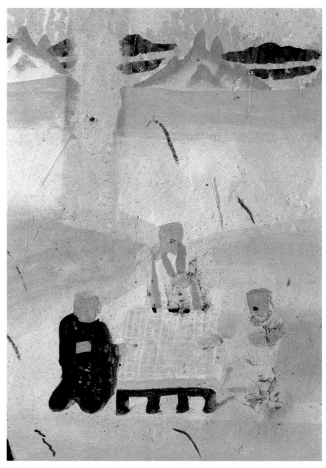

35 雙陸

二人對弈，中坐者是維摩居士，棋盤左
右各六路，乃雙陸博戲，尚未佈陣，正
擬開始。

中唐 莫7 東壁門南

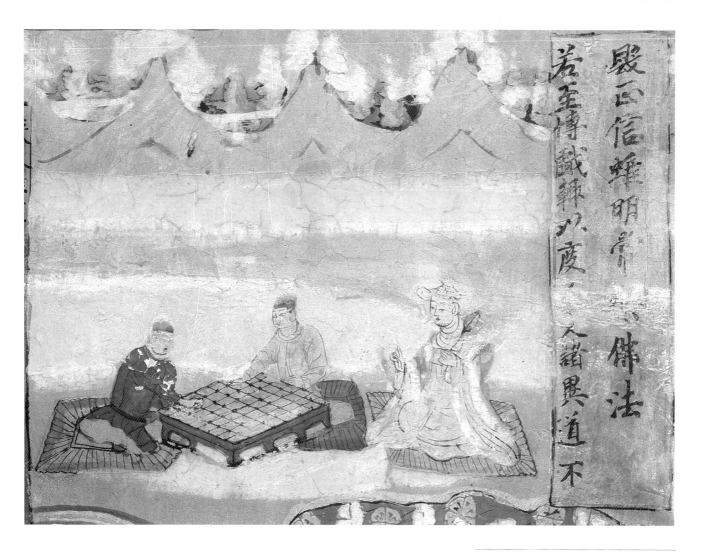

殿正宜蜂明骨

若至博誐辣以度

佛法

人諸興道不

36 弈棋

二人對弈，矮桌佈棋局，雙方正鏖戰，右側是維摩居士。
宋 莫454 東壁門

37 妓院 見下頁 ▶

左側是妓院的大門，門兩側各有一侍役，大門內側是維摩居士。另一側是後門，門半掩，一女子在門邊站立，從後門入內的是兩位士人。前方廂房處，兩位男士圍桌對坐，兩位婦女在左側侍候。右側內院分前後兩院，前院一位着上襦下裙的婦女獨立花叢中；後院三位盛服婦女佇立庭院中。
晚唐 莫9 北壁

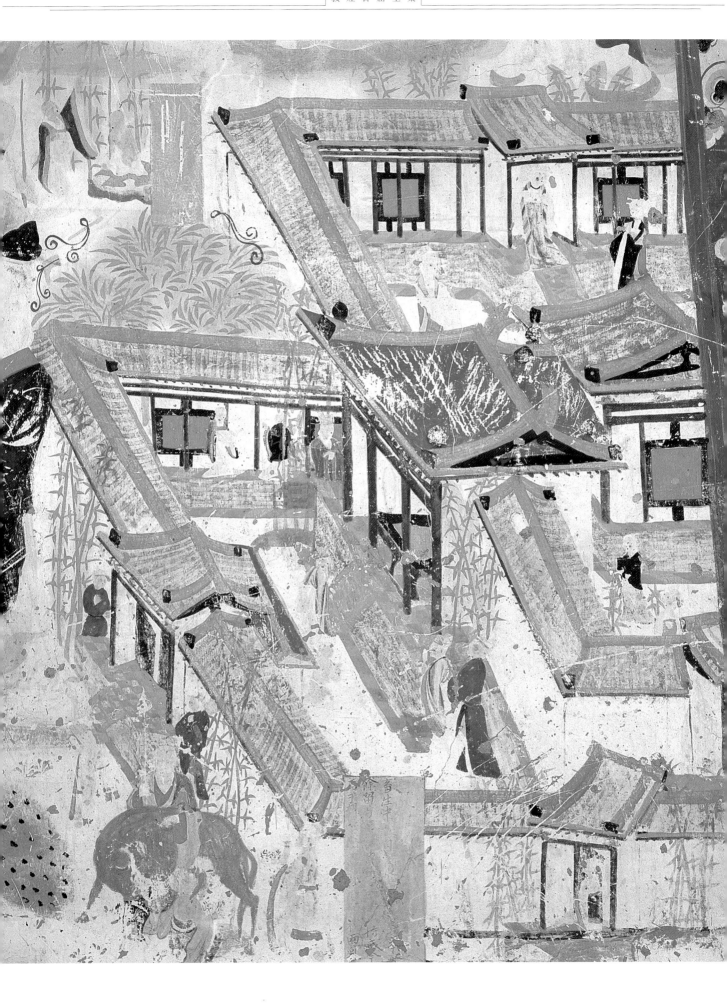

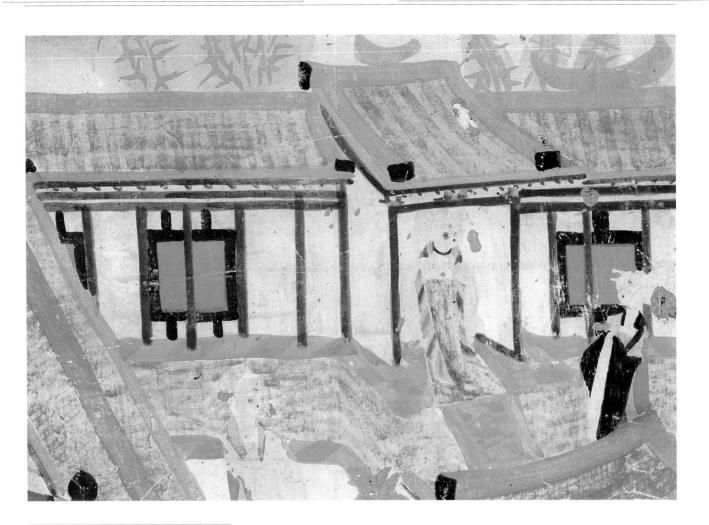

38　靚妝的妓女

三人梳半翻髻，滿頭釵笄，着襦裙，蓋襠，披長巾，停立院內，應是靚妝迎門，其後露出一間間廂房。

晚唐　莫9　北壁

39　淫舍

男女盤坐炕上，從表情看，男方似為主人，他一面在收拾整理東西，一面伸手招呼女方。

中唐　莫468　窟頂西坡

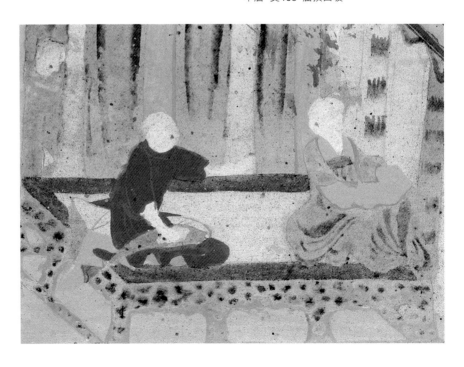

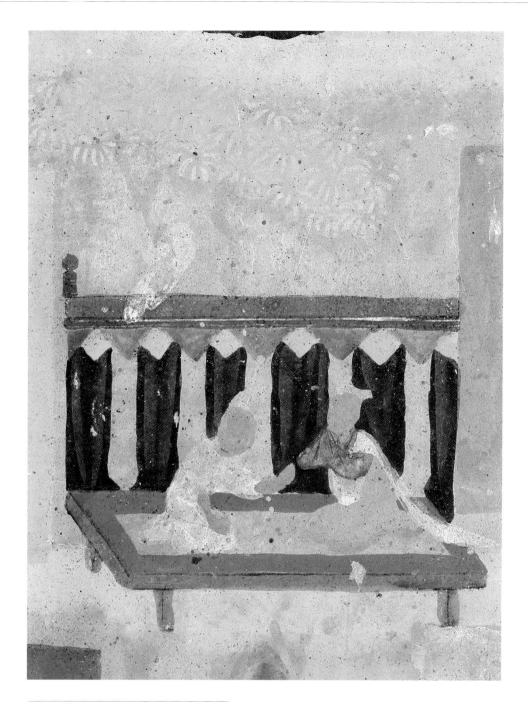

40 **淫舍**

設屏風帷帳，木牀上男女手牽手，以示
親熱。

晚唐 莫14 北壁

41 **淫舍**

房子內壁以圖案屏風畫裝飾，牀的一周
有圖案花飾，男女偎依盤坐牀上。

晚唐 莫85 窟頂南坡

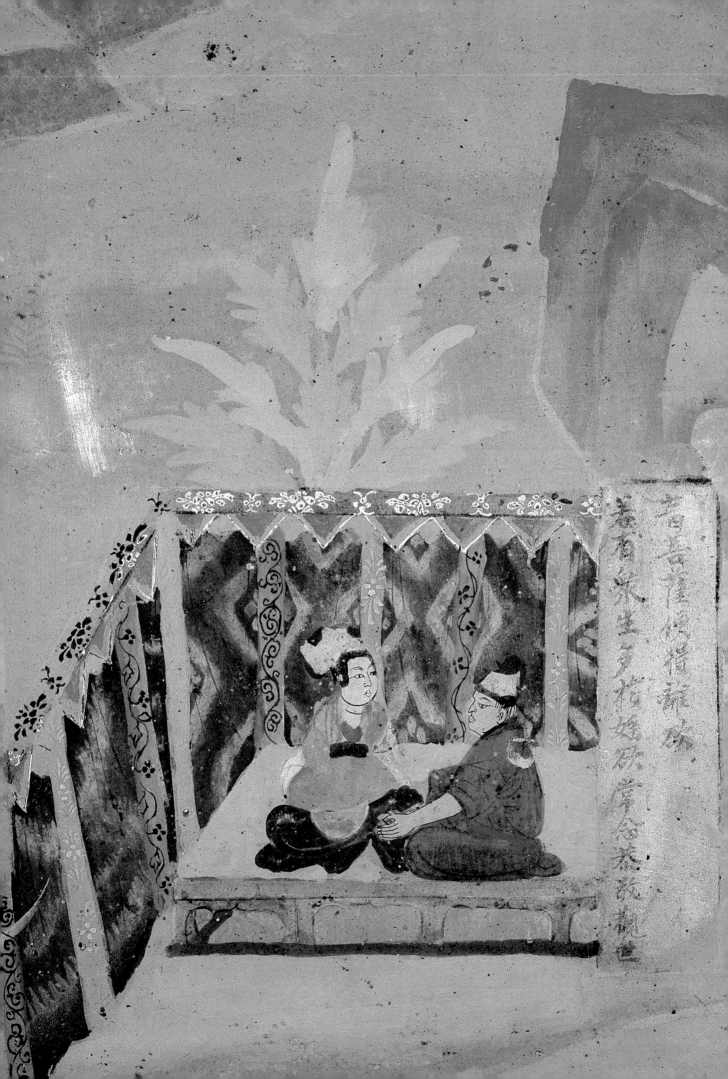

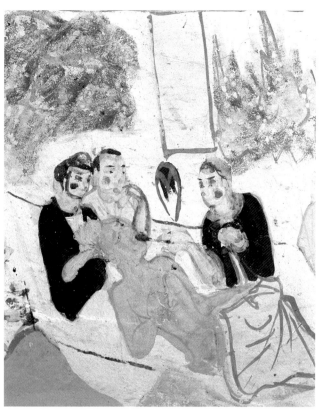

42 疾病治療

病人口吐鮮血，兩位親人扶着頭部，醫
師正給病人診治，左側醫工正用藥杵、
藥臼搗藥。

北周 莫296 窟頂北坡

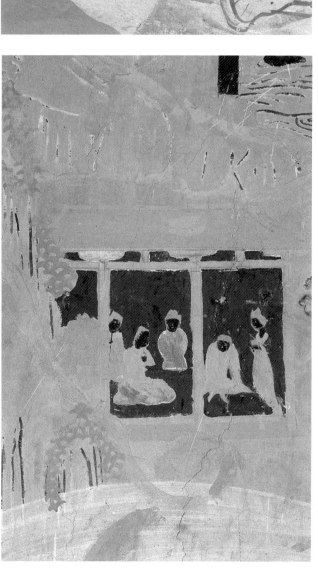

43 施醫藥

施主給貧困的病患者施醫藥，使他們住
進病坊，有專人護理，一旁有位婦女在
送藥。病患者感激涕零，或雙手合十、
或雙手踞地跪拜謝恩。

初唐 莫321 南壁

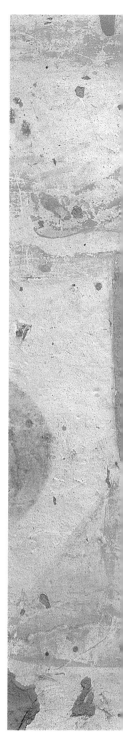

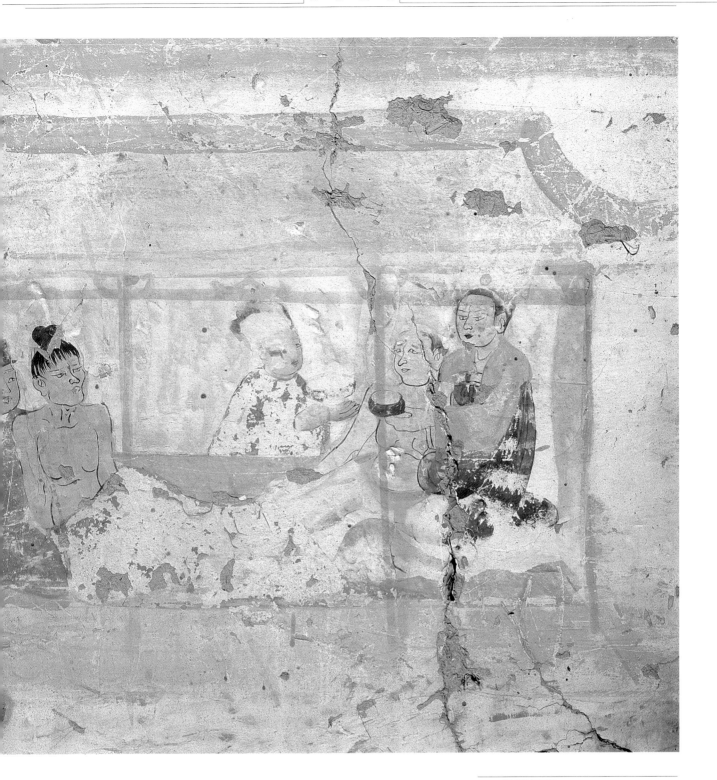

44 良醫授藥

患者在病坊內，一旁親人扶持，一旁醫
工送藥。

晚唐 莫9 西壁

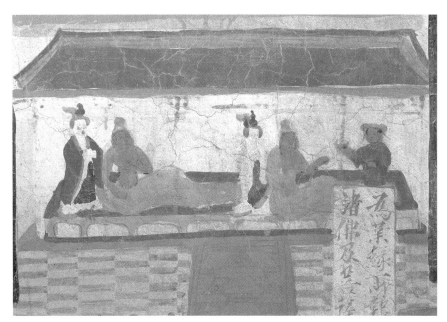

45 良醫授藥

病坊內，兩名梳高髻的婦女分別在牀上護持着自己的親人，一旁是送藥的醫工。

五代 莫61 南壁

46 患病得醫

這是一戶豪富人家，屋內牆壁裝飾着屏風畫，一婦人端坐炕上，一婦人抱患兒候在門上，一邊凝視患兒，母愛之情溢於言表。庭院中水池花柳、欄杆假山，左側是專程請來的醫生。

盛唐 莫21 南壁

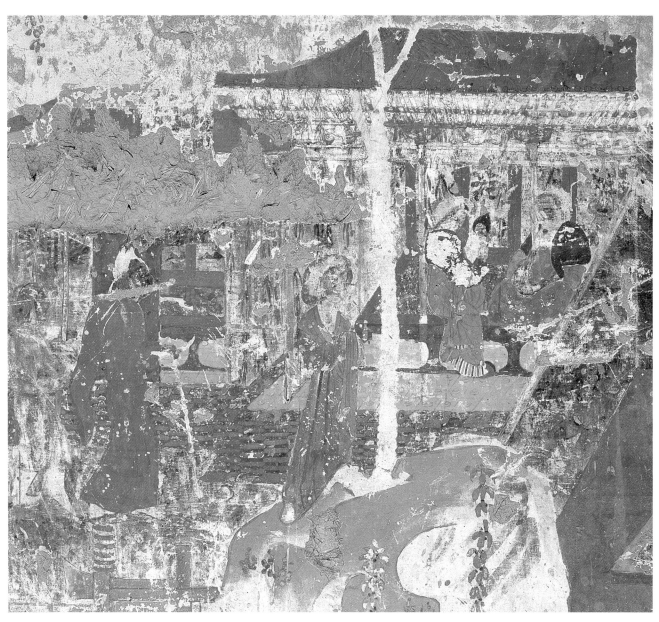

家居與人倫

　　隨着漢代中原民族向河西大遷徙，魏晉時期佛教的盛行，隋唐絲路
經濟的繁榮，敦煌形成了中原民族、西域民族，加上印度佛教並存的文
化習俗。特別是城鎮的建立，產生了市民階層，士人和平民的處世態
度、家庭觀念、生活方式構成了主要的社會風尚。開鑿敦煌石窟的供養
人，主要即是當地的豪門和士人。出自教化的目的，他們通過壁畫表現
自身的虔誠以及社會上的種種善惡，同時也將當地的生活習俗一一記錄
在案。

　　敦煌壁畫所繪的生活環境與印度文化相去甚遠，多是取自敦煌本地
或中原地區，直觀地反映了當時的民居狀況，而生活習俗卻是一個多元
體的結合，它含有中原的、西域的和印度的文化，有些甚至今保留
着。中原的倫理道德在這西陲邊鎮不斷受到維護，中原僧人把孝敬父母
寫進佛教經典；兒童可以入學堂得到教育，但卻要忍受官衙式的體罰。
這些源自生活的畫面，使我們得以重見當時人們生活的情景。

第一節　家居生活

敦煌自漢代建郡以來，其民居大致維持中原形式，兼收西北風格。而飲食習慣卻基本上"入鄉隨俗"，以麵食為主；在清潔習慣上則是中原與佛門的結合。敦煌人的家居生活，就是這樣組成的。

居住是定居家庭的立足點。敦煌石窟壁畫許多都繪有城池、宅院、農舍，城池門樓高聳，城牆蜿蜒，城內是樓台亭閣，城外是丘陵曠野；宅院廳堂寬敞，農舍短籬掩映。這些畫面大多源自佛傳故事、佛經故事，表現人們對佛陀的追念和對信念的追求，以及感召人們去惡從善。

經變畫中表現眾人生活與城鎮關係的主要是《法華經》的"化城喻品"，説的是有眾人需到達一極其高峻、險惡的寶地，途中疲憊至極，不欲前往。這時，導師為鼓舞士氣，並使眾人在體力上得到休息和補充，便化作一城。但在第23窟繪的卻是一座民間庭院，以表示休息的場所，顯然它更貼近生活、更有舒適溫馨之感。這是當時富有之家的寫照，邸宅有內外兩道圍牆，外牆是典型的西北地區的夯築土牆，內牆是土墼，外抹灰泥。庭院中反映的以鐺作炊、乳酪為漿的西北民風。宅內設置的是北方民居的土炕，可煨火取暖，佔據屋內的大部分面積。炕除供睡眠外，又是吃飯、坐談、會客等活動之處。至今河西地區的農村仍保持這種生活習慣。

在第321窟的"寶雨經變"中出現了一座大雜院，這是幾戶人家聚居的院落，他們中有獵戶、屠戶及家庭婦女，既反映了他們的日常生活，也暴露了彼此惡語相罵、打架鬥毆、殺生搶掠的人間惡習。獵戶傲慢地坐在堂屋牆，隨從手臂架着鷹恭謙地站在一旁；兩個下人在庭院牆扭作一團，女主人急忙揮手勸阻；屠戶肩扛一扇鮮肉，正搖搖晃晃地走出。畫面表現的人物和情節極其生動，是一幅有代表性的風俗畫。其題曰"阿蘭若住處"，提倡修持佛法者應遠離人世，住蘭若中。因為凡塵中的男女老少，熙攘慣鬧，以強凌弱，所在皆是，散亂人心，只有遠離這一切，才能靜心修習。

普通民居無深宅大院，房屋的進深比較淺，滿屋一鋪炕，顯得很簡樸。正由於在炕上活動多，所以屋內家具相對較少。這種居住習俗大約還保留漢代遺風，中原在唐代時已居住四合院，室內的各種家具一應俱全，內宅院中還建有花園。

在西夏時期的榆林窟第3窟"普賢變"中，為了表現普賢菩薩十種廣大的行願，繪製了一幅氣勢磅礴的普賢願海。在這人間仙境裏，也閃現出簡樸的農舍，山屏樹障，草廬錯落有致，木椿籬牆，透露出恬靜、清幽的氣氛，令人神往。農舍門前有方石一塊,在向外的一面接一斜坡形石條,前方是流水。這就是洗衣曬衣石,人坐在方石上,在斜坡石條上搓洗衣服,洗後把衣服鋪在方石上曝曬。這和莫高窟323窟佛教史迹畫中,釋迦用過的曬衣石類似,古代中原地區也是把衣服放石塊上,用木棒捶打,所謂"長安一片月,萬戶擣衣聲。"直至現代,一些居住在河邊的中原人及沙漠邊沿的敦煌農民,仍把洗乾淨的衣服平鋪沙上曝曬。

每一戶家庭生活都離不開水,尤其是地處戈壁沙漠的敦煌,水更為重要。農田灌溉以河渠水為主,家庭用水多以汲井為主,或獨家,或數家在院內、屋旁、路邊設井。值得珍視的是遠在一千三百多年前的隋代壁畫中,就出現了桔槔汲水。桔槔的構造並不複雜,一根支撐的木杈,上架一橫竿,竿的尾部懸掛鐵塊。這種利用槓杆原理製成的汲水機械,與中原使用的轆轤井截然不同,漢代時中原的井蓋有亭,亭內砌井台。

敦煌地區人們的日常生活頗具地方特色,既有中原漢俗,同時也有西域民族及印度習俗,在飲食和清潔方面表現得最為明顯。據敦煌文獻記載,當地以麵食為主。唐代都城長安的主食有稻米、粟、麥麵。麥的種植起源於中亞、西亞地區,因此有理由認為,麵食東傳是絲綢之路給中原帶來的最重要的飲食變革。在新疆唐代墓葬裏曾出土中國最早的麵食實物,有炸油餅、餃子等。據《新唐書》記載,當時已有過生日吃麵條的習俗。

唐代敦煌人一天兩餐,有重體力勞動才吃三餐,佛教信徒持齋時過午不食。按照官方的糧食定量,每餐每人胡餅兩枚,合麵一升,一天的定量是人均二升。烹飪之器以釜鐺為主,釜鐺均為半底鍋,無足稱釜,相當於鏊;有足曰鐺。《沙州伊州地志殘卷》記載:"田夫商販之人,唯有平鐵為鏊,冬夏常食餅。"從第159窟的壁畫中可以證實敦煌人以麵為主食,其品種和做法與現代相似,主要有:

胡餅:又名爐餅,通過爐子烤製而成,有大胡餅、小胡餅、胡麻餅之分,是西域少數民族的主要食品。

餢餅:餢餅即起麵餅,現在北方地區稱作發麵餅。

䭫䴸:即油炸餅,簡稱油餅,是招待客人或節慶所用。

饊子:亦名環餅,一根根麵搓作環狀,在油中炸成,耐儲存,寒食節禁火期間多食之,故又名"寒具"。這種食物《本草綱目》也有記載。

餺飥:俗稱湯餅,當地又稱湯麵片、揪片子,即把和好的麵揪成薄片,在沸湯中煮熟食用。敦煌當地上午一餐多吃餺飥,更是僧人的常食之品。

由於畜牧業的發達,當地人還吃牛奶及奶製品。他們把擠下來的牛奶慢火煎煮,稍冷,即把熱奶倒進生絹作成的袋內,過濾至瓦器中,在一定溫度下發酵,即成為酪漿,供日常飲用。還可揭出層層奶皮,進一步加工,使之由液體變為固體,製成乾酪。

第146窟所表現的寺僧的清潔習慣原流行於印度,隨佛教傳入中國。

漱口刷牙古稱"淨齒",佛教習俗是用楊樹枝淨齒,又稱"嚼齒木",於每日早晨、飯後進行。齒木材料可用楊樹、柳樹、槐樹、楮樹之枝,尤以含辛辣味者為佳。齒木或扁或圓,長不超十二至十六指,短不過四至八指,大如小指。用時一頭放入嘴中慢慢嚼(亦可砸爛)成纖維狀,即可剔刷牙齒,用罷擘破,屈而刮舌頭。中原傳統是用揩齒法,即以

食指或中指沾鹽揩齒。盥洗的方式有兩種,一種是個人盆洗,包括洗臉、洗頭及揩身,以圓盆盛水。這些畫面出現在"勞度叉鬥聖變"中,目的是反映外道洗心革面皈依佛教的景狀,同時也以圖畫的形式把生活的一個側面記錄在案。另一種是水湯浴,在室內設浴池或浴槽,可同時供多人沐浴,專供僧人用的名為"溫室"。唐人有沐浴的習俗,中原地區每年清明,風和日麗之時,人們便到河中濯污,洗去陳垢,有如現在西藏地區保留的沐浴節。唐玄宗和楊貴妃在驪山湯沐浴的故事,被民間傳為一段佳話。

更為有趣的是在佛教殿堂中還繪出了蹲廁的圖像,這是反映日常生活的少有的細節。畫面是依據佛傳故事繪製的,表現悉達太子降生後有三十二祥瑞,其中之一是"臭處變香"。

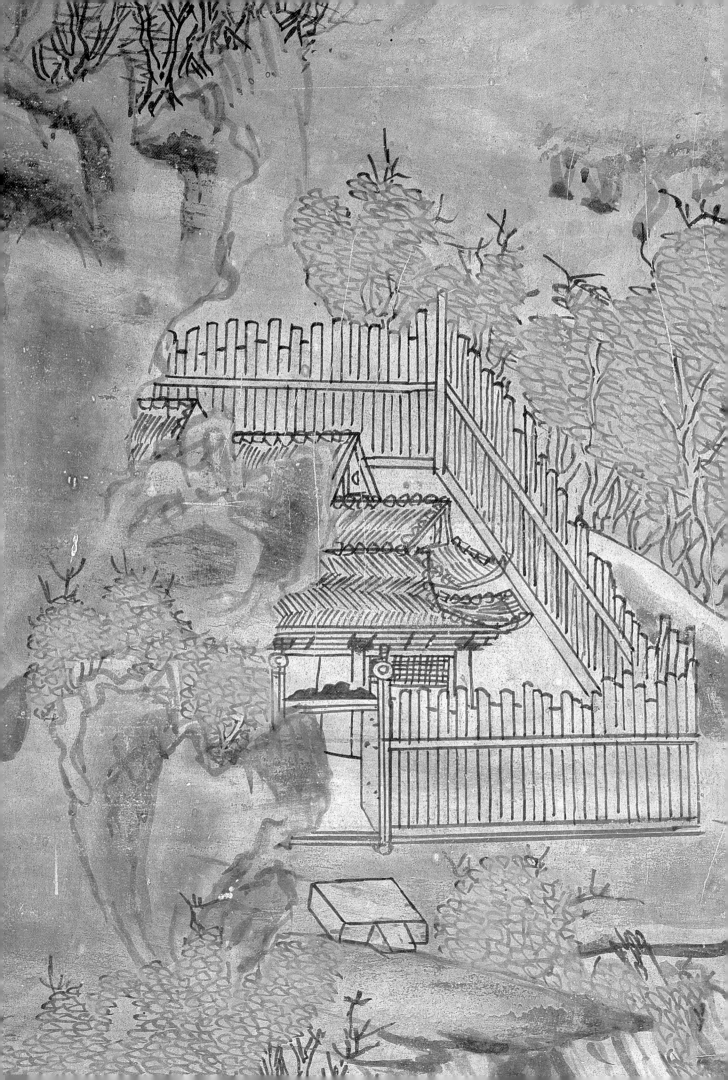

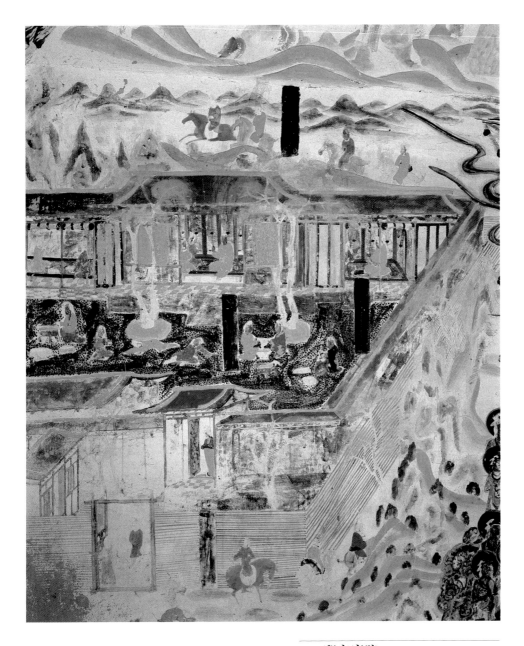

48 邸宅庭院

一座雙重圍牆的庭院，庭院正面是上
房，中間為正房，兩旁為廂房。院子植
樹兩棵，地面用鵝卵石鋪成，地上有因
餓累而癱倒的行旅，婦女們正忙着做
飯。

盛唐 莫23 南壁

47 農舍

在巒嶂與花樹環抱中，在籬笆圍牆內，
是茅草農舍，隔絕了人世的喧囂。門前
的方石供曬衣、憩坐，斜石條供洗衣
用。

西夏 榆3 西壁 門南

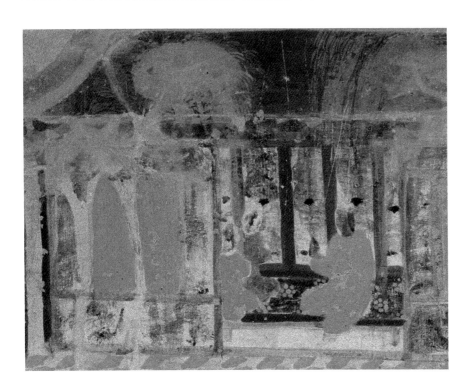

49 宅內設置

正房炕上鋪花氈，三人盤腿而坐，促膝
交談。炕上放有小炕桌，屋內外牆壁裝
飾屏風畫，花磚鋪地。
盛唐 莫23 南壁

50 坐臥家具

右側上下均是床，供坐臥用，上床一優
婆塞（男信徒）盤坐於上，雙手捧經卷
誦讀。下床一優婆夷（女信徒）盤坐，
雙手交疊於小腹前。左側上是榻，供坐
臥用，榻的靠背上搭掛衣物。下為椅，
一僧人在椅上禪坐。
晚唐 莫138 南壁

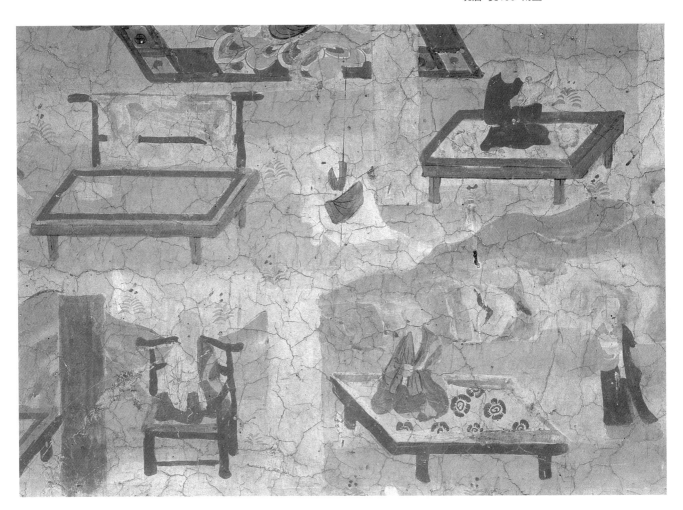

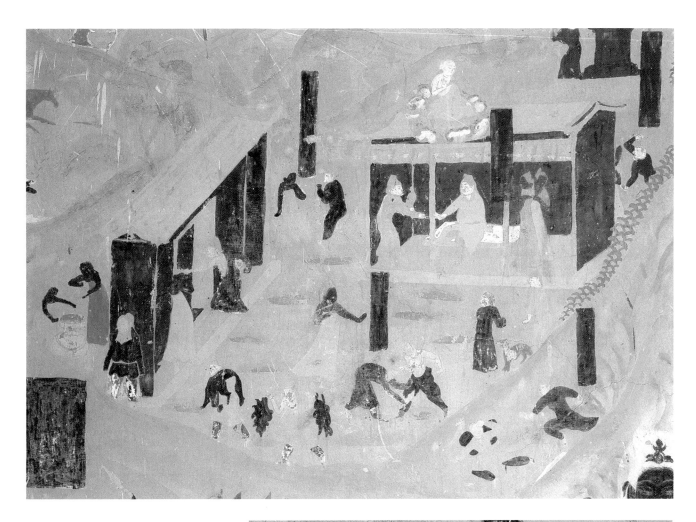

51 大雜院

院落內居住着數戶人家,橫向屋內為獵戶,當院有屠夫;有打架鬥毆的,有婦女從旁勸阻;一牽犬者在回首旁觀。山坡處一男子持刀追搶前面背負財物者。

初唐 莫321 南壁

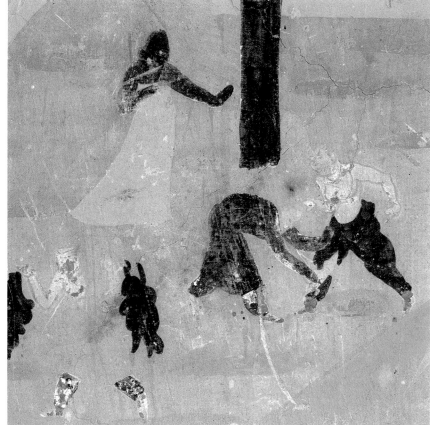

52 鬥毆

兩男子在當院鬥毆,一穿袍服,一上身赤裸,前者把對方的褲腿已撕裂,旁邊着襦裙的婦女揮左手,勸阻不要再打。

初唐 莫321 南壁

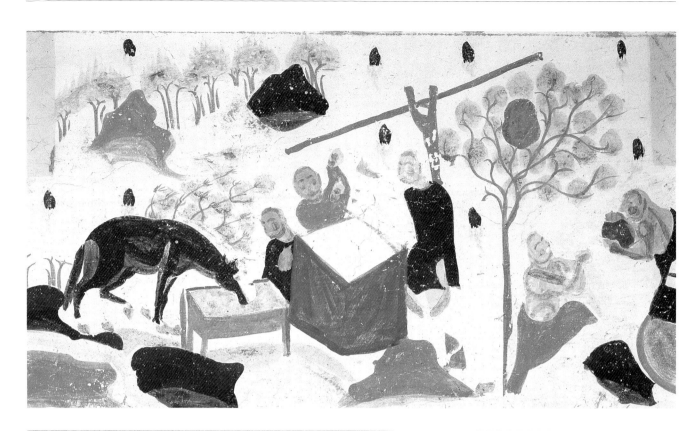

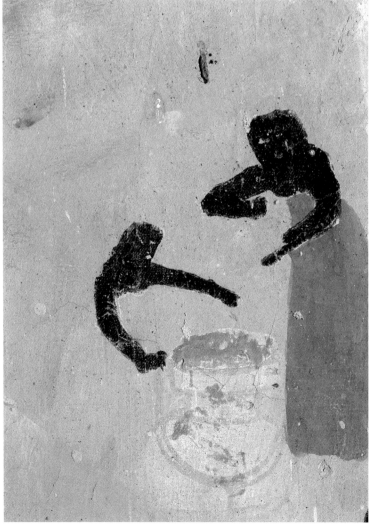

53 汲井飲水

通過桔槔汲水的井,一人正拉繩往井下
汲水,橫竿尾部帶着鐵塊高高上翹,水
汲滿後,利用槓杆原理和鐵塊的重力,
很容易便把水傳上來。

隋 莫302 窟頂西坡

54 磨麵

這是一台小型家用手推石磨,雖然還需
人工操作,但已應用了機械原理,通過
石磨的旋轉,將糧食磨成麵粉,提高了
糧食加工效率。

初唐 莫321

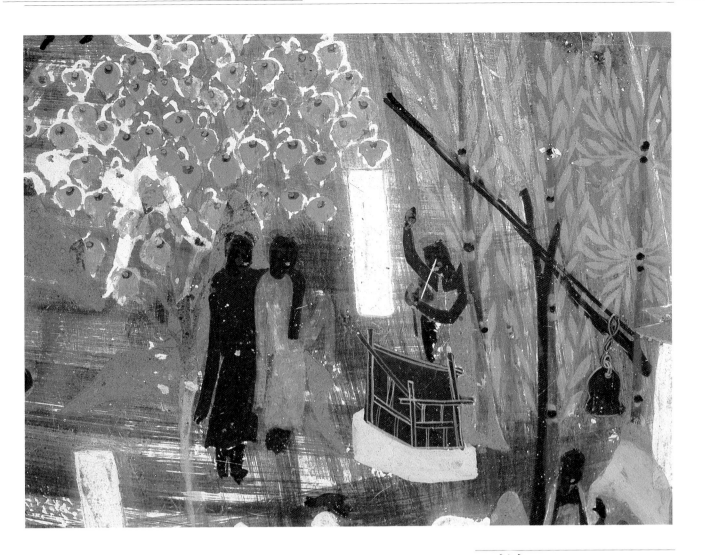

55 汲水

乾淨整潔的井欄，一位婦女雙手上揚正
在準備汲水。

隋 莫419 窟頂東坡

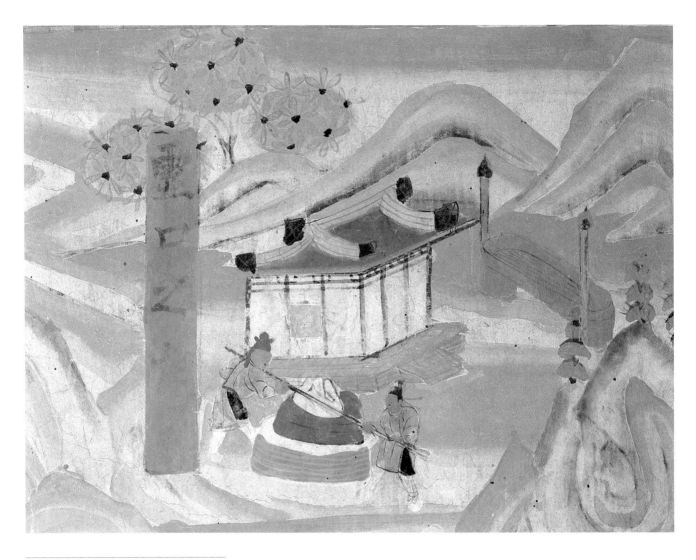

56 靈口之店

店旁兩人正在推碾磨糧食，可見此店經
營客人食宿。
五代 莫61 西壁

57 烹飪

在鵝卵石鋪成的院子當中,一位婦人正
用四腳鐺做飯,鐺下火勢正旺,一旁放
有瓦盆、瓦鉢。

盛唐 莫23

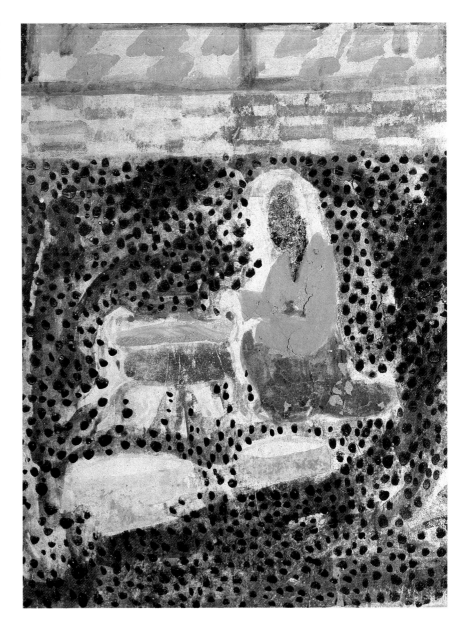

58 製酪酥

在當院,左側兩人共提絹袋,在過濾奶
子、製作奶酪。右側一人用特製的杷子
攪打甕中的酪漿,名曰抨酥,使之加工
成酥油,一旁放置着做好的酥油塊。

盛唐 莫23

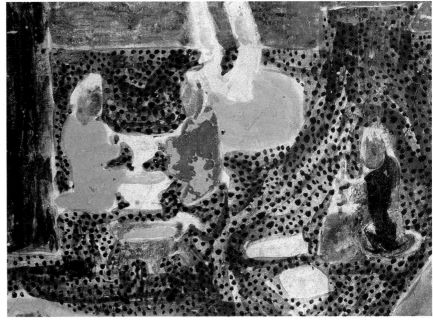

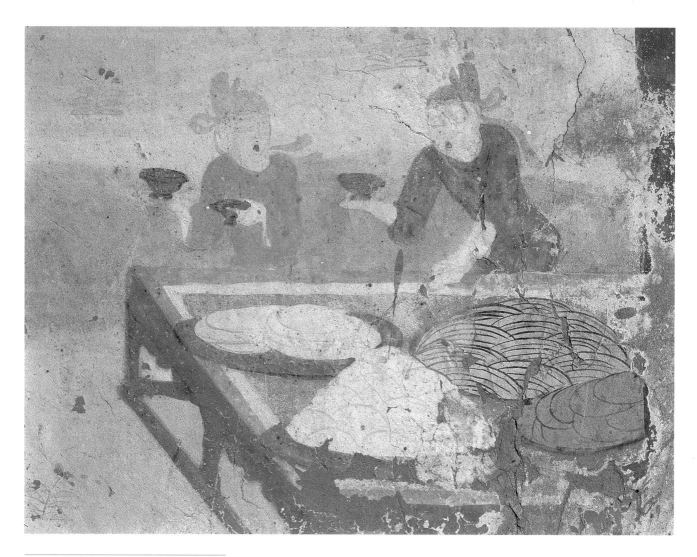

59 齋僧食品

供桌上擺放着四盤齋僧的食品：左上胡
餅，左下餼餅，右上饊子，右下饝麩。
另外有兩位信徒雙手端盞燃燈。

中唐 莫159 西龕內西壁

60 田間就餐

四人就餐，中放一瓦盆，兩人尚未進
食；一人雙手拿餅，正吃得津津有味；
另一人邊吃邊喝，反映出當地的飲食習
慣。

盛唐 莫23 北壁

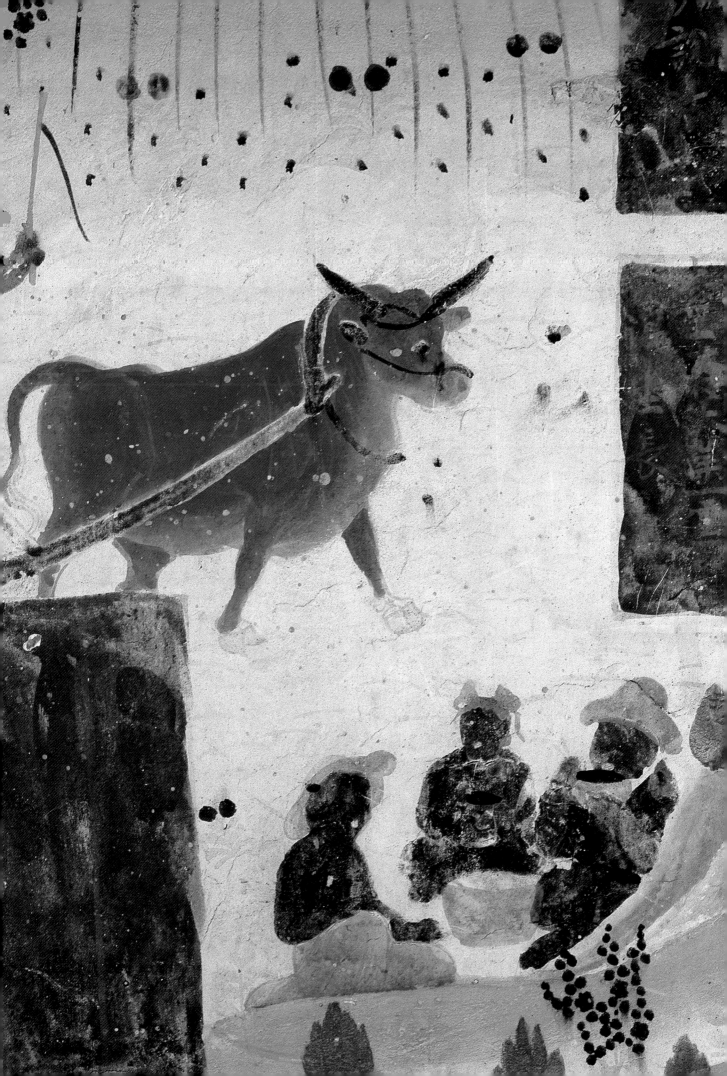

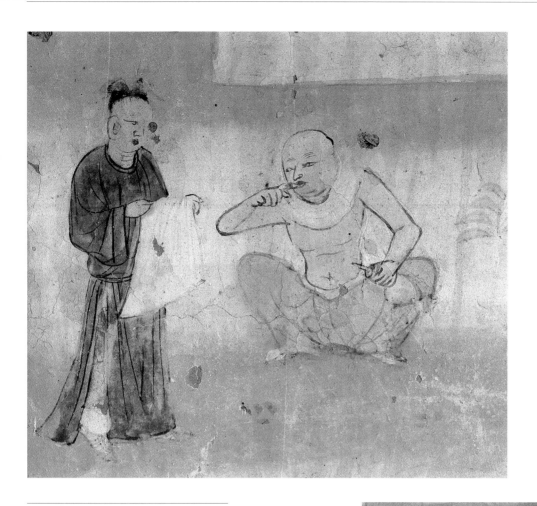

61　淨齒

一位剃度後的僧人上身裸露，脖間圍
巾，右手執齒木淨齒，左手握盛水的淨
瓶，佛教名君持。旁有一沙彌捧巾侍
候。

中唐　莫159　南壁

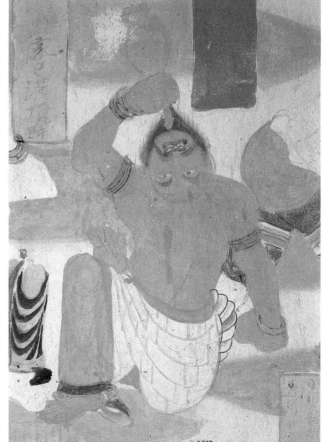

62　淨齒

僧人手執齒木正在淨齒，清潔口腔和咽
喉。

五代　莫146

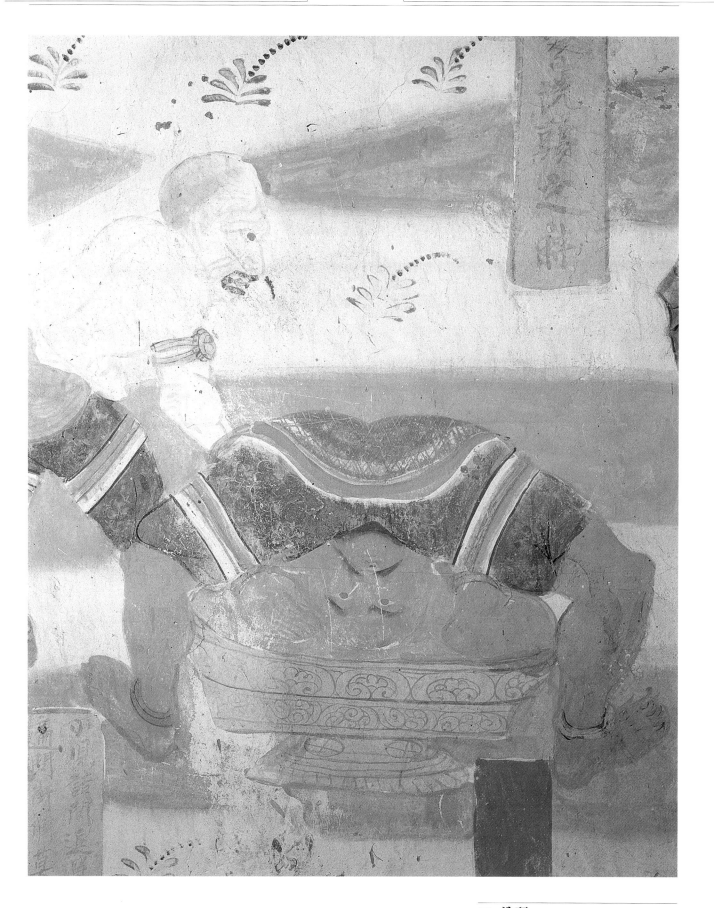

63 洗頭

僧人在用一種下有高足的盥洗器洗頭。
五代 莫146

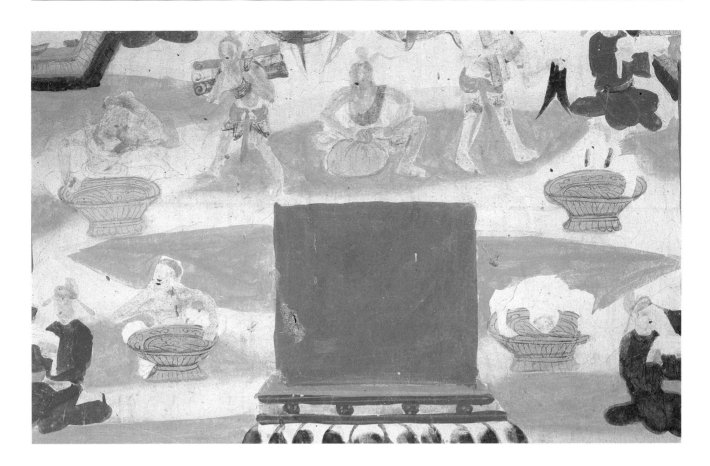

64 盥洗

四人各自在束腰高底的圓盆中盥洗，有
的正擬解髮洗頭，有的上身裸體，準備
揩身，有的在洗臉。

五代 莫146 西壁

65 蹲廁

廁所建造簡單，下用木板鋸出方洞。畫
面含意是佛誕生時出現了"臭處變香"
的祥瑞。

北周 莫290 窟頂東坡

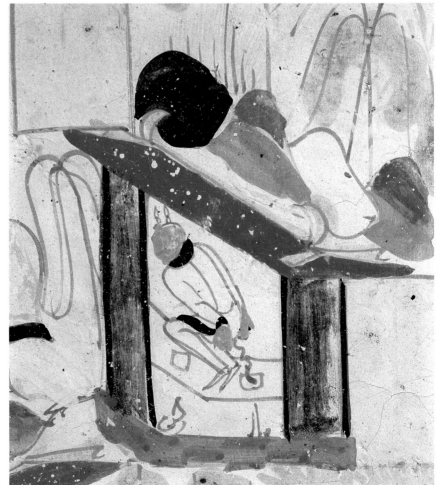

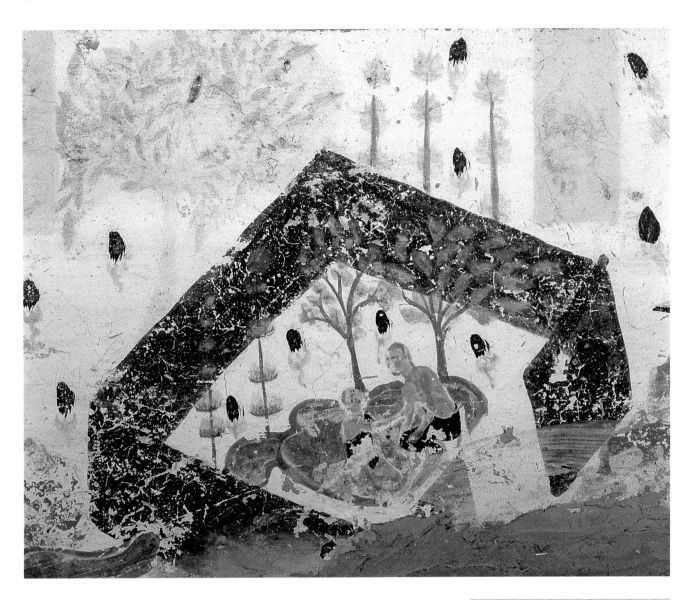

66　湯水浴

提供溫室水湯浴是一種功德，浴池規模
不大，但已有排水設施。浴池周圍的果
樹，是依據"福田經"所說的第二種福
田是"植果園、修浴池"而繪的。
隋　莫302　西坡

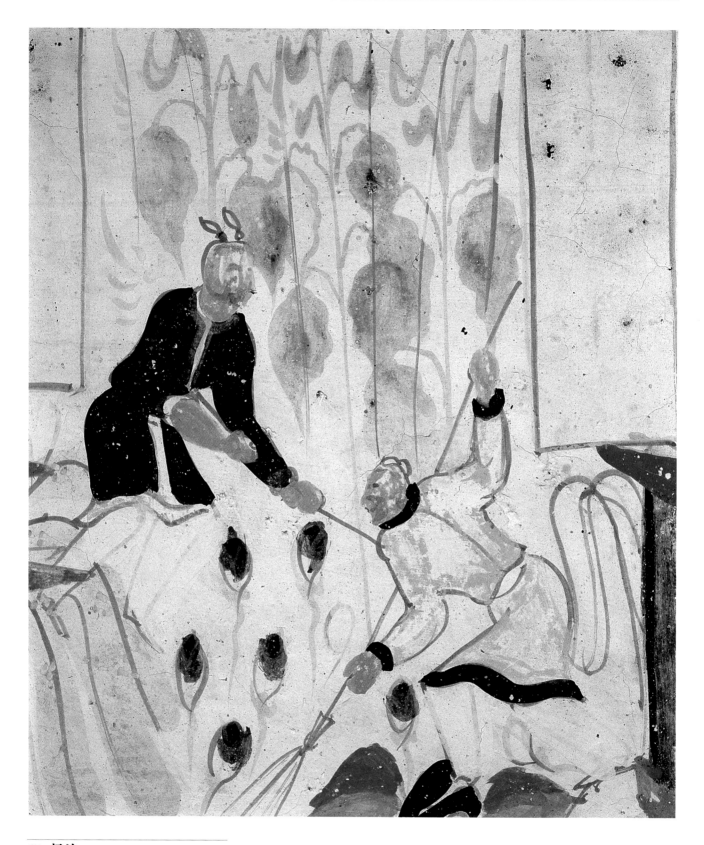

67　掃地

僕人為了迎接釋迦太子正在奮力打掃院
落。僕人身着胡服，使用長柄掃帚。

北周　莫290

第二節　倫理親情

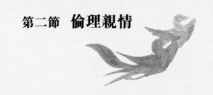

一個家庭的成員之間，彼此如何相處，如何共同生活，反映一個社會的道德規範。敦煌石窟壁畫中有關這方面的內容，是當時社會生活的真實寫照，因而是研究中國古代社會倫理的形象資料。親情畫面主要出現在"法華經變"、"報父母恩重經變"和"寶雨經變"中，雖然同是表現佛經內容，但卻有兩種不同的目的，其一是把佛教比作慈母，其二則是為了提倡孝道。

"如子得母"是《法華經》的七喻之一。經中説《法華經》如偉大的母愛，哺育、滋養着廣大的眾生，而眾生得聞經義，就如兒女得見親娘一樣。在第31窟的"法華經變"中繪製了一個充滿母愛的畫面：母親和女兒戲玩木偶。雖然木偶造型粗糙，但母親仍給它縫製了裙子，打扮成一個女娃娃，這一細節就體現了"慈母手中綫"的良苦用心，對母愛這一人類的永恒感情作了形象反映。

《父母恩重經》的內容直説父母之恩深重，為人子者必當孝順圖報。此經被認為是儒教化的佛經之一，有"偽經"之説，初唐時成於中國。當這部經被移植到壁畫時，畫家用強烈的對比手法來處理這一主題：一方面用濃筆來突出父母的養育之恩，從懷胎生育到撫養成人的全過程；另一方面又尖刻地揭露了兒女忘恩負義，只知私房歡樂，留下年老的雙親過着孤苦伶仃，淒涼寂寞的晚年。

涌過一系列畫面，喚起人們的自覺、自省，從而達到教育的效果。

"父母恩重經變"畫在莫高窟共有四幅，中唐一幅，晚唐一幅，宋代兩幅，晚唐的一幅繪在第156窟前室頂，已殘缺，存欄車畫面，嬰兒安臥其中，母親推車緩行，洋溢着母子之愛。宋代的"父母恩重經變"通過兩側的條幅，表現了父母從生育、撫養、成家立業，最後老人孤苦度晚年的全過程，但畫面較模糊。

全面、完整地反映《報父母恩重經》內容的是莫高窟藏經洞出土的北宋絹畫，現藏甘肅省博物館。絹畫的整體結構是上圖佛會，下邊真儀，圖的右下角繪雙手合十的女尼，中為發願文，交代繪此絹畫的目的是為一位已故的老尼追福，時間是北宋淳化二年（公元991年）。為了反映經變故事內容，兩側以連環畫的形式，用15幅畫面展開敘述，中心是突出父母茹苦含辛，對兒女的養育之恩，對孝子予以讚揚，對逆子作無情的鞭撻。

絹畫表現了唐宋時期的養育民俗：

丈夫陪妻子分娩：產婦分娩就褥，丈夫在一旁陪同。在第170窟中的畫面也是由丈夫把包紮好的嬰兒送交妻子，這可能是少數民族的習俗，如雲南地區的布朗等族，直至近代，還行"夫接生"，臨產時，丈夫陪妻子一同住進棚內，由丈夫接生。按漢族習俗，分娩時丈夫是不進入產房的。

產後浴兒：這一習俗唐宋時興盛於中原，從皇宮到民間行三日洗兒禮俗，名曰"洗三朝"。洗兒禮還相當隆重，親友贈送銀錢及果子珍巧等物，名曰"洗兒錢"。唐代詩人王建的《宮詞》云："妃子院中初降誕，內人爭乞洗兒錢。"同時舉行宴樂，以示歡慶。宋代行"洗兒會"，在孩子滿月時舉行。洗兒之俗與佛教的傳入有關，佛傳故事說：佛降生後，即有九龍吐水為其沐浴，是祥瑞之一。影響所及，民間亦以浴兒求吉祥、祈福壽。另外浴兒時用中草藥煮水，還有用虎骨湯、香湯洗浴者，浴兒具有衛生保健性質。至今東北地區及朝鮮族仍沿用產後第三天用艾水浴兒之俗。

父母呵護：嬰兒睡在馬紮式的欄車中，母親和侍女在一旁照看。欄車是兩片摺疊而成，便於攜帶，具有西北地區的特點。父母在田間勞動時，把欄車和孩子帶到地頭；外出時就讓孩子騎在肩上。父母對兒女的愛是無微不至的，是一種無私的奉獻。可兒女很少有相應的反饋，當他們長大成人，成家立業後，只一心沉緬在小家庭的歡樂之中，把老父老母早已置之度外。畫面上先繪出子棄不養、孤苦無依的老人，緊接着就出現兒女自行取樂的情景，通過這種強烈的對比，既對不孝子女作無言的斥責，又提出"前車之鑒"的暗示，將來自己成為老人又是怎樣的結局呢？

壁畫中也有兒女孝敬父母的畫面，如初唐的第321窟"寶雨經變"依據"親能承事供養父母。"的經文，繪出年邁的雙親坐牀上，兒女們躬身作揖，請安問候的情景。

絹畫、壁畫儘管渲染了佛教的色彩，但表現家庭的倫理之情仍是世俗的人情，仍以儒家的孝養觀念為核心，因此對研究、認識中原和西北地區的社會是有重要意義的。

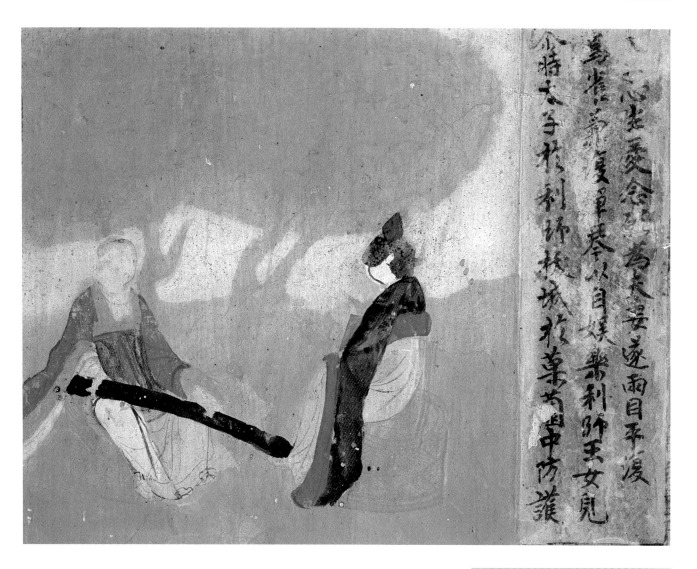

68　樹下彈箏

太子在果園中彈琴，打動了利師王的女兒，並對太子產生愛慕之心。

晚唐　莫85

69　求兒求女　　　見下頁 ▶

圖中榜題云：“若有女人設欲求男，禮拜供養，便生福德智慧之男；若有求女，便生端正有相之女。”畫面表現了若有所思的夫人和虔誠禮拜的丈夫求男盼女的渴望之情，以及一對天真可愛的童男童女。

盛唐　莫45　南壁

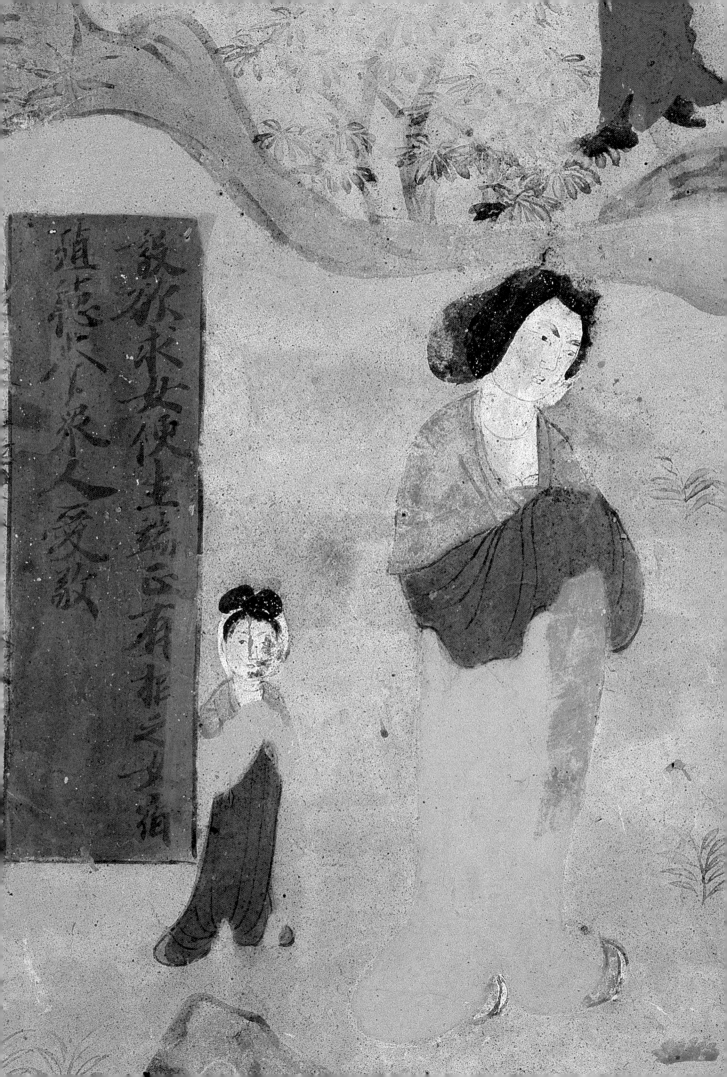

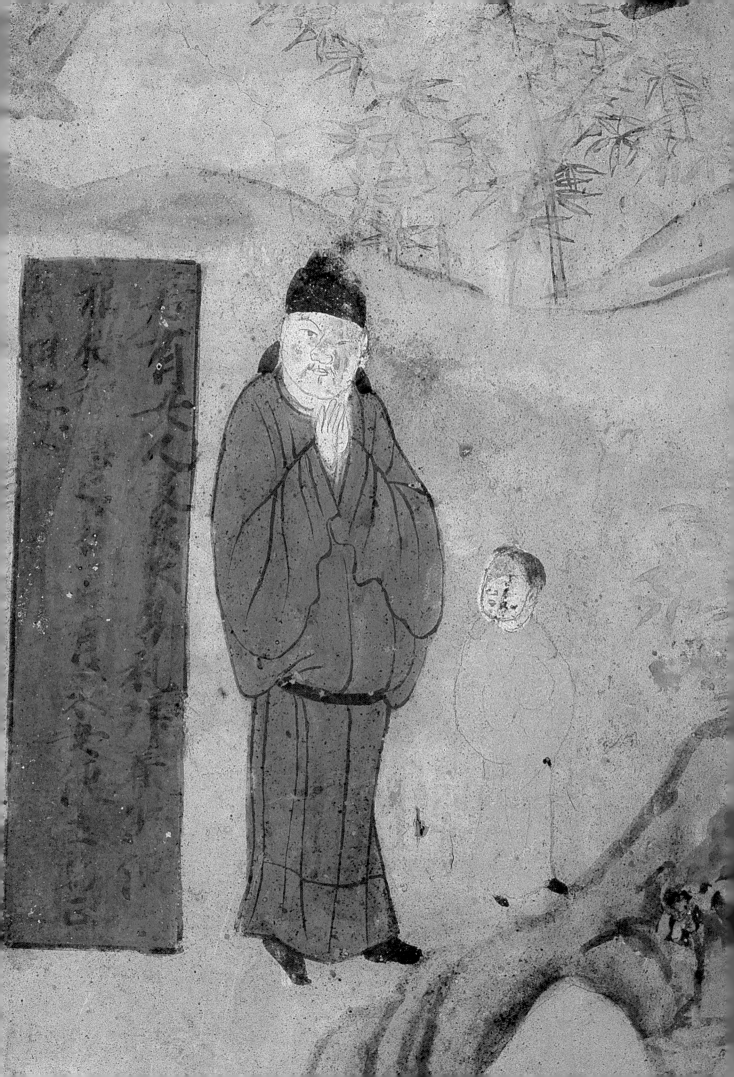

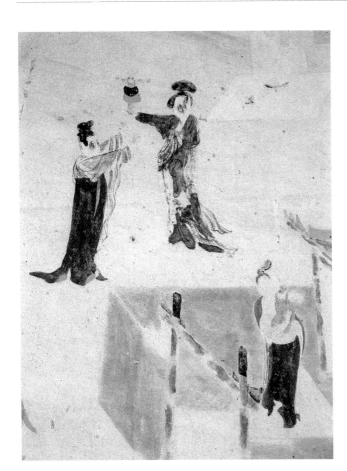

70 戲玩木偶

母親右掌托一木偶在逗弄女兒。女兒梳
兩丸髻,張雙臂作索取狀,憨態可掬。
另一位母親,懷抱嬰兒用自己的披巾作
嬰兒的襯墊,呵護之情溢於言表。

盛唐 莫31 窟頂東坡

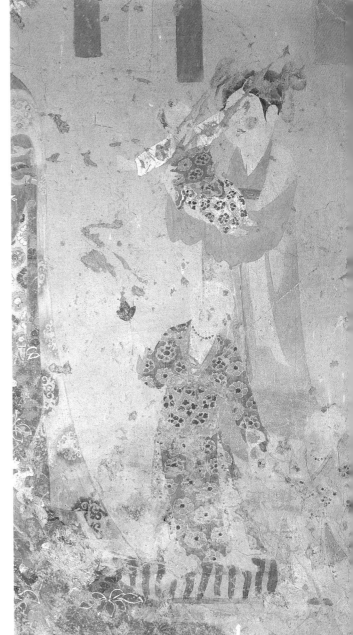

71 裏兜肚的童子

侍女抱着的嬰兒,上着小衫,下穿花
褲,中裏花兜肚,另外兩名童子戴項
飾,着窄袖花袍,裏兜肚。

晚唐 莫138 東壁南側

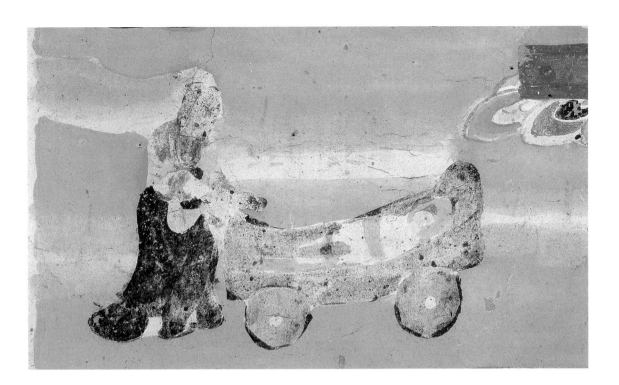

72 欄車

母親手推欄車，欄車一頭較高可擋風，
另一頭設扶把，嬰兒酣睡車中。

晚唐 莫156 前室頂

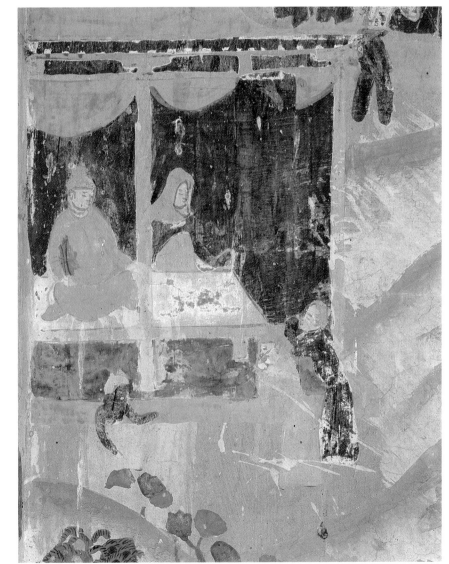

73 供養父母

戴氈帽的父親和戴帷帽的母親，坐屋內
木牀上，牀前右側是一男一婦作揖請
安，左側是一名女童，祖孫三代，天倫
之情盡在其中。

初唐 莫321 南壁

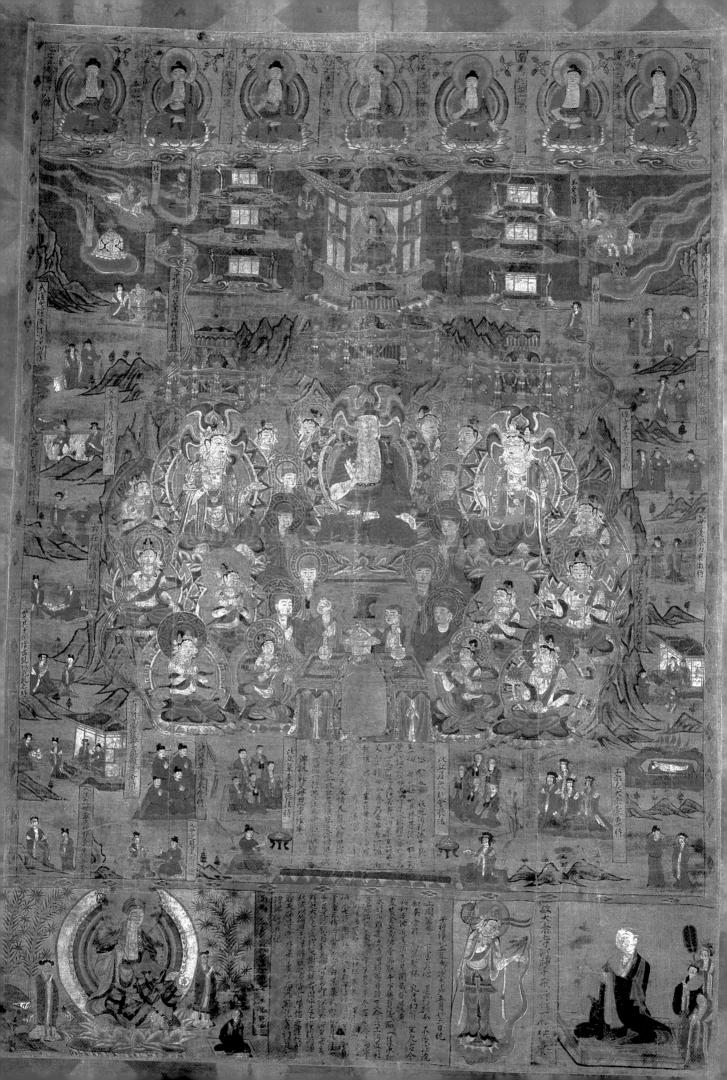

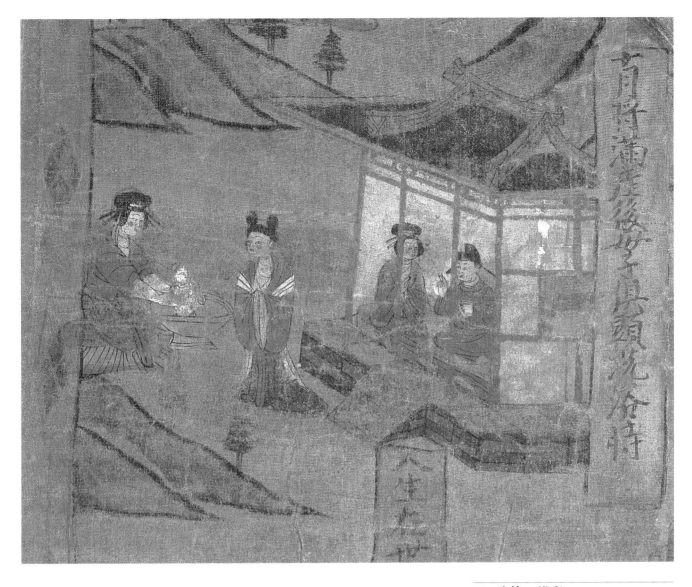

75　分娩、浴兒

十月懷胎，一朝分娩，產婦在房內就褥，丈夫在一旁陪伴。屋外是浴兒的情景，一婦人抱嬰兒在高底座的盆中洗浴，旁立一梳雙丫髻的侍女。

北宋　藏經洞出土絹畫

74　報父母恩重經變

上部繪七佛、七寶，中心部位是説法圖，一佛二菩薩居中，兩旁繪十弟子、十二菩薩。説法圖之下，中間寫《佛説報父母恩重經》的部分錄文及《繪佛邈真記》，兩側為赴會聖眾，右下角持爐老尼就是此絹畫為之追福者，身後二侍女執羽翣和團扇。兩側15幅連環畫是經變故事內容，排列次序從左下方起自下而上，再從右上方自上而下，各以山石分界，每幅均有榜題，形象生動，是中國中古絹畫不可多得的精品。

北宋　藏經洞出土絹畫

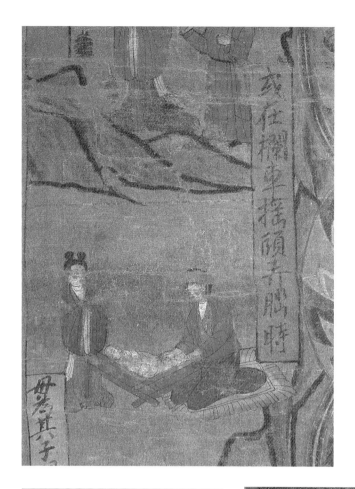

76　欄車嬰兒

摺疊式的欄車居中，車旁有低欄，嬰兒
安臥其中。右側是母親，跪在一小方地
毯上，一邊搖欄車，一邊逗弄孩子。左
側站立者是梳雙丫髻的侍女。

北宋　藏經洞出土絹畫

77　苦心養育

父母在田間辛苦勤作，父親戴幞頭，着
缺胯衫，穿麻鞋；母親束高髻，插橫
笄、髮梳，上襦下裙，穿雲頭履。他們
用汗水耕耘出一片苗壯成長的禾苗，目
的就是為了養育孩子。一旁安臥在欄車
的兒童，與正在勞動的父母形成鮮明對
照。

北宋　藏經洞出土絹畫

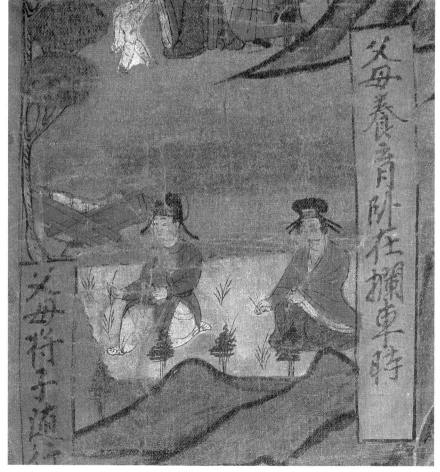

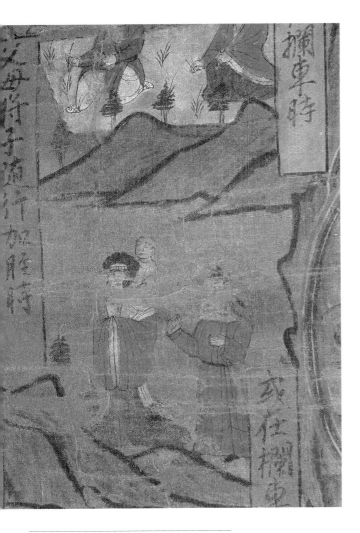

78　騎肩隨行

父母時刻牽掛兒女，出門也讓孩子騎着
母親的肩頭隨行。母親滿頭釵鈿，前額
髮梳，寬袖襦服，長裙曳地；父親着窄
袖袍服，邊走邊逗弄孩子。享樂和舒適
讓予孩子，辛苦和勞累留給了自己。
北宋　藏經洞出土絹畫

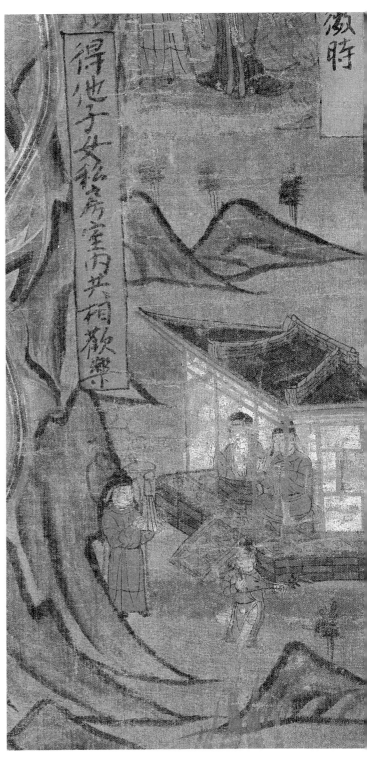

79　私房作樂

榜題曰："得他子女私房室內共相歡
樂"。房內坐着已成家立業的兒女，正
在觀看屋外玩耍的自己的孩子，左側男
孩持拍板，右側女孩抱琵琶。在私房的
歡樂中把年老的雙親已遺忘了。
北宋　藏經洞出土絹畫

第三節 佛殿裏的嬰戲圖

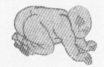

　　敦煌壁畫中的兒童形象，是最富生命力，他們大多取自現實生活，活潑可愛，天真無邪。有些畫的是兒童在遊戲，佛教認為遊戲中也可積功德。還有一些是繪在西方淨土世界的所謂"化生童子"，表現了人們對於未來的憧憬和願望。

　　嬉戲是兒童的天性。但因時代背景、物質基礎和生活習慣的差異，嬉戲的方式亦各不相同。在晚唐第9窟的供養人行列中畫有騎竹馬的兒童。騎竹馬是一種流行於全國各地的兒童遊戲。以一根竹子放在胯下作馬，來回奔跑，乘騎為戲。《後漢書·郭伋傳》："伋任并州（今內蒙古、山西等地）牧，到西河美稷時，數百名兒童，各騎竹馬，於道路迎拜。"可見此遊戲由來已古，白居易："笑看兒童騎竹馬。"至今騎竹馬之戲仍然流行。

　　在"法華經變"中常出現三五成羣的童子，聚沙為戲。《法華經·方便品》說："乃至童子戲，聚沙為佛塔，如是諸人等，皆已成佛道。"此說反映了兩點，其一聚沙為戲，確是兒童的一種遊戲。其二，如聚沙成佛塔便是一種功德，可因此而生天成佛。佛教故事中說：往昔有五百幼童相結為伴，天天在江邊遊戲，聚沙作塔。一天，洪水突發，把幼童席捲而去。因其聚沙作塔的功德，均生兜率天宮。佛教宣傳的是生

天成佛的捷徑，連童子都可以辦到，畫面呈現的是現實生活中一羣兒童在玩聚沙遊戲的天真爛漫之情態。敦煌地區到處是沙，兒童聚沙之戲極為普遍。

　　第12窟繪有"羣童採花"。鮮花是佛教最常見的供物，花供養源於印度的原始宗教，後成為佛教儀式之一。用花供養佛，佛作大歡喜，供者得大利益。畫面沒有直接表現獻花敬佛，只見一羣兒童正在忙碌而歡樂地採花，更襯托出人心如童子般的純真、可愛。

　　從第217窟的壁畫中可以看到，在唐代時兒童還玩"疊羅漢"的遊戲，即一個童子立在另一個的身上，其他兒童圍觀助興，氣氛歡快。類似的題材，後來演變成獨幅的嬰戲圖，成為象徵多子多福的民俗畫。

　　佛教有極樂化生之說，即指虔誠的信徒，功德圓滿，死後往生極樂淨土，化生於蓮花中，均作童子態。這些童子形象都是現實生活的反映，他們的不同服飾正是供養人不同文化背景的折射。第329窟所繪兩名童子，均着秦漢以來的中原傳統服飾，下者戴圍嘴，亦名"裺"，是小兒的涎衣。上者戴兜肚，俗稱"兜兜"，又名"抹胸"，通常以鮮艷的羅絹製作，着時兩帶繫結於頸，另兩帶圍繫於腰，起保健和保暖作用，當年在北方地區相當流行，幾乎人人都戴。在第220窟"阿彌陀經變"的寶池中，三

名童子站在蓮葉、荷花上欣然起舞。他們的服飾有兩種，一種是中原傳統的，着半臂，下穿小袴，即短褲。半臂即短袖上衣，盛行於唐，據説漢代時，高祖嫌其袖長，減之，稱作"半臂"。唐代詩人李賀的《兒歌》中寫道："竹馬梢梢搖綠尾，銀鸞睞光踏半臂。"正是兒童着半臂玩遊戲的歡樂景象。另一個的服飾屬於外來文化，立在荷葉上的童子，着背帶條紋小口褲，又稱波斯條紋小口褲，從波斯傳入，新疆、敦煌直至中原內地均流行，成為一種時髦的風尚。如阿斯塔那墓出土，新疆自治區博物館收藏的高昌少年裝，與壁畫中童子的服飾

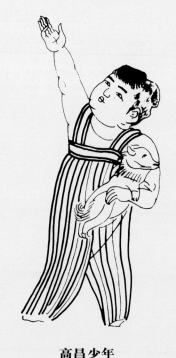

高昌少年
新疆阿斯塔那唐代墓葬出土織物

完全相同。還有唐代畫家閻立本的步輦圖上，抬唐太宗的宮女也都穿波斯條紋小口褲。

在榆林窟的西夏供養人行列中，保存了西夏童子的形象，"圓面高準"，為西夏人的審美時尚。童子的髮型是前部留少髮，左側一綹長髮垂肩，其餘髡首；或頭部周邊留髮一圈，中髡首。服飾與漢族類似。

敦煌自古就重視對兒童的教育，從北朝五涼時期便有設立學校的文字記載。隋唐兩代，朝廷推行科舉制，不拘一格選拔人才，使讀書成為風尚。唐宋時期，敦煌設州學、縣學及醫學，這是官辦學堂；寺院還設寺學及專門從事研究佛法義理的義學，兒童從小便可入上述學校受讀。

敦煌壁畫中的學堂畫面出現在"維摩經變"、"報父母恩重經變"、"藥師經變"中。"維摩經變"説維摩詰是一位在家的居士，他精通佛理，辯才無礙，深入到社會的各個方面，各個角落，去教化度人。他也進入學堂，教化師生，所謂"入諸學堂，誘開童蒙。""報父母恩重經變"説，父母望子成龍，盼子心切，不但從小在生活上無微不至的關懷和愛護，更望他學有所長，業有所成，所以使孩子受教育對父母來説是責無旁貸的。"藥師經變"只出現在個別九橫死畫面中。

關於學堂的基本建制，據《唐六典》的制度，州學學生四十人，縣學學生二十人。第12窟壁畫中的學堂規模不大，一座院落就是一所學堂，院內中心有一座單檐廡殿建築，這就是學堂的正房，此正房既供老師起居，還可供奉孔子塑像。據《沙州都督府圖經》記載，州學、縣學院內設廟堂一座，內塑孔子、顏子之像，春秋二時祭奠。老師當年稱"博士"，只設一人，另設一名助教。學堂中體現出尊師重教的優良傳統，僕役給老師上茶時要躬身九十度，那種畢恭畢敬的神態正是這一傳統的形象表現。院內兩側廂房是學郎的學習場所，內設桌凳。古代的學習條件比較簡陋，課桌是用一塊木板支成的架子，坐的是一方形土墩，課本是手抄的紙卷，展開平鋪桌上。

按封建社會的刑法，對違法者可處以鞭、笞、杖刑。學堂裏對違紀的學郎竟然也照此辦理，這裏儼然是一個小社會，只是刑罰輕重不同而已。在第468窟"藥師經變"的畫面上，助教正在執行對學郎的體罰，一個幼稚的學郎站在學堂的院中，當着同窗的面被助教用鞭子抽打。這個發生在學堂裏的插曲，真實生動地再現了學堂生活和封建教育制度。體罰學生的現象，在中國一直延續到二十世紀五十年代才被廢除。

在敦煌壁畫上所反映的兒童生活，同樣受到中原文化和外來文化的衝擊，從遊戲、服飾到學堂，既有秦漢以來的中原風尚，又有佛教東漸及西域習俗的影響。兒童的生活既有歡樂，也有壓抑。

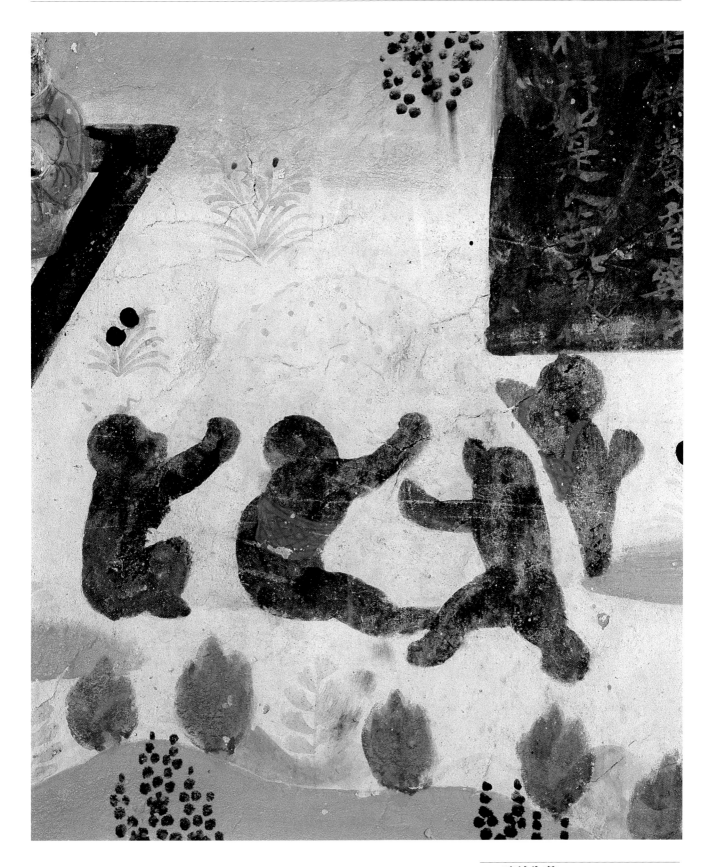

80 聚沙為戲

四個胖乎乎的童子在田間作聚沙遊戲，
沙堆已高出童子一頭，他們仍努力往上
堆。

盛唐 莫23 北壁

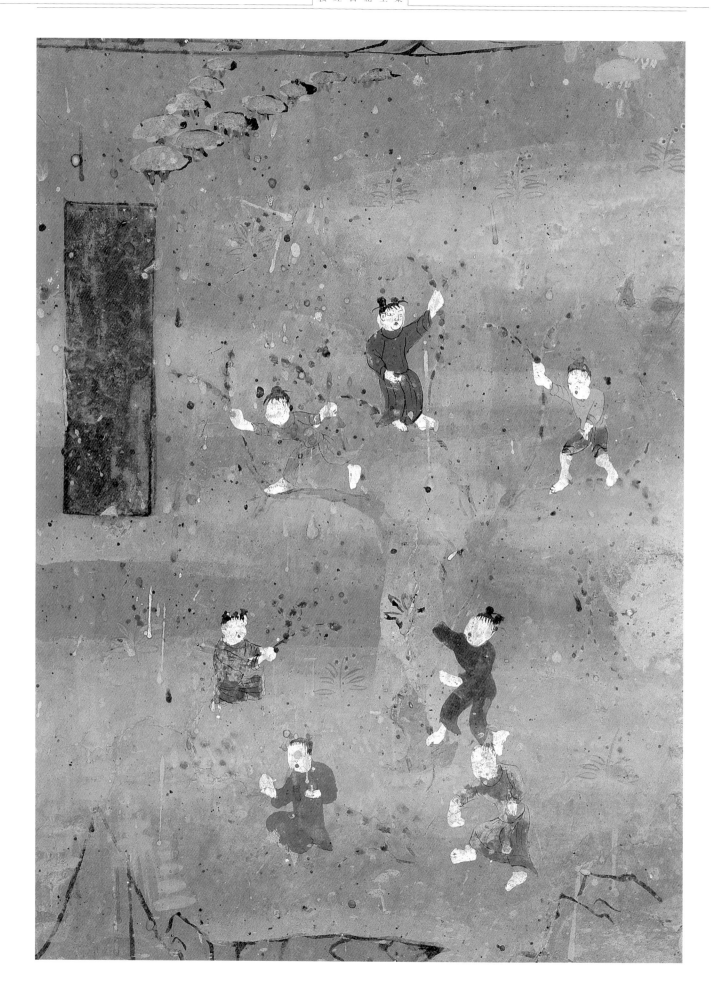

81　羣童採花

七名童子正在採花作樂，三名在樹上，
四人在樹下，每人的動作情態各異，或
攀枝，或摘取，或仰接，或俯拾，或結
束，情趣盎然。

中唐 莫112 西龕西壁

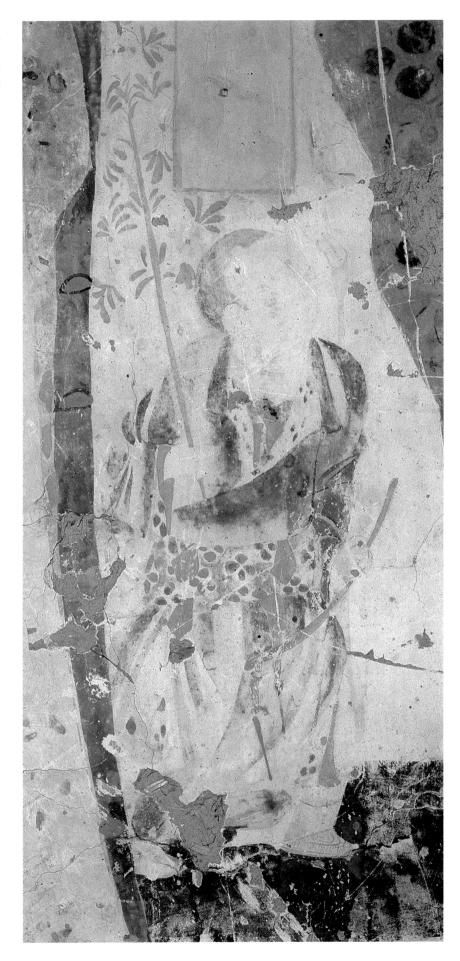

82　童子騎竹馬

一穿花袍服、內着襴褲，足蹬平頭履的
童子，左手扶竹馬，竹馬彎彎，右手執
一竹梢，作趕馬之鞭。

晚唐 莫9 東壁門南側

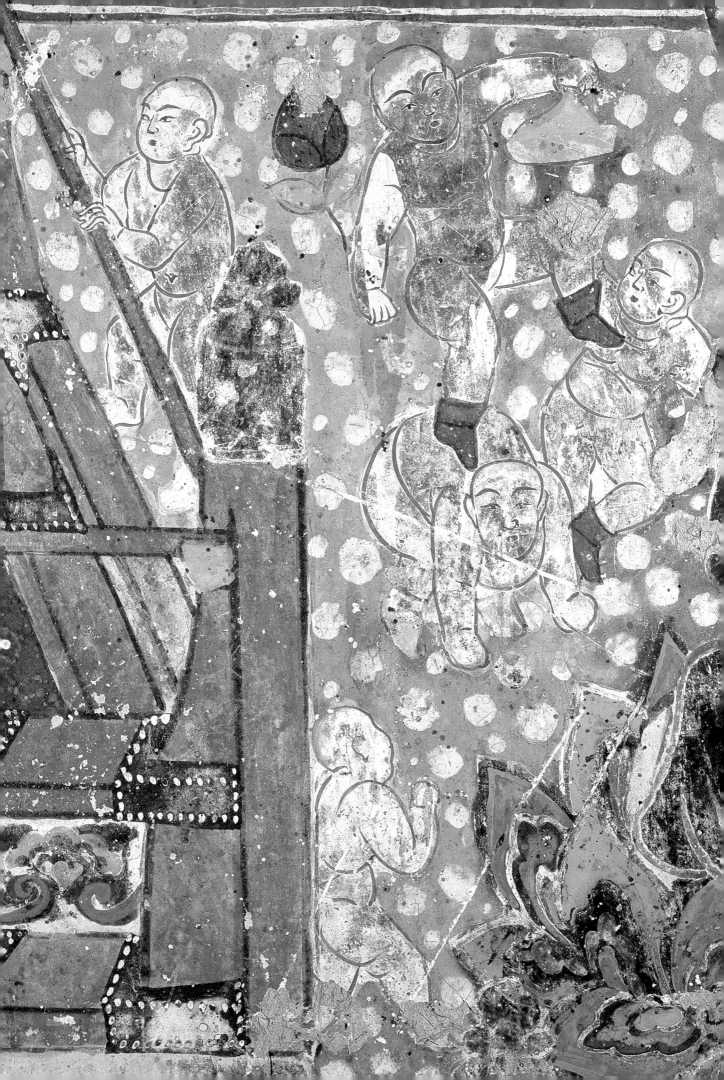

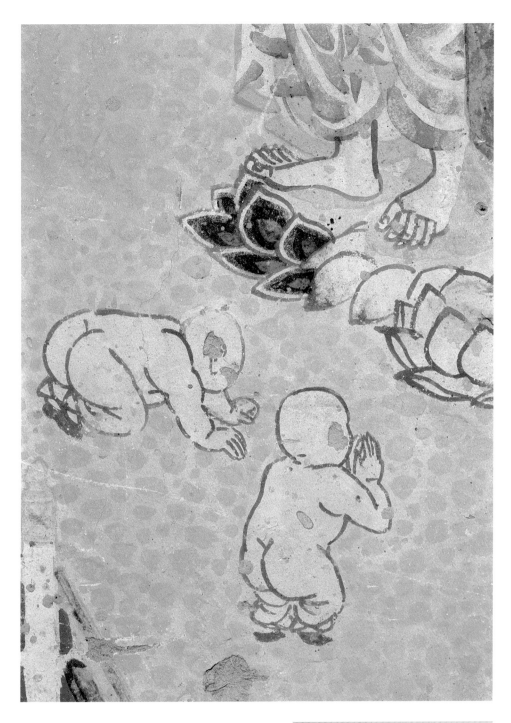

84　童子拜佛

兩名赤身胖娃娃拜倒在佛陀面前，顯得
格外純潔可愛。

中唐 莫197

83　羣童嬉戲

一羣男孩，光頭裸體，腳穿布襪，正在
做疊羅漢的遊戲，上面站立的童子一手
執蓮蕾，一手提蓮蓬，右腳踏在下一童
子的背上。另一名童子以右掌支撐着上
立者，疊羅漢終於擺成了，難怪前面那
位童子正張嘴拍手為他們叫好。這是一
羣中國佛教的小天使。

初唐 莫217 北壁

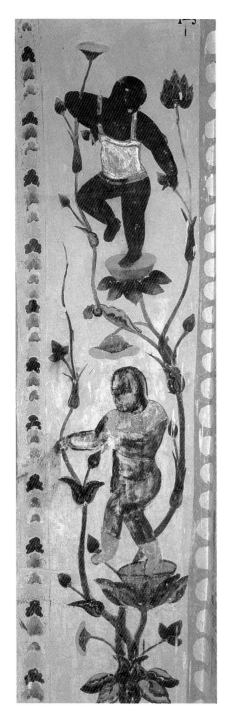

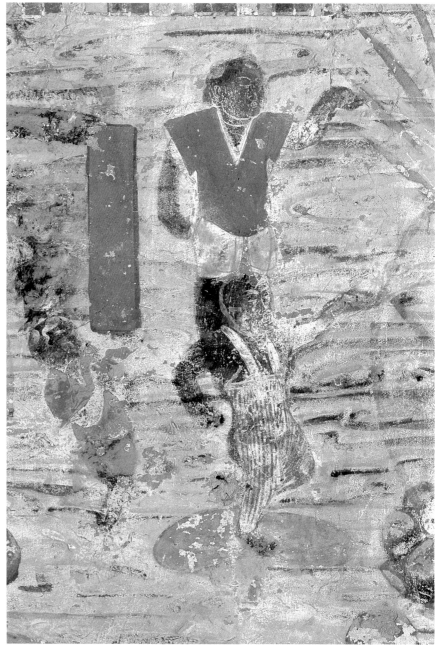

85　漢裝童子

兩名童子，上者着兜肚，下者戴圍嘴，
是漢民族傳統的服飾。均一足踏蓮花，
一足上揚，與手勢配合，作舞蹈姿態。
中國百姓對此形貌倍感親切，與其說是
化生童子，倒不如說是兩名舞蹈小演員
更真切。

初唐　莫329　西龕外側

86　中外兒童服飾

三名童子中年齡最小的是左側者，頭上
總角，額前留一綹鬢髮，這是出生三月
後剃頭特意留下的頭髮。另兩名剪髮、
未冠，是未成年者。最前者着波斯背帶
條紋小口褲，其餘兩人上着半臂，下穿
小袴，三名童子的服飾體現了唐代服飾
中外兼蓄的開放特色。

初唐　莫220　南壁

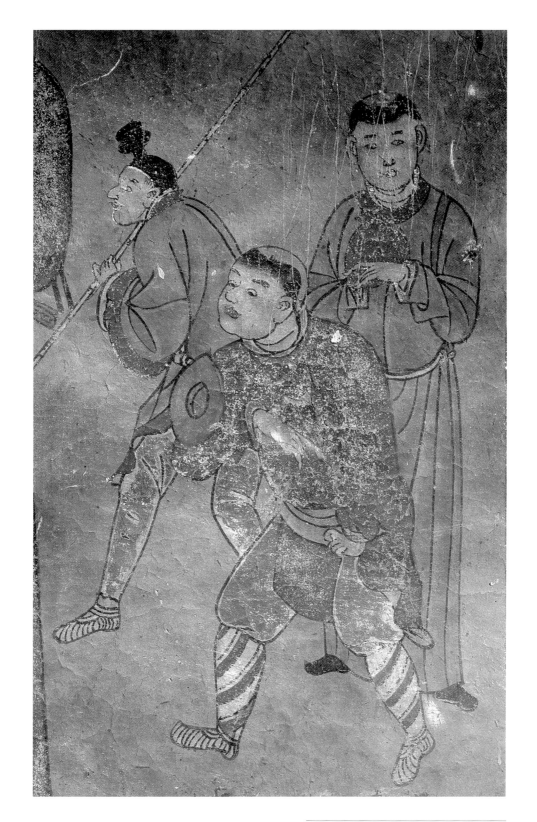

87 西夏供佛童子

兩名童子為主僕關係，前者為童僕，右
臂挎涼帽，腿裏行縢，又名邪幅，足蹬
麻鞋，非常認真地在前引路。後立者為
小主人，着圓領袍服，足蹬皮履，雙手
捧供佛的財寶。

西夏 榆29 南壁東側

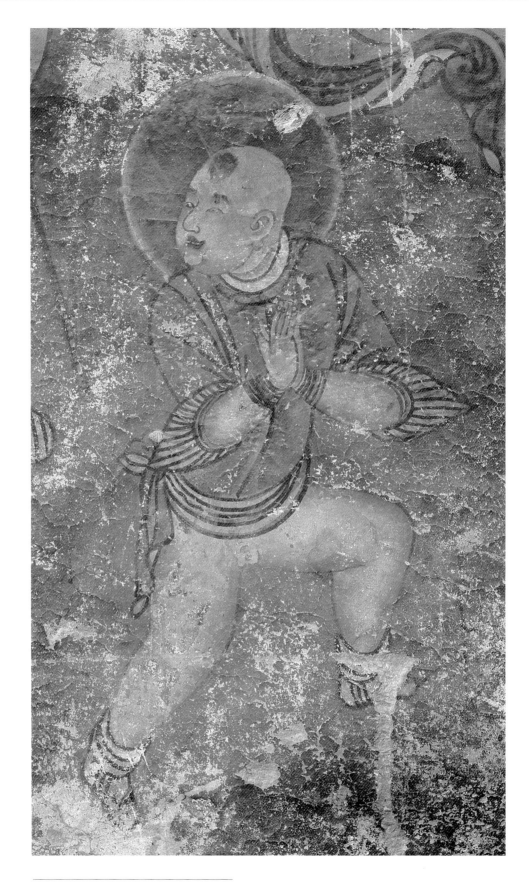

88 供養童子

童子一面向前奔走，一面回首合十，裸
露下身，滿臉喜氣洋洋。

西夏　榆29　南壁東側

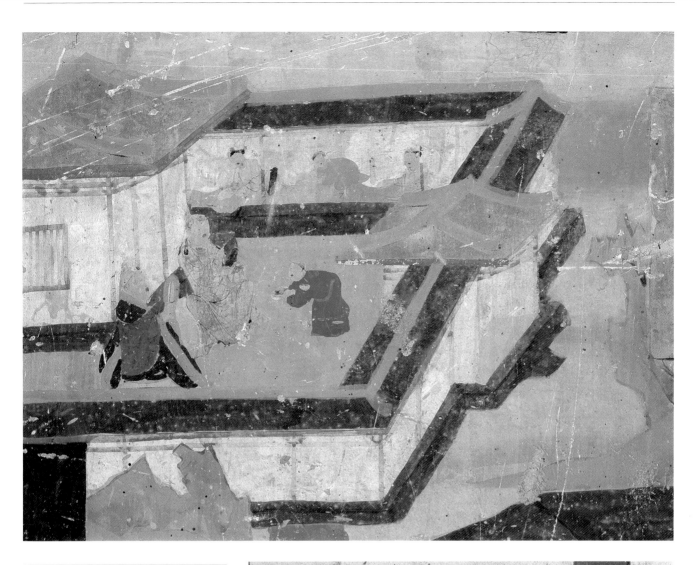

89 學堂

學堂自成一座院落,一間單檐廡殿建築是正房,供老師所用。房前中坐者是老師,側坐者是維摩居士,一僕人正恭敬地上茶侍候。兩側廂房裏學郎正讀書。

晚唐 莫12 東壁門

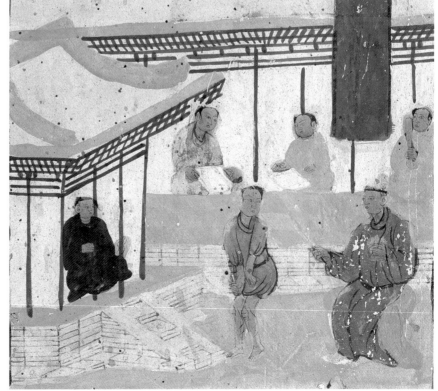

90 學堂

老師博士端坐屋內,院裏助教正在對一名學郎進行體罰,廂房中的學郎憤憤不平地注視着眼前所發生的一切。

中唐 莫468 北壁

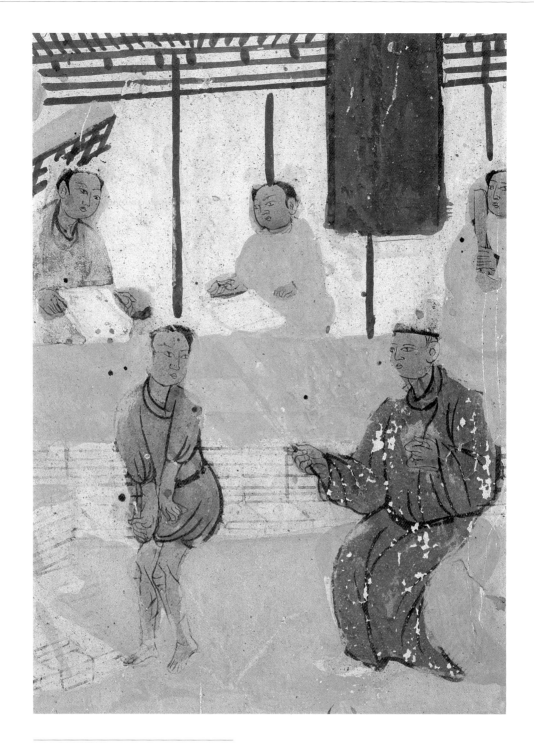

91 體罰學生

助教右手執鞭，強令學郎赤腳，捲起袖
子、褲腿，狠狠地抽打他，學郎痛得側
過身來向着助教，臉上顯得既痛苦又無
奈。
中唐 莫468

中古婚俗再現

　　自古以來，"洞房花燭夜"就被視為人生大事。中原在戰國時期便有比較完整的婚禮記載，至兩漢時進一步定型和規範化，這就是載於《儀禮·士昏禮》、《禮記·昏義》中的"六禮"。六禮是中國傳統締結婚姻必須履行的六個步驟：一是"納采"，男方通過媒人送禮，以示向女家求婚。二是"問名"，詢問女子的生辰八字及命名。三是"納吉"，男方通過占卜，得吉兆，通告女方。四是"納徵"，徵者成也，男方正式納聘財，婚事已定。五是"請期"，男方確定成禮的吉日後，通告女方，徵求意見。六是"親迎"，新郎親往女家迎娶新娘。但隨着社會的進步，繁瑣的六禮逐步受到排斥，據藏經洞出土的《新集吉凶書儀》（簡稱《張敖書儀》）記載，是晚唐至北宋在敦煌地區流行新儀，婚禮被歸納為通婚、成禮兩大階段，後來 《宋史·禮志》中更加明確規定，六禮簡化為四禮，問名與納采合並，請期與納征合並。《朱子家禮》又刪去納吉，這樣六禮到了宋代就變成納采、納徵、親迎三禮了。由此可見中古婚俗有着承漢而啟宋之功，反映了中國禮法、民俗等方面的演進。

　　據《彌勒下生經》稱，在彌勒世界中，人的壽命是八萬四千歲，"女人年五百歲，爾乃行嫁"，壁畫中的婚嫁圖就在這一主題下應運而生。婚嫁圖基本上由兩組畫面構成，一組是婚禮喜筵場面；另一組是以拜堂為中心的場面。畫面有詳略之別，簡者只有新婚夫婦行禮場面；詳者表現成禮的有關儀式過程，如親迎、財禮、奠雁及青廬等。婚嫁圖中表現了唐宋時期在敦煌地區廣泛流行兩種不同的婚俗，一種是受漢人傳統六禮的影響，行聘娶婚；另一種是西域民族風俗，男就女家成禮，行入夫婚。

　　敦煌石窟繪有四十六幅婚嫁圖：盛唐九幅，中唐十七幅，晚唐九幅，五代六幅，宋代四幅，西夏一幅。

第一節 婚禮場面的設置

唐宋時期敦煌地區的婚禮是在露天舉行的，屆時在庭院設置宴請賓客的禮席、拜堂的帷帳和新婚夫婦居住的青廬。

婚家設筵席以作宴請，擺喜宴、喝喜酒，古代稱"禮席"。新婚夫婦將於禮席前正式宣告婚姻關係確立，並得到社會的確認。此外為酒席以召鄉黨僚友，杯盤交錯，表示同喜同慶。榆林20窟的婚嫁圖中禮席設在庭院，以青布帷幕搭成篷帳，篷帳頂部作人字坡形，有的還有帳額，裝飾花紋圖案。帳內設一長桌，上置食物，男女賓客分坐兩側。在敦煌全部婚嫁圖中只有兩幅的禮席設在屋內。

庭院設帳是漢魏以來的社會通俗，遇喜慶大事設帷幕飲宴，甚至朝廷的元正大會也可以庭院設帳。南朝的王沈在《正會賦》中寫到："華幄映於飛雲，朱幕張於前庭。紹青帷於兩階，像紫極之崢嶸。"唐宋時期的敦煌民居多是平頭屋或單坡屋，整個屋子的深度不超過一根普通樹幹的長度，若在屋內擺筵席就相當困難。另外婚禮規定新婚夫婦的青廬設庭院中，當然婚禮也就在庭院進行了。

禮席的規模依婚家的地位、財富而定。據《甲午年五月十五日陰家婢子小娘子榮親客目》記載，北宋淳化五年（公元994年），出席陰家小姐婚禮的有四百

七十名客人，其中有五戶只寫"合門"，未注具體人數，此榮親客目尾部尚殘缺，推測參加此次禮席的約五百人左右。新娘是敦煌當地的豪族陰家小姐名婢子。

在禮席的篷帳對面，用布幔等物圍成屏障，以供新郎新娘拜堂行禮之用。《張敖書儀》說："以扇及行障遮女於堂中。"行障即帷帳，類似後世的屏風，可自由搬遷，其目的是遮掩新人。帷帳內新婚夫婦站立的地面上，必鋪一方花氈，這是婚禮的"轉氈"之俗，又稱"轉席"，即新娘不得踏地，只能在氈上行走，氈不夠長，由侍者以另一氈前後傳遞。此俗從皇宮到民間均盛行。白居易《春深娶婦家》詩云："青衣轉氈褥，錦繡一條斜。"此俗認為新娘的腳不能直接與土地接觸，以免衝犯鬼神。在第12窟的婚嫁圖中，繪有在堂上陳列財禮的場面。唐宋時的婚嫁重財禮，《唐會要》指出，時下婚姻的弊病是："多納貨賄，有如販鬻"，可見財禮之奢。敦煌的《鄧家財禮目》的清單中共包括：

女方的衣着七套，每套含裙子、襜襠、畫帔子或帔巾，製作面料是綾羅錦繡，並要貼金、泥銀。

各色錦四疋，沙沙那錦一張，各色羅兩疋，各色綾兩疋，生絹兩疋，共十疋。

錦被三張，錦褥兩面，布緤九疋。

油酥四馱、麥四車、羊十八隻、駱駝兩頭、馬兩匹。

時為北宋太平興國九年（公元984年），鄧家是敦煌的一位都頭。

在帷帳、花氈前面，也就是禮席與帷帳之間的空地上，用三叉架豎一面圓鏡，稱"鎮妖鏡"。宋代的《東京夢華錄‧民俗》中曾有記述：娶婦時，新人下車檐，一人捧鏡倒行，即始終以鏡對着新娘。此為中國傳統民俗，一方面是唯恐三煞等作祟，另一方面是認為明鏡可以鎮妖。《抱樸子‧登涉篇》記述：一切妖魅鬼怪，假託人形，以眩惑人目，唯不能於鏡中易其真形。

青廬即北方少數民族的穹廬，又名氈帳，專用於婚禮作洞房的稱"青廬"。第186窟婚嫁圖中的青廬作圓頂小穹廬。東漢時婚禮已流行設置青廬，《世說新語‧假譎篇》記載，曹操少年時，與袁紹二人趁他人婚禮之機，潛入青廬，把新娘劫走。至唐代仍行此俗，建中元年（公元780年）禮儀使顏真卿上奏："相

見儀制，近代設以氈帳，擇地而置，此乃虜禮穹廬之制。"《張敖書儀》明確指出："凡成禮須在宅上西南角吉地安帳。"設在女家。

青廬之俗在中國廣大地域相當流行。既然青廬來源於遊牧民族，為甚麼在中原、在漢族的婚禮中廣泛採用呢？其原因是青廬內壁由枝桿交錯搭成菱形，用繩交絡，連鎖而成，外覆以青繒、青幔，可張可闔，自由搬遷，是一種行屋，使用方便。而且漢族地區的俗文化又賦予它一個吉祥的名字，稱之為"百子帳"，其本是"百枝帳"的諧音，因搭建時用大量枝桿故名。"百子"之音，正合漢族人"多子多福"的心態。另外，按漢代婚俗，新人住青廬可以避煞。當時婚禮期間有三煞之說，即招來青羊、烏雞、青牛之神，故新婚夫婦不宜入屋，否則對家長不利，還會無子。《知新錄》說，漢代京房嫁女，以三煞在門不得入內，最後撒麻豆穀米以攘之。

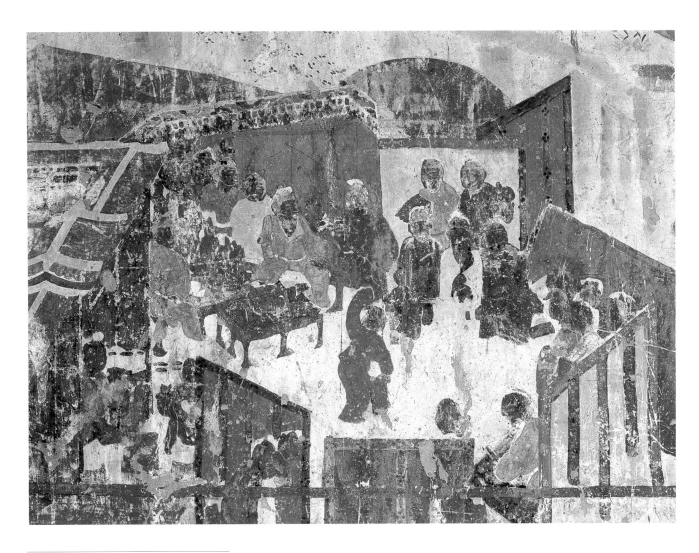

92 盛唐婚嫁圖

這是一幅早期婚嫁圖，反映了婚禮場面
的基本佈局：在屋外庭院中，左側設篷
帳、擺筵席，中心為樂舞場面；右側帷
帳內是新郎、新娘拜堂行禮；後面是圓
頂青廬；前面屏障外是圍觀的人羣。

盛唐 莫445 北壁

93 晚唐婚嫁圖　　　　　見下頁 ▶

左側禮席客人已就座，右側跪拜地上者
為新郎，一旁作揖站立者是新娘，後面
是眾儐相。畫面正中陳列的是新郎送給
新娘的財禮，三叉支架豎圓鏡一面，左
前方是前來賀婚者。

晚唐 莫12 南壁

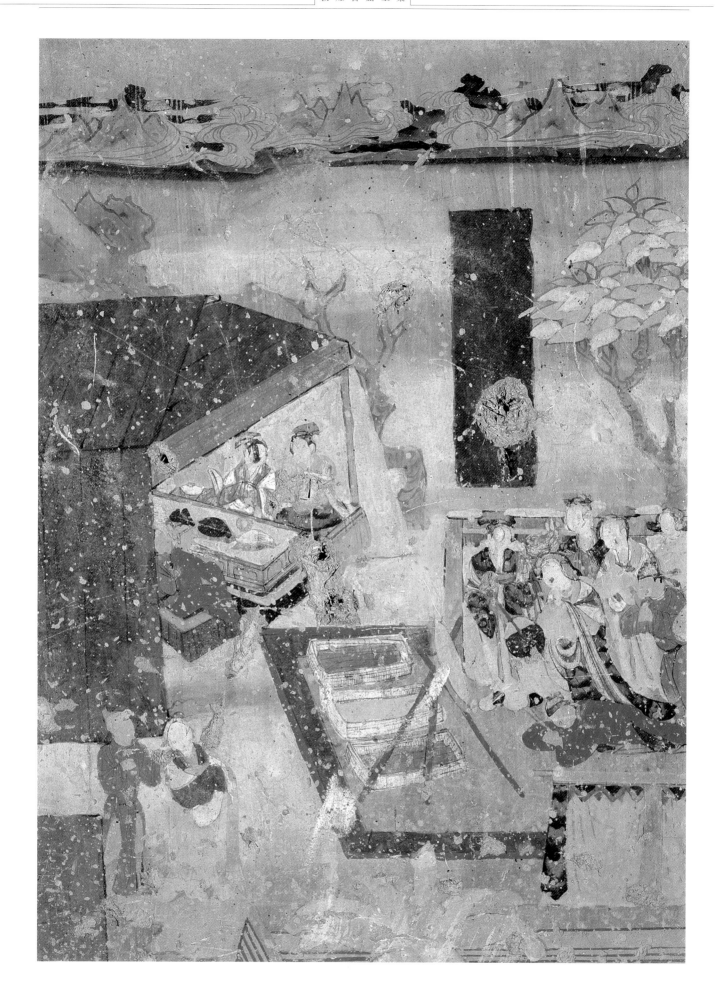

94 婚禮場面設置圖

以禮席和帷帳為中心，地面鋪氈，旁設
青廬。親友賓客與新郎新娘相對，中間
地面豎明鏡，構成氣氛熱烈的婚禮場
面。

宋 莫454 東坡

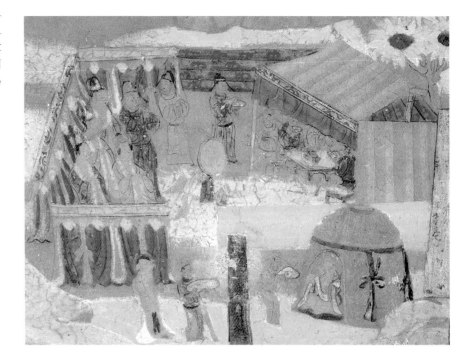

95 禮席圖

禮席設在露天的庭院中，以青布帷幕搭
成篷帳，篷內的結構為：頂柱、橫樑，
上覆以條狀的青縵與繒帛。篷帳內壁裝
飾花草圖案。酒席為一長桌，放置豐盛
的食物，客人分坐兩側。

五代 榆20 南壁

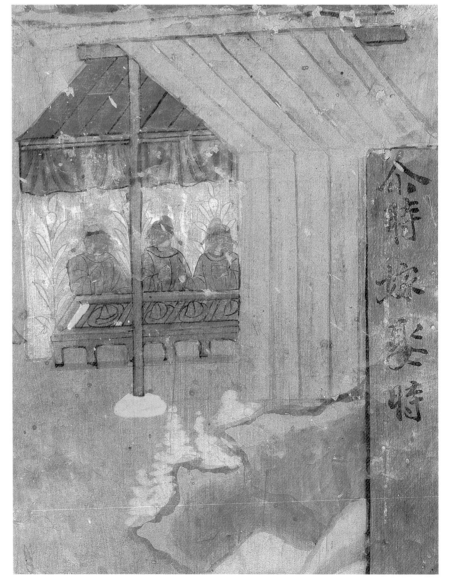

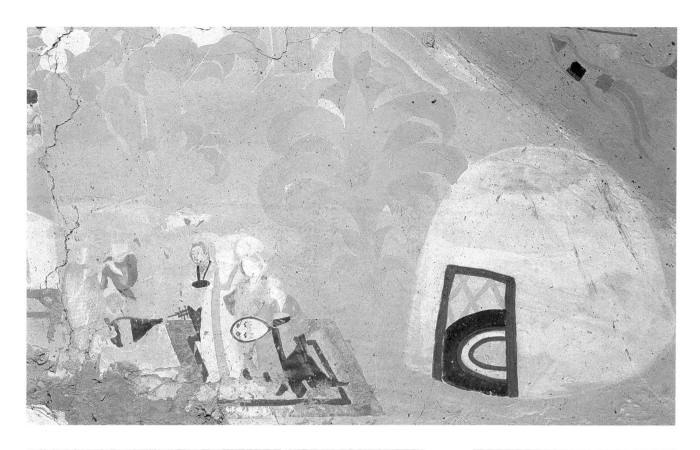

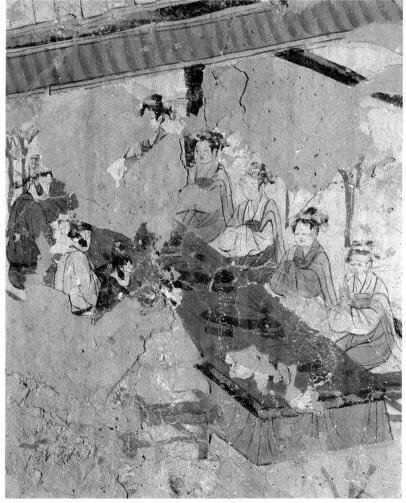

96 青廬圖

青廬的形制是圓頂微型穹廬，內壁可見
枝木交叉作菱形，這種結構可張可闔，
稱"百枝帳"，取吉祥之意，又稱"百
子帳"。地面鋪一圓形花氈，供新郎、
新娘就坐。

中唐 莫186 北坡

97 禮席圖

宴席一周有桌帷，客人男女分別就坐。
中唐 莫474 西龕北壁

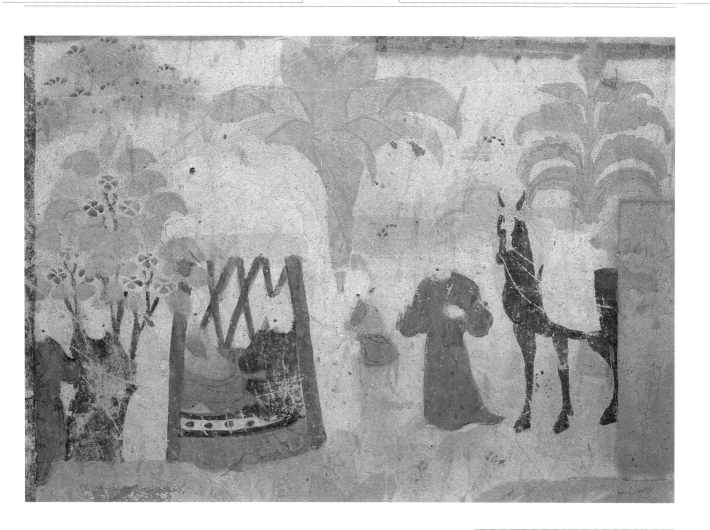

98 青廬圖

廬內新婚夫婦相對盤坐，按禮儀規定，
其位置應是男東女西，反映男為君，女
為臣的男尊女卑觀念。廬外儐相侍者恭
候，牽馬以待。

晚唐　莫360　南壁

第二節　婚禮人物

婚禮上的主角是新郎和新娘，為了此次重要登場，他們各有一番非凡的打扮。加上男女儐相和眾多賓客的烘托，氣氛熱烈而歡快。

婚嫁圖中的新郎多數是頭戴幞頭、身着紅色長袍，雙手持笏，或站立，或跪拜。也有少數是頭戴冕旒，褒衣博帶，寬袖長袍。袍服是男子的常服，官民通用，只在顏色有區分。而持笏則不是庶民裝扮。笏又名手版，唐代以來是品官朝會或出使時所持，把該辦理的事寫在上面，起備忘錄的作用。袍笏加身，更是貴族官僚的服制。至於戴冕旒，其身份地位就更高了，冕而前旒，是禮冠中最尊貴的一種，唐代時只有皇帝或國王才可服用。第116窟壁畫上的新郎便是頭戴冕旒的。為甚麼新郎要打扮成帝王、品官呢？這反映了中國自古以來的一種婚俗——"攝盛"，就是新郎在舉行婚禮時，可以誇大自己的身份，在服飾、乘車等方面，按僭越實際身份的禮儀行事。《周禮·春官》中記載，一般士人親迎時可以攝盛乘大夫車。《儀禮·士昏禮》也記載新郎親迎時可以冕服加身，乘墨車。出土文獻中的《下女夫詞》反映了敦煌婚禮中的攝盛之俗，當新郎一行到達女方家大門時，男儐相便極力吹噓和誇大新郎的身份："本是長安君子，進士出身，選得刺史，故至高門"。"敦煌縣攝，公子伴涉，三史明

閑，九經為業。""三川蕩蕩，九郡才郎，馬上刺史，本是敦煌"。顯而易見是屬應景編造。攝盛古風流傳到清代就成為"新郎三日大"，在婚禮的三天之內，那怕是目不識丁的，也可以紅頂花翎，他人不得干涉。

隨着新郎的攝盛，新娘服飾亦相應升級，有鳳冠霞帔者，亦有滿頭珠翠釵鈿者。鳳冠是飾有鳳凰的禮冠，在漢代為皇后所專用，後世亦為命婦所用。新娘戴鳳冠當屬攝盛。霞帔是出嫁女子的長帔子，從肩頭直搭至地，其上文有霞彩，故名霞帔，又稱畫帔子，當年一件畫帔有值萬錢的。至於珠翠釵鈿亦非一般百姓所用，《新唐書·車服志》規定：花釵禮衣是親王納妃的服制。盛唐時期的第33窟中，新娘滿頭珠翠釵鈿，身着長帔，也屬攝盛。

舉行婚禮時，伴新郎的男子與伴新娘的女子稱"儐相"，又名"伴郎"與"伴娘"，敦煌俗稱伴郎為"相郎"，伴娘為"侍娘"或"姑嫂"。婚嫁圖中所繪伴郎和伴娘多為一二人，伴娘也有的多至三人以上。行禮時，儐相均在新郎、新娘身旁，新郎如持笏，伴郎也可以持笏，或雙手合抱作揖。伴娘主要是持團扇，給新娘遮臉用。《張敖書儀》說："以扇及行障遮女於堂中，令女婿儐相行禮。"直至入青廬後，才由新郎親自去扇。此俗據《獨異志》所載，來自遠古伏羲、女

娲成婚的神話，兄妹成婚感到羞恥，女娲結草為扇，以障其面。敦煌文獻保存有唐代的《去扇詩》：

青春今夜正方新，

紅葉開時一朵花。

分明寶樹從人看，

何勞玉扇更來遮。

千重羅扇不須遮，

百美嬌多見不奢。

侍娘不用相要勒，

終歸不免屬他家。

在婚嫁圖中還可見到伴娘、伴郎雙手捧着一個精緻的盒子，用金銀貝殼等鑲嵌製作，內裝金鈿首飾之物，這就是白居易在《長恨歌》中所言："唯將舊物表深情，鈿合金釵寄將去。""鈿合"即"鈿盒"。陳鴻《長恨歌傳》："定情之夕，授金釵鈿合以固之。"在婚禮中向女方送鈿合表示兩兩相合，如金鈿般堅固，寄託着對婚姻的美好祝願。所謂"但教心似金鈿堅，天上人間會相見。"

被邀參加禮席的賓客，或送錢、或送物，來到後雙手作揖表示祝賀。禮物視各人財力而定，小到新娘的紅頭繩，亦可表心意。例如有一位叫李奴子的，遠在伊州（今新疆哈密），得悉姪女結婚，捎來一封家信："奴子姪女長喜榮親，發遣緤三兩疋已染……碧繡一角，紅頭乘（繩）兩個，得矣不得？"

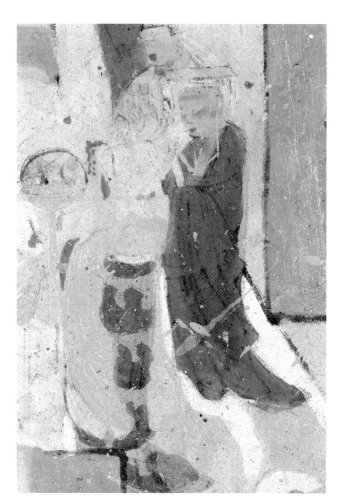

99　新郎與新娘

新郎頭戴冕旒，雙手持笏，身着寬袖袍
服。新娘頭戴鳳冠，插珠翠步搖，佩項
飾，着襦衣，花長裙，長帔繞身而下，
團扇遮面。

盛唐　莫116　北壁

100　新郎

新郎頭戴氈帽、雙手持笏，身着袍服，
足穿烏皮靴。伏地行跪拜禮。

晚唐　莫12　南壁

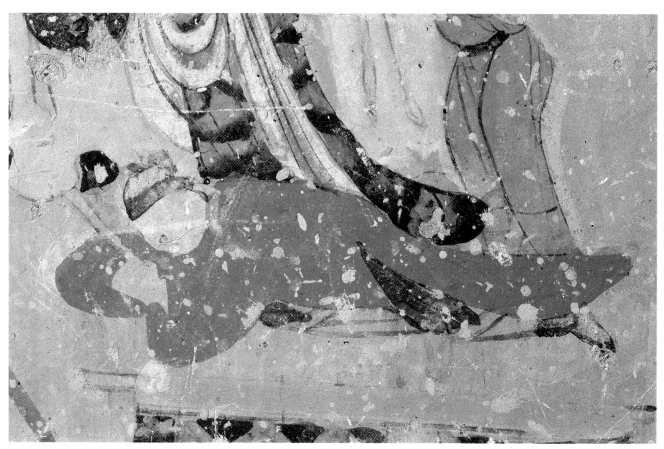

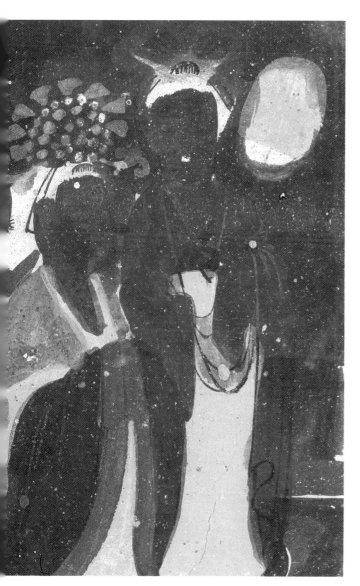

101　新娘

新娘滿頭珠翠釵鈿，梳寶髻，有衡笄，
額際插冠梳一把，着襦裙、罩半臂，長
帔繞身，雙手胸前行揖禮。衡笄，又名
吉笄，為婦人行吉禮時應有的裝飾。
盛唐　莫33　南壁

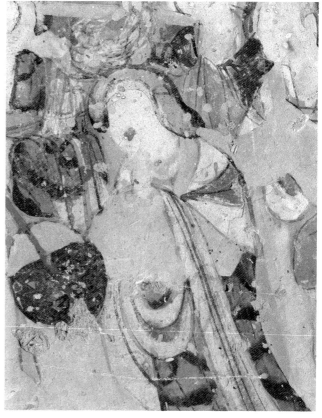

102　新娘

新娘頭戴鳳冠，髮髻抱面，前額貼花
子、點唇，有項飾，着襦裙、長帔繞
身，雙手斂於胸前作揖禮。
晚唐　莫12　南壁

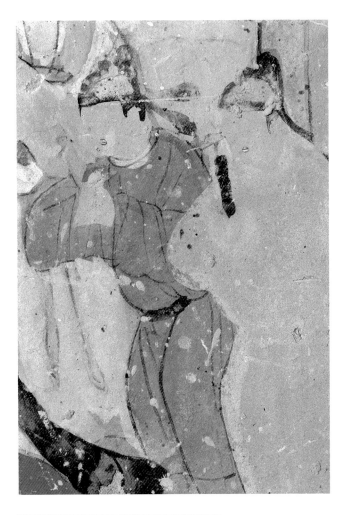

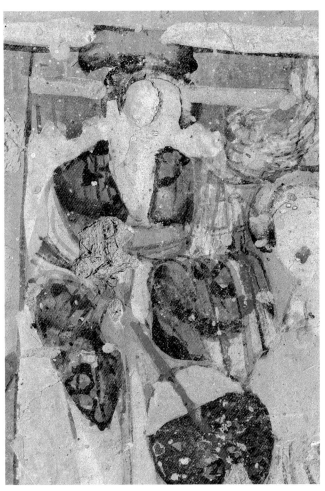

103　伴郎

兩位伴郎均頭戴軟腳幞頭，身着圓領袍
服，雙手持笏行揖禮。

晚唐　莫12　南壁

104　伴娘

梳雙髻，外罩襜襠，長帔繞身，手執長
柄團扇。

晚唐　莫12　南壁

105　伴娘

兩伴娘各在新娘一側，着襦裙，各執一
柄花紋團扇。後面端坐者為家長，前面
站立者是新郎及伴郎。

晚唐　莫156　西坡

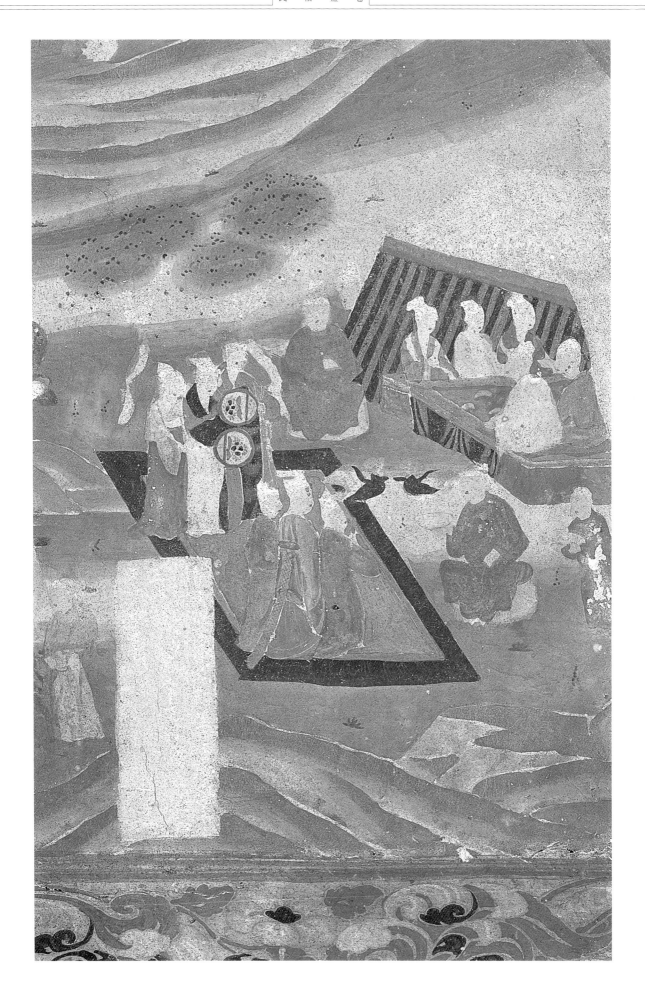

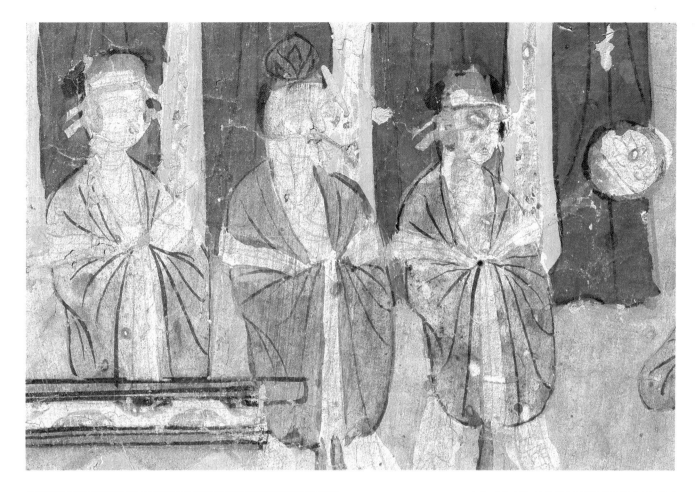

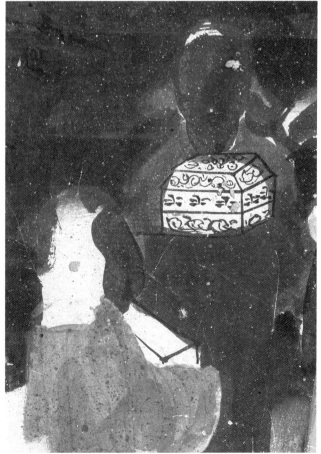

106 新娘與伴娘

三人均梳高髻,着寬袖襦衣、長裙、長
帔。不同的是新娘髻上錦花高聳,兩位
伴娘是前額髮際插冠梳,髻後插衡笄,
執團扇。

五代 榆20 南壁

107 鈿盒圖

兩位儐相或抱禮盒,或捧鈿盒。鈿盒紋
飾精緻,實屬一件上乘的工藝品。

盛唐 莫33 南壁

108 賀禮者

這一對平民夫婦，前來賀禮，男人着缺
胯衫，頭裹巾子，雙手抱拳作揖。女子
着襦裙，懷抱一包袱，唐代庶民打扮。
晚唐 莫12 南壁

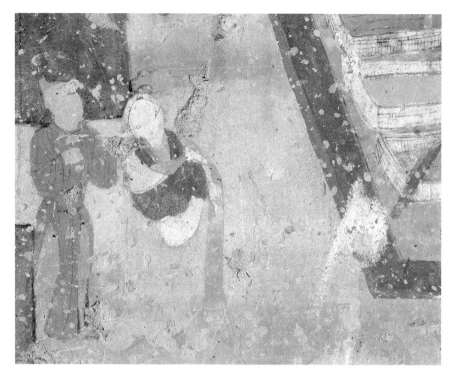

109 賀禮者

三位賀禮者均戴軟腳幞頭，着圓領窄袖
袍服，下加襴，雙手抱拳作揖。兩位面
向新郎新娘，似在念唱祝福的 "咒願
文"。
五代 榆20 南壁

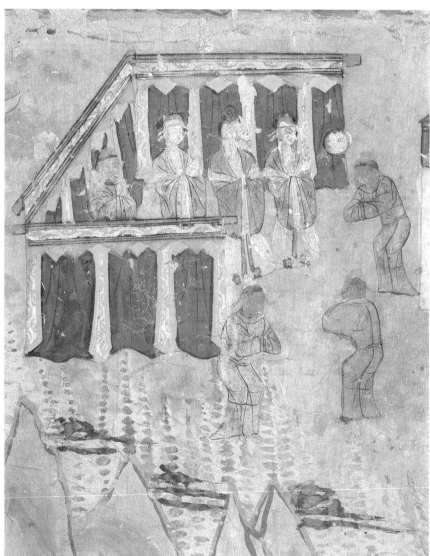

第三節　婚禮程序

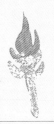

　　敦煌壁畫中的婚禮儀式具有鮮明的地區色彩，其程序是：新郎親迎、樂舞助興、拜堂成禮、奠雁之儀、共入青廬。

　　新郎親迎的時間是在舉行婚禮的當天晚上，為何不在白天？"婚姻"在古代本作"昏因"，意思是男以昏時娶婦，婦因男而來。新郎在儐相的陪同下，騎馬前往女家親迎。第85窟保存了一幅親迎圖，畫面已部分殘缺，但仍可看見一侍從在前高擎火炬，這就是《儀禮·士昏禮》中所說的"執燭前馬"，使徒役持炬在前照路。親迎時要用五匹馬，在《咒願女婿文》中說："五馬絆於門外"。五馬本是漢代以來太守出行的儀制，後世遂以五馬為太守的代稱，婚禮中因行攝盛之俗，故用五馬親迎，以誇大新郎身份。

　　若是行聘娶婚，新郎親迎是把新娘接回家中成親；若是入夫婚，新郎便須辭別父母到女家成親。《張敖書儀》記載："兒郎於堂前北面辭父母，如遍露微哭三五聲，即侍從儐相引出。"兒郎此處指新郎。按中原的傳統行聘娶婚，只有新娘哭辭娘家，而敦煌正因為在女家成禮，將在女家生活，致使兒郎流露出感傷之情。

　　婚禮中最歡快的場面是樂舞助興。樂舞的地點，如是入夫婚就設在女家；如是聘娶婚，則在男家、女家均設。

　　《張敖書儀》記載：當新郎一行到達女家後，"向女家戲舞，如夜深即作催妝詩。"可知戲舞是在等候成禮之際進行，既是助興，又有催促新娘盡快成妝之意。婚嫁圖中表現的是絲竹雜陳、笙管齊奏的場面，翩翩起舞者有童子、也有成人；既可獨舞，也有二人對舞。

　　按古代的禮法觀念是婚禮不用樂，視婚禮為陰禮，樂為陽氣，所以婚禮不用樂，以示幽陰之義。《禮記·曾子問》中說："娶婦之家三日不舉樂"。漢宣帝時就下令：嫁娶時令民無所樂，非所以導民也，詔"勿行苛政"而解之。初唐時，從韋挺的上疏中亦反映出歌舞齊作之風："今昏嫁之初，雜奏絲竹，以窮宴飲。"（《唐書·韋挺傳》）宋代更是有增無減，《夢粱錄·嫁娶》記載：迎親那天，"顧借官私妓女乘馬，及和僱樂官鼓吹"，直接動用官方的妓樂，前往女家，迎娶新人。婚禮用樂增加了歡慶氣氛。

　　婚禮的高潮時刻是拜堂。新郎、新娘於選定的吉時良辰，在帷帳內的花氈上行拜禮成婚。行聘娶婚的拜堂儀式在男家舉行；行入夫婚的在女家舉行。行禮時面向家長、親友賓客或站立作揖、或跪拜。這時親友們可以向新人致以祝福，也可以請人頌唱祝福詞。婚禮中的拜堂行禮往往因民族習俗和文化背景的不同而各有所異。據《張敖書儀》所載，中古時期敦煌的婚禮是在女家舉行的。新娘是在自己家中，所以無行禮的規定。而新郎是身在女家，面對的是岳父、岳母，所以新郎是行禮的重點，須行重禮。從壁畫上分析，行禮方式主要有以下幾種：

一、男女站立作揖行禮。新郎新娘均站立在帷帳內、花氈上，雙手斂於胸前作揖，或新郎持笏作揖，向禮席的親友行禮。在 40 幅畫面較清楚的婚嫁圖中，這種行禮方式佔 21 幅。站立作揖的行禮方式是漢族禮儀的古老傳統，《儀禮·士昏禮》：當新郎親迎抵女家時"主人揖入，賓執雁從，至於廟門，揖入，三揖。"男子作揖雙手拱於胸前，女子俯手下至胯。揖禮分特揖、面揖和略揖，特揖是對君長、長輩或重要人物，行三揖；面揖指彼此相互行禮；略揖只表示一下禮節即可。新婚夫婦拜堂時的行禮是特揖。

二、男女跪拜行禮。跪拜禮比揖禮隆重，新婚夫婦並肩，面向禮席跪拜。這種行禮方式只在盛唐時期的第 113 窟婚嫁圖中有一幅。跪拜是漢族的古老禮儀，古人席地而坐，雙膝着地，跪與坐相類。後來隨着牀榻出現之後，人們坐的姿勢發生變化，跪拜禮已不是常禮，而是在比較隆重的場合才使用。跪拜是拜堂行禮的方式之一，所謂"一拜天地，二拜高堂，夫婦對拜"。也可以是

拜堂後向長輩們行的叩拜，稱"拜筵"，受拜者需向拜禮者贈送禮物，如花釵、銀鐲或錢銀等，謂之"拜錢"。

三、男女相對互禮。成禮時除了拜天地、父母外，新婚夫婦應相互對拜，彼此面揖作禮。這種行禮方式只在盛唐 148 窟婚嫁圖中出現。男女互拜是漢族的古老禮儀，因重男輕女，所以相拜時須行俠（音夾）拜，即女先拜，男拜，女再拜。在婚禮中相拜時各自站立的位置亦有具體規定，敦煌《初唐吉凶書儀》記載：男女未入青廬，花燭之下，相拜之時，雙方的位置是男西女東，表示夫主降讓妻一等。

四、行男跪女揖禮。在婚嫁圖的拜堂行禮場面中，男跪女揖的行禮方式，佔比例較大，共有 17 幅。在帷帳內，新郎匍匐在地，下跪叩頭；新娘在旁站立，雙手斂於胸前，這就是"男跪女揖"，也被稱為"男拜女不拜"。這種行禮方式，來源於西北地區少數民族的婚俗。《周禮》把拜禮分作九等，重者為稽首、頓首，拜頭至地為稽首，這就是新郎所行的拜禮。最輕者為肅拜，即雙手拱於胸前作揖，肅拜是婦女的正拜，也就是新娘行的拜禮。《大唐西域記》中記載印度把致敬的儀式也分九等，第九是五體投地，相當於中國的稽首、頓首。《大智度論》將拜禮分作三等：下者揖，中者跪，上者頭面着地。從中國傳統，

以及印度和佛教的習俗來看，都將伏地叩拜作為重禮，作揖視為輕禮。為甚麼拜堂時新郎行重禮、新娘行輕禮呢？這與敦煌當時流行的入夫婚有關，入夫婚是指在女家成婚，婚後與新婦一起回婆家，仍保持着丈夫的地位和人格。至於婚後在女家停留的時間，敦煌文獻中無確切記載，只說成禮的地點在女家。文獻還說有的新婦直到生兒育女了仍在女家，而對夫家完全陌生。但文中未說明男方是否居留女家，這種習俗顯然與邊疆民族有關。

行禮後接着進行奠雁，《張敖書儀》記載："禮畢升堂奠雁，令女坐馬鞍上，以坐障隔之，女婿取雁隔障擲入堂中，女家人承將。"這裏記述的是在女家進行。"奠"是敬獻之意，婚禮奠雁是春秋以來六禮的傳統，古六禮除納吉外，五禮均需用雁，敦煌將其簡化，只在成禮時用雁一次。拜堂完畢後，即把預先用紅綢裹頭、用彩色線縛嘴的一對大雁，由新郎拋進新娘所在的屏障內，女方的侍從或伴娘接住，最後男方再用物將雁贖回並放生。第9窟及榆林38窟的婚嫁圖中是在禮席與拜堂成禮的帷帳之間的空地上，出現對雁，或作親昵偎依狀，或相向引望。婚禮奠雁的原因，《初唐吉凶書儀》中解釋説，雁為候鳥，逐寒暑，不失時，不失節，以喻男女信守不渝，婦人從一而終。大雁還有排列

成行，長幼有序的特性，借以象徵家庭之敦睦。但大雁並非輕而易得，因此《張敖書儀》又説，"婚禮如無雁，結綵代之。"在中原內地，則演化為將雁刻木圖形，或用鵝、雞、鴨代替。

奠雁時新娘坐在馬鞍上，此俗在中原各地亦廣泛流行。《蘇氏演義》説："夫鞍者，安也；欲其安穩同載也"。通過"鞍"與"安"的諧音，取吉祥之意。此俗發展至宋，其含義更為明顯，《東京夢華錄·民俗》：娶婦入門"引新人跨鞍驀草及秤上過。""秤"與"鞍"字的右半正是"平安"二字。所以在新娘入門之前需與秤及鞍結緣，預示着今後的生活道路一帆風順。敦煌與中原內地的跨馬鞍之俗還有不同之處，首先是時間不同，敦煌是在拜堂成禮結束後，中原是在尚未拜堂，新娘剛到男家時。其次是地點不同，敦煌是在女方家中，而中原卻是在男家門前。再次是方式不同，敦煌是女坐馬鞍，中原是女跨馬鞍。女坐馬鞍的風尚是受遊牧民族習俗的直接影響，宋代的第25窟中描繪了這一細節。

奠雁後，新婚夫婦一起進入青廬，舉行同牢合巹之儀。《禮記·昏義》："婿揖婦以入，共牢而食，合巹而酳，所以合體同尊卑以親之也。"同牢是新婚夫婦共吃同一盤肉食，以示同尊卑，開始共同生活。巹是婚禮專用的一種酒器，把葫蘆剖分為二，用彩線連接，內

盛酒，新婚夫婦各持一片，互飲之。後世稱合巹為"交杯酒"、"合歡酒"，以象徵男女兩體的結合。唐宋以來，巹變通為杯子，以金銀製作。《張敖書儀》中記載了唐代的禮儀規定是：新婚夫婦在青廬內分左右坐，主食設同牢盤，夫妻各吃三口，由儐相或侍者喂食。另外還有合巹杯，用小瓢分作兩片，放在托盤裏。如無小瓢，可用金銀小盞子代替，盞子用彩繩連足。

除同牢合巹外，在青廬還舉行一連串的活動，都是圍繞着與新郎、新娘逗樂為內容的，如去扇、去幪頭、除花、脫衣服等，類似後世的鬧房，最後吹燭下簾，婚禮至此結束。

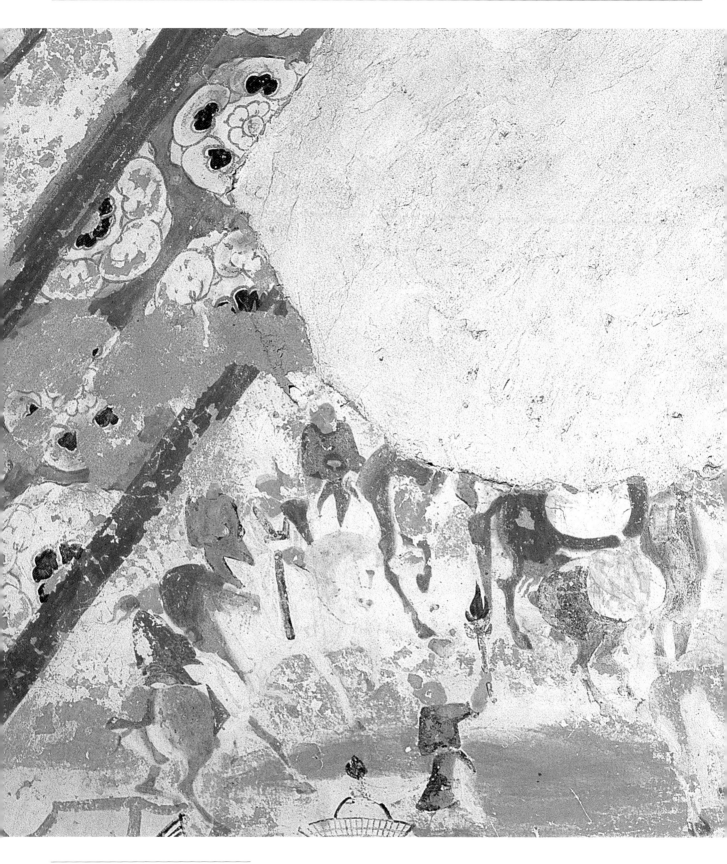

110 執燭前馬

束髻、穿缺胯衫的侍者，高擎火炬在前
照路，後面是乘馬的親迎隊伍，一行五
人向女家進發。

晚唐 莫85 西坡

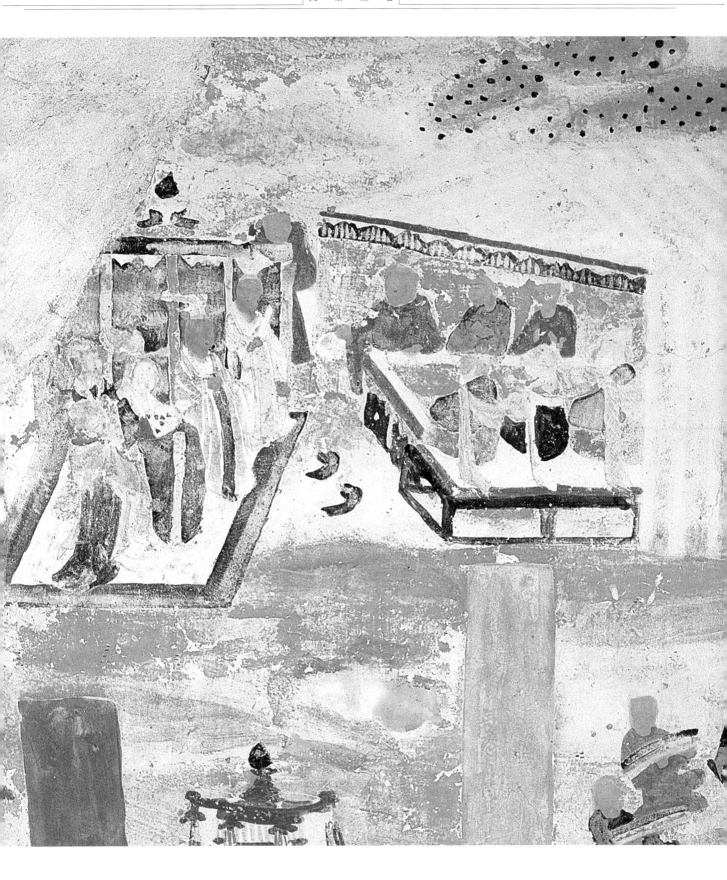

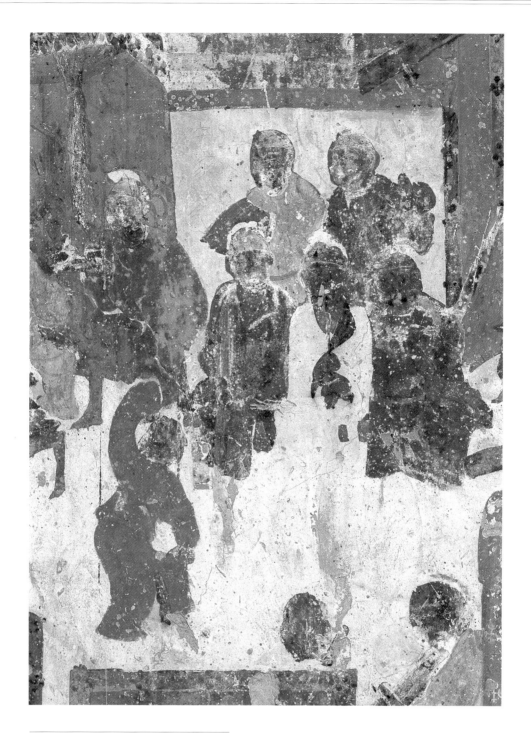

111 樂舞齊作

一垂髻辮髮的紅衣童子，正在跳六幺
舞，對面六人伴奏，有吹簫、吹笙、擊
鼓和持拍板者。

盛唐 莫445 北壁

112 奏樂者

三人合奏，分別是琵琶、洞簫和拍板。

中唐 莫186 北坡

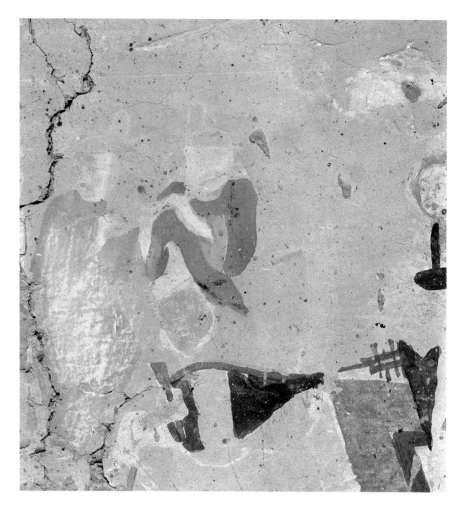

113 對舞

一男一女對舞，又稱偶舞。兩人均作庶民打扮，男戴軟腳幞頭，着缺胯衫，穿鞢鞢，即單底皮履。女梳雙丫髻，着襦裙，一手持團扇，一手執帔帛，雙雙翩翩起舞。

五代 榆38 西壁

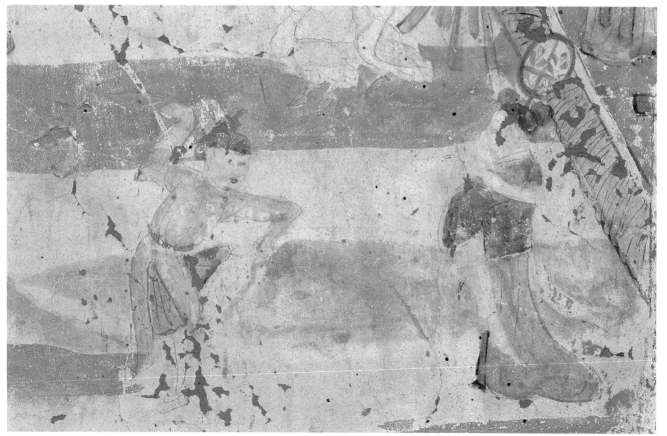

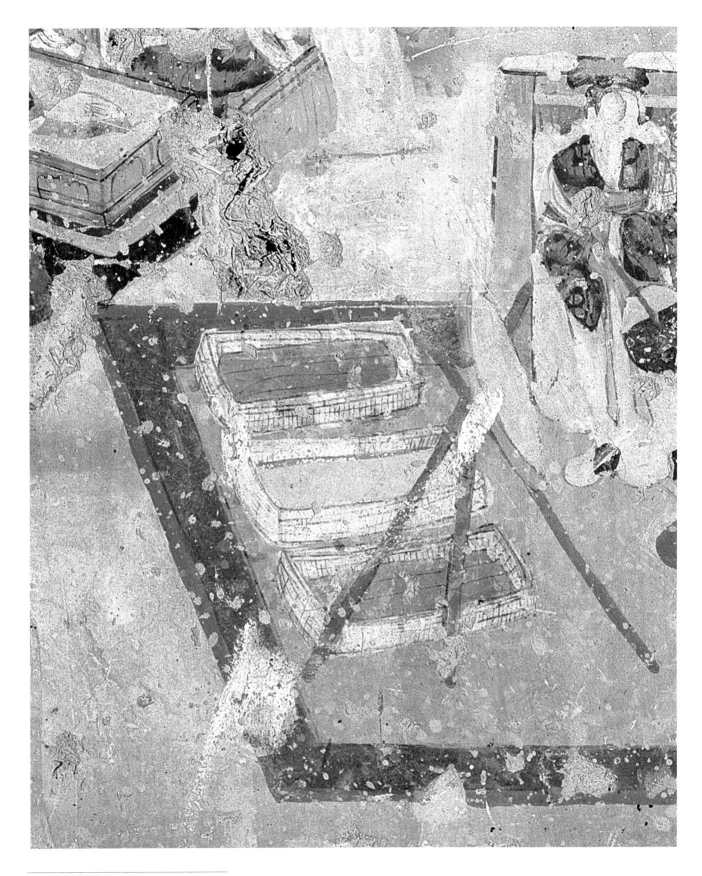

114　財禮圖

這是財禮的一部分，三隻篋笥內盛有衣
物、疋帛、被褥等，旁豎圓鏡一面。

晚唐　莫12　南壁

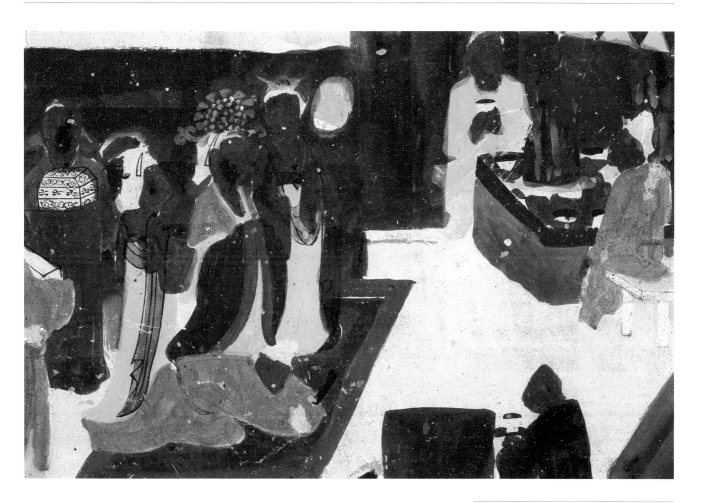

115 **拜堂**

伴娘手捧螺鈿禮盒。

盛唐 莫33 南壁

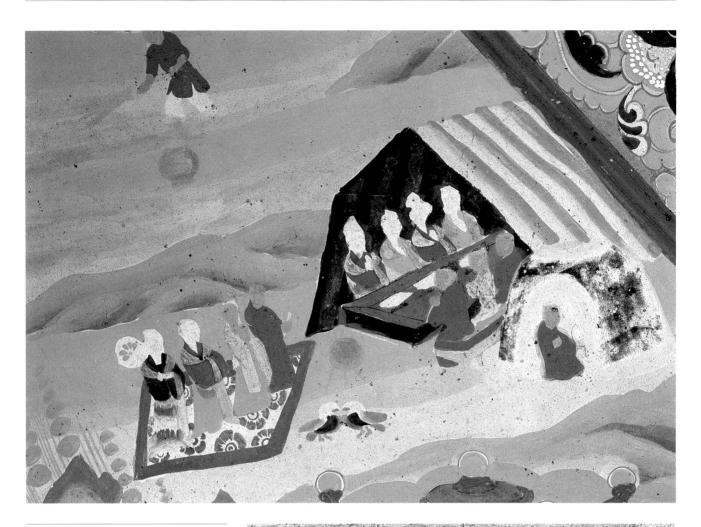

116 奠雁之禮

在新郎新娘拜堂行禮的花氈前，有一對雁，雁的頭部用紅綢裝裹，雙雙依偎相親，一旁豎圓鏡。

晚唐 莫9 東坡

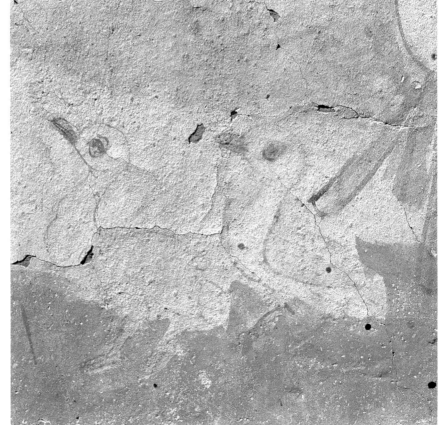

117 奠雁之禮

大雁未作裝裹，雙雙翹首以盼，大雁後豎圓鏡一面。

五代 榆38 西壁

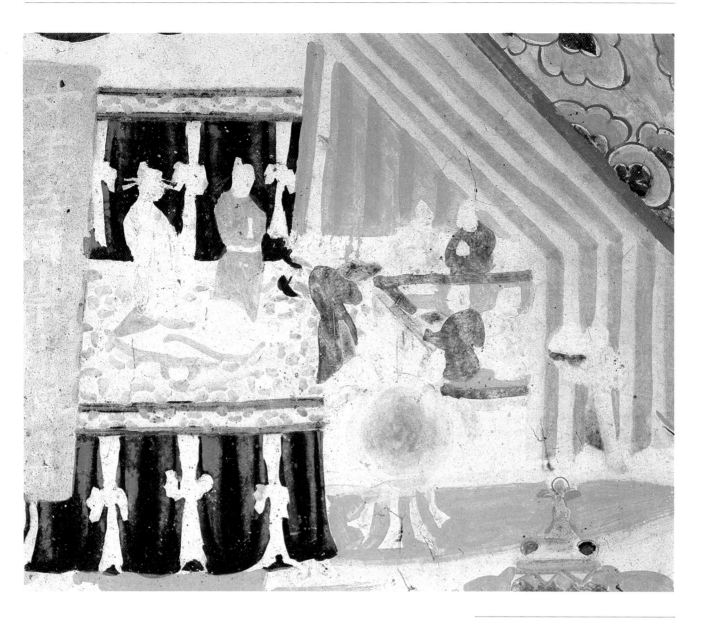

118　女坐馬鞍

在結綵的帷帳內、花氈上，成禮之際，
新娘腳下置馬鞍一具。前面是給禮席端
盤上食的侍者。
宋　莫25　東坡

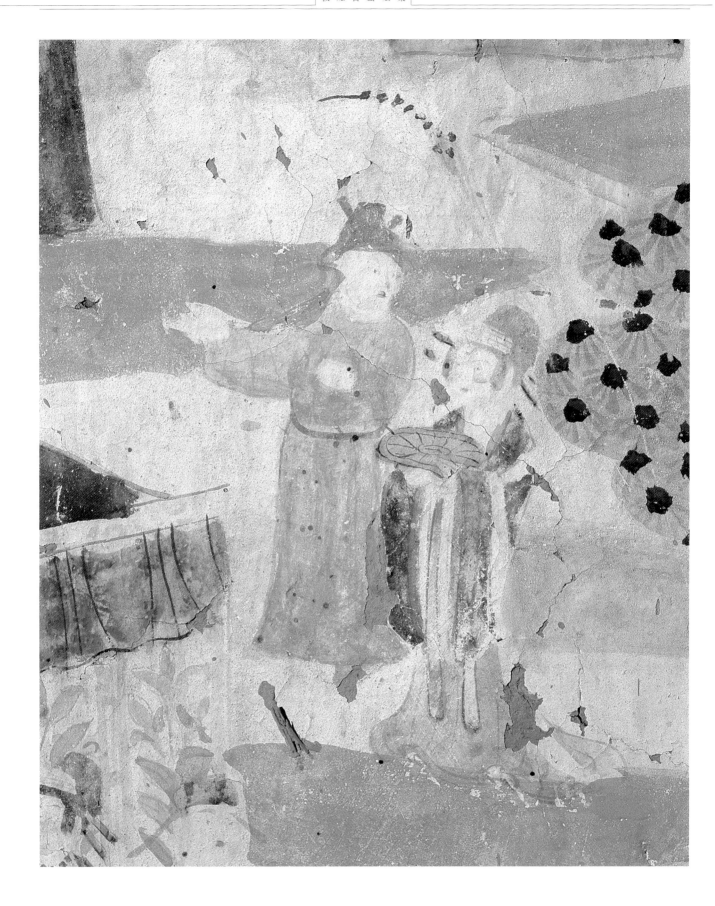

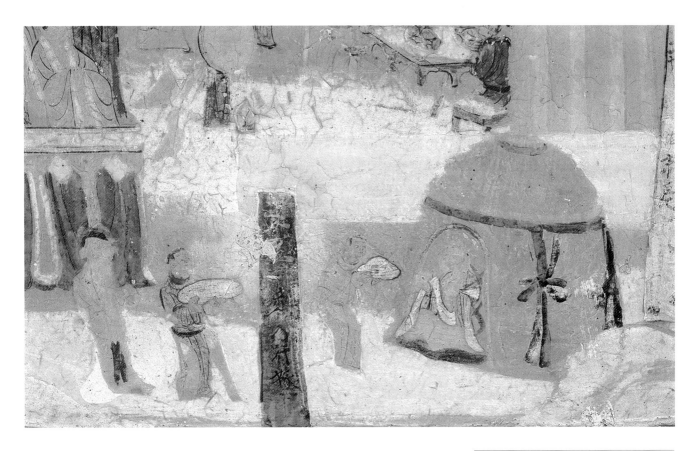

120 同入青廬

青廬一周懸繫彩帶，增強喜慶氣氛。新郎、新娘盤坐廬內，廬外兩侍者正端盤而上，前一盤是同牢食，即新婚夫婦首次共吃的飯菜；後一盤是兩隻合巹杯，即新婚夫婦飲的交杯酒。反映了同牢合巹之儀，最後一人為侍娘。

宋 莫454 東坡

119 同入青廬

這是新郎新娘相伴同入青廬的場面，新郎回首請新娘的姿勢，就是“揖婦以入”。

五代 榆38 西壁

121 站立拜堂 見下頁 ▶

新郎新娘和男女儐相均在氈上站立，面向禮席，作揖行禮。一侍者正端盤而上，禮席的篷帳旁設青廬。

盛唐 莫116 北壁

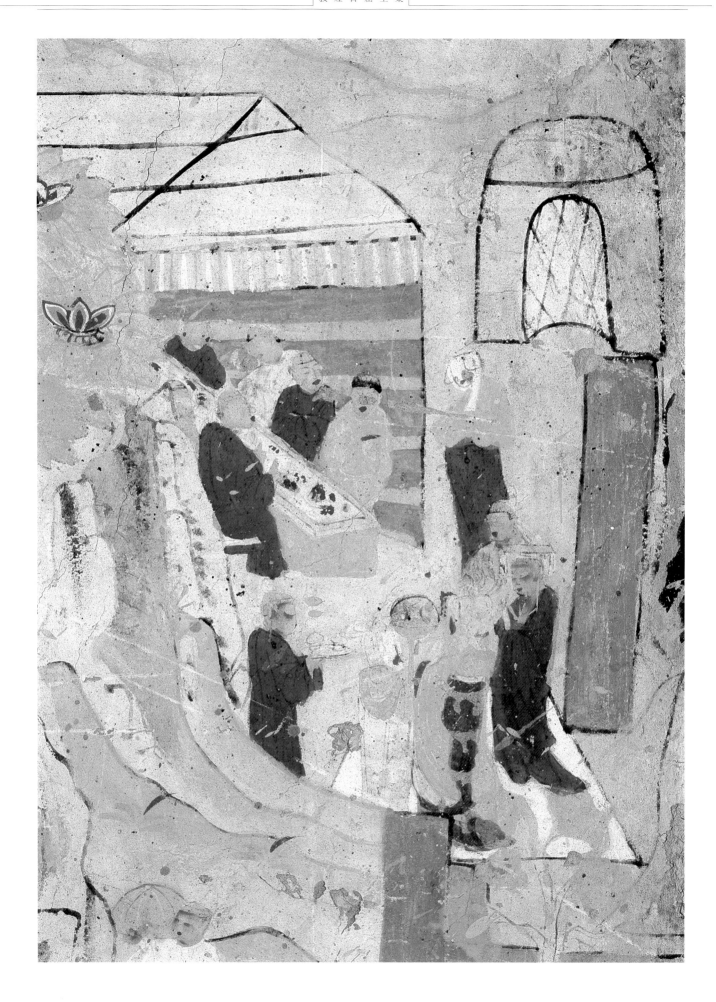

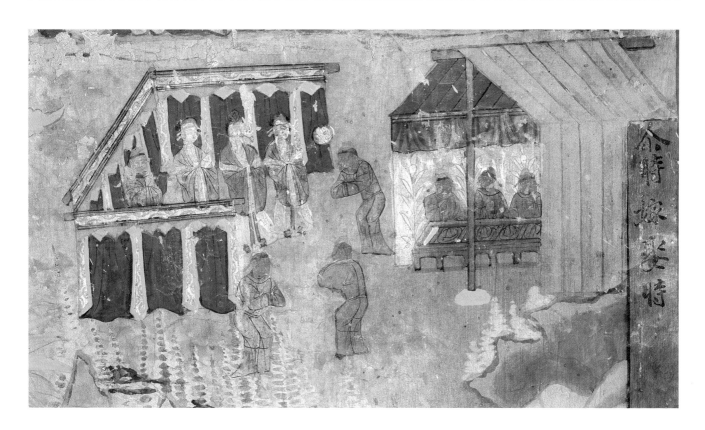

122 站立拜堂

帷帳內的新郎無伴郎相陪，孤單一人站
立行揖禮。新娘與二伴娘均拱手行揖
禮，其前為賀禮的客人。

五代 榆20 南壁

123 跪拜行禮

新郎新娘面對禮席雙雙跪拜，其餘男女
儐相一旁站立。

盛唐 莫113 北壁

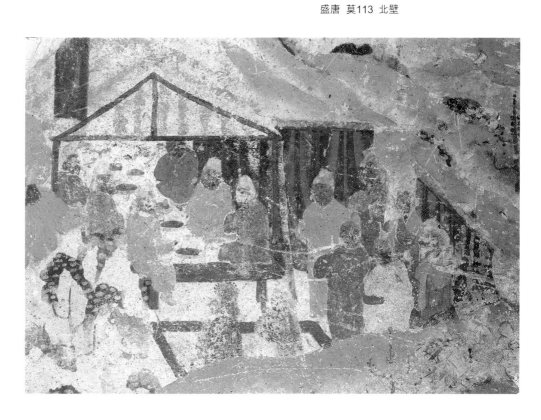

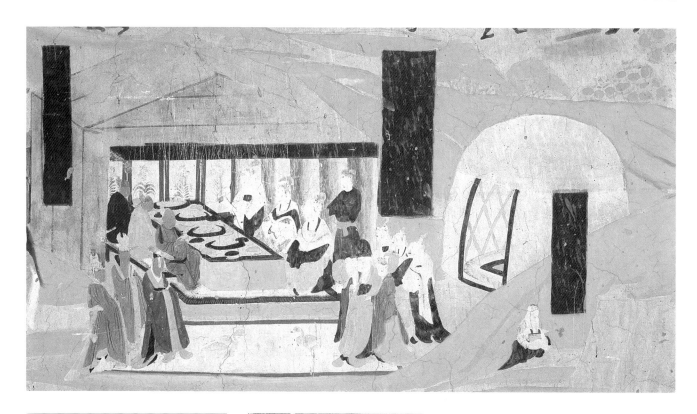

124　男女相對互禮

新郎戴冕旒，寬袖垂地，與伴郎站立一
側；新娘與伴娘站立另一側，雙方相
對，互行俠拜揖禮。新娘一方的背後設
青廬。

盛唐　莫148　南壁

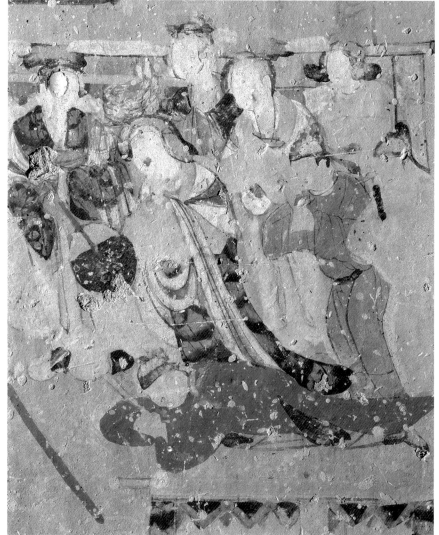

125　男跪女揖行禮

男跪女揖之俗來自少數民族，但新郎新
娘及儐相均着漢裝，團扇、持笏又是漢
俗，同一畫面洋溢着民族文化的交融。

晚唐　莫12　南壁

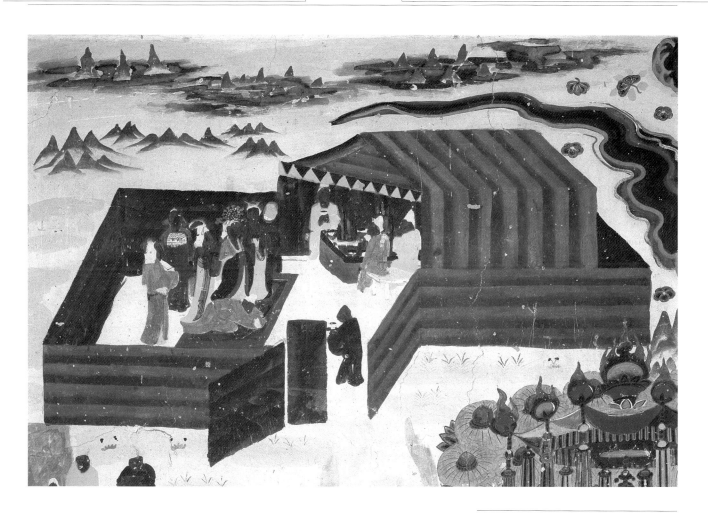

126　男跪女揖行禮

新郎頓首跪拜，新娘站立行肅拜禮，後
面二儐相，一抱禮盒，一捧鈿盒，整個
婚禮是少數民族入夫婚與漢族的鈿盒之
俗交織在一起。

盛唐　莫33　南壁

第四節　西域民族的婚禮

　　新郎在女家成禮，這對於男尊女卑的漢族傳統來說是有違背的，但在其他民族地區卻屢見不鮮：魏晉時的勿吉國，初婚之夜男就女家。南朝扶桑國的婚姻法規定男往女家，在門外另修房屋。唐代的室韋，成親男方在女家做工三年。直到清末民初，與敦煌毗鄰的新疆、西藏、肅北地區的少數民族，仍然流行在女家成禮的習俗。他們不但在地理位置上與敦煌接壤，而且歷史上有過密切交往，如吐蕃在中唐時期統治敦煌近百年。眾多的圍繞在敦煌周邊的少數民族，都有在女家成婚的習俗，自然對敦煌的婚俗產生直接影響。而在女家成婚的歷史淵源，又與遠古母系氏族的遺風有關，漢族的禮法觀念摒棄了這種習俗，只在少族民族中有所傳承。

　　正由於敦煌境內多民族雜居，所以婚嫁圖中也保存了很珍貴的少數民族的婚禮場面。榆林窟25窟的婚嫁圖是吐蕃族婚禮，從新郎、新娘到禮席的賓客全着吐蕃裝，新郎行伏地跪拜大禮，與漢族的稽首禮姿態不同，漢族行禮基本平臥地上，而吐蕃行禮是屈體着地。這顯然更接近印度佛教五輪俱屈的姿勢，二肘、二膝、頭頂謂之五輪，五輪着地，其餘屈體懸空。新娘行揖禮。吐蕃族的婚禮也是在帷帳內的花氈上拜堂成禮，男跪女揖，並設篷帳和禮席。但吐蕃族

婚禮不設青廬，無奠雁之儀、無男女儐相，只有三名侍女一旁站立。

　　榆林窟第38窟的婚嫁圖是漢族與回鶻通婚的寫照，此圖雖有殘損，但反映了成禮的全過程，從禮席、堂前雙人舞、豎鏡、男跪女揖行禮、奠雁，直至新郎、新娘走向青廬等情節都作了概括描繪。婚禮程序一如漢儀，身上着漢裝，唯一不同的是新娘頭戴桃形冠，這是回鶻貴族女性的標誌。五代時沙州歸義軍政權與甘州回鶻友好往來，結成姻親，節度使曹議金娶回鶻公主為妻，此婚嫁圖應是這一歷史背景的真實寫照。

　　通過婚嫁圖，反映出敦煌中古婚俗的特點：首先是聘娶婚與入夫婚在同一地區平行發展，既顯示了漢文化在西北邊陲的植根與傳播，也反映了敦煌境內多民族雜居所形成的民族文化特色，男就女家成禮的入夫婚就是直接來自少數民族的婚俗；青廬之設是少數民族的穹廬與漢族“百子”觀念結合的產物；女坐馬鞍是遊牧民族生活與漢文化“平安”願望融合的結果。其次是對傳統禮儀的沿襲與變革，反映了中國婚禮由禮教走向民俗化、生活化的發展趨勢。隨着社會的發展，敦煌婚俗將傳統婚禮的六大程序簡化為通婚、成禮兩大階段，儒家禮教婚禮禁用樂，敦煌婚禮是歌舞齊作等。這種趨勢不僅是敦煌，中原也有。

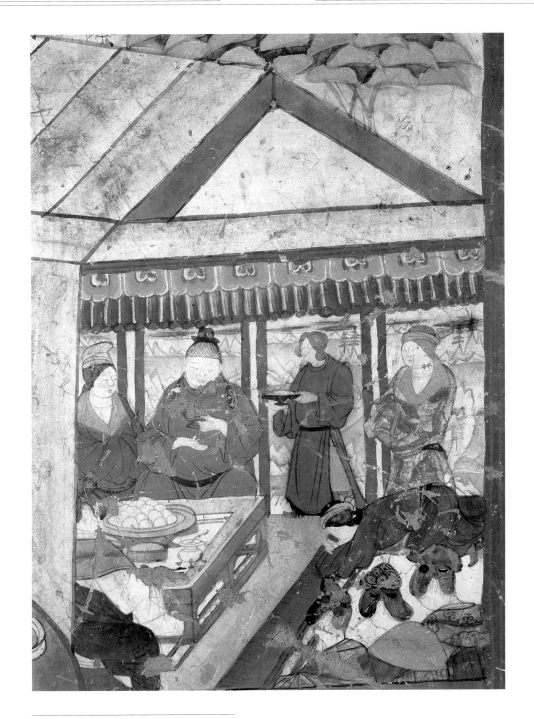

127　吐蕃族婚禮

此圖的歷史背景正值吐蕃統治敦煌時期，既是一幅形象的婚禮圖，又是一份吐蕃族人文、服飾，乃至日用器皿的珍貴歷史資料，如禮席男子的小禮帽、透額羅；婦女的多辮髮式、頭戴胡帽；端盤侍女的氍氀缺胯衫；新郎新娘的氈帽等等，他處不可多得。

中唐　榆25　北壁

128　漢族回鶻族通婚　見下頁 ▶

新娘戴桃形冠，又稱桃形金鳳冠，上飾鳳紋，冠垂步搖，滿綴珠寶，頸繫瑟瑟珠，為回鶻貴婦的標誌。新娘行禮後走向青廬時，摘除桃形冠，改漢裝。新郎戴硬腳襆頭，着漢裝，彎腰行揖禮。此婚禮圖的內容最全面、豐富：從禮席、拜堂、樂舞都作了描繪，並以動態的過程表示新郎請新娘一同向青廬走去，對奠雁、豎鏡、侍者端盤等細節亦不遺漏，可說是對中古婚禮的全面形象的概括。青廬畫面已破毀，可見廬外一侍者正端着同牢盤等候。

五代　榆38　西壁

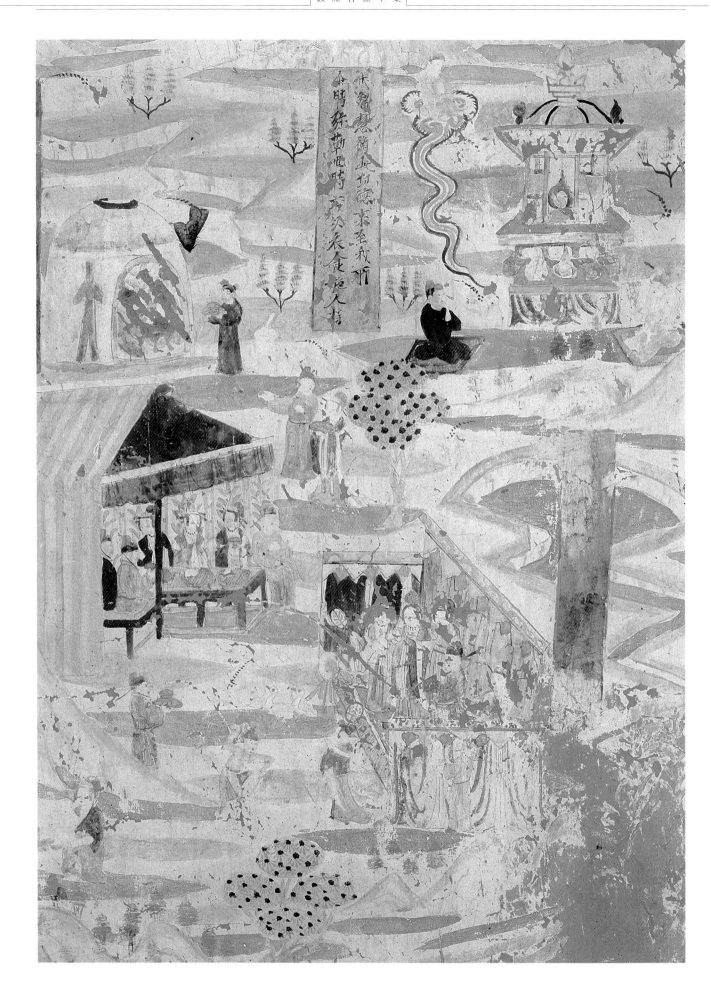

儒佛交融的喪俗

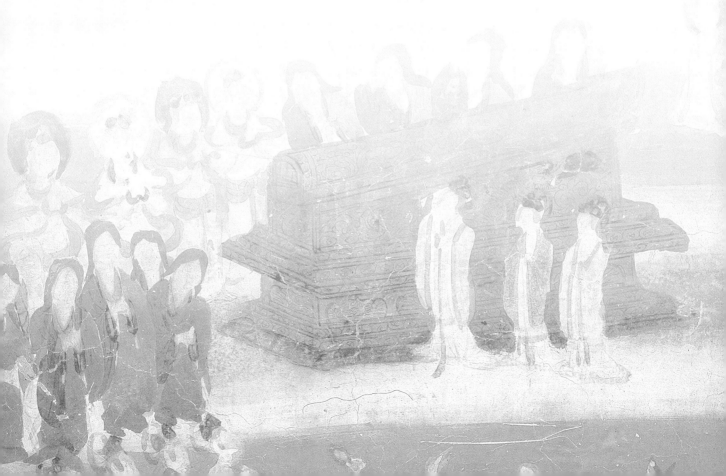

　　佛教的東漸，對中國傳統的禮儀、習俗產生衝擊。自魏晉至唐宋時期，隨着佛教的淨土信仰的流行，中國的喪葬觀念發生明顯的變化，儒家傳統的孝道及禮教逐步受佛教輪迴報應説以及淨土信仰的滲透和影響，並普遍被社會承認和接受，使儒家喪俗轉變為儒佛交融的喪俗。其中佛教地獄説的影響較為廣泛且深入人心，在敦煌壁畫中繪有地獄十王圖與輪迴圖，反映的是人死後亡靈的去向，用以勸人行善。據記載，這類畫面在中國的寺廟、石窟中多有出現，分佈甚廣，現在保存較完好的集中分佈在新疆、甘肅和四川三地石窟裏。單幅地獄圖的以新疆為早，地藏十王圖以敦煌石窟數量最多、內容最豐富。再有是"彌勒經變"中畫的"老人入墓"，這種喪俗也源自佛教，《彌勒下生經》説："人命將終，自然行詣冢間而死。"據此唐代西北地區流行為老人興建墳墓，待老人臨終前，送老人自行到墓中死亡，這種民間喪俗是國內它處所無的。敦煌石窟的壁畫也突出反映了佛教的喪葬儀軌，"涅槃經變"及佛傳故事畫中描繪了佛陀涅槃以及信徒們致哀的情景，畫面包括從停棺、出殯到火化的全過程。這種喪葬儀軌存在於遍佈中國的大小寺院中，並廣泛影響到虔誠的佛教信徒，形成佛教喪俗。

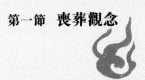

第一節　喪葬觀念

中國傳統的喪葬觀念是以儒家孝道為主宰的，但從漢代以來，隨着佛教的傳入，對儒家孝道作了新的解釋。《四十二章經》說："飯辟支佛百億，不如以三寶之教，度其一世兩親。"強調用佛法來超度父母，才是最大的功德。在《佛說孝子經》中更直接把儒家的孝道斥為不孝，只有佛教的大孝才是真正的孝："能令親去惡為善，奉持五戒，執三自歸"者是真正的孝，"若不能以三尊之至化其親者，雖為孝養猶為不孝。"意思是儒家的孝養之道不算為孝，只有使父母活着修持佛法，死後得到超度升天才是真正的孝子。

佛敎立"三世因果"、"輪迴轉生"之說，以今生為前生之後生，而今生之苦樂多由前生之業因，後生之苦樂亦由今生之善惡業所造，如此循環往復，永無盡世。佛教認為這種循環以"六道輪迴"的方式存在，即過去世、現在世行善的，死後進入"三善道"：天道、人道、阿修羅道；作惡的進入"三惡道"：畜生道、餓鬼道，地獄道。六道也作五道，少阿修羅道。有的《十王經》雖是六道，卻以蛇道代替了阿修羅道。

敦煌石窟中六道輪迴的畫面有兩種形式：多數是在地藏菩薩身後左右兩側各放射出三道波浪紋的光，在每條光上繪六道圖像。天道繪有頭光的菩薩；人道繪懷抱經卷者或正在升天的人；阿修羅道或繪一菩薩生四臂，手托日月；或繪兩身，手持器械；畜生道繪牛、馬；餓鬼道繪兩人身帶猛火，作痛苦狀；地獄道繪兩人赤身，或受火煎熬，或受牛頭魔王追趕。六道的排列或作交叉對角，或作之字形。這類圖基本上都繪在甬道頂部，以示天堂佛國與冥府地獄之別。

在榆林窟第19窟繪的是獨立的圓輪，即"五趣生死輪"，其圖形是無常大鬼懷抱大輪，全輪分作五層，共包含四個內容，即一、佛居中心，下部是代表貪、嗔、痴的圖形。二、五道：天道、人道、畜生道、餓鬼道、地獄道。三、溉灌像：通過佛法及個人修行，輪迴轉生。四、十二支生滅之相：從過去世的善惡行業定位，然後投胎轉生，經歷人生道路的全過程，最後是死亡，回歸到過去世，如此循環往復。這就是輪迴，是佛教特有的多生說的形象圖解，故此輪又名"生命的車輪"。

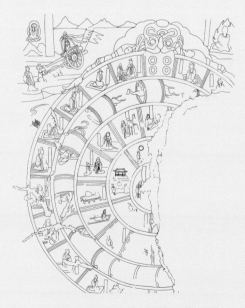

榆林窟第19窟五趣生死輪圖

六道輪迴的圖象反映芸芸眾生，在六道之中，因其善惡，各有報應，輾轉更替，如大車輪迴旋不息。它回答了一個困惑人的重要問題：生從何來？死往何去？否定了儒家的"未知生，焉知死"，從而為大眾所接受。

佛教中的天堂是西方極樂世界，又稱西方極樂淨土。淨土信仰分彌勒淨土和阿彌陀淨土，在敦煌地區民間廣為流傳的是後者，以阿彌陀佛及觀音、勢至菩薩為西方三尊，認為每個人須在有生之年信仰阿彌陀佛，並常念佛的名號，直至終生，不改信念，彌留之際，由親友或自身行十念之儀，這樣就可以往生西方淨土。由淨土的使者來迎接，然後往生者在佛國的七寶水池蓮花中化生成童子，此後便得永生。這就是人中死，天中生。初唐的第220窟描繪了這種場景。淨土信仰之所以在民間盛行，是因為修行方法簡便易行，不重理論，只重信仰，依彌陀佛的願力，一心念佛，即得往生。其思想又與儒家孝道相吻合，能讓自己的父母在西方淨土永生，親受極樂，又何樂而不為！特別是淨土信

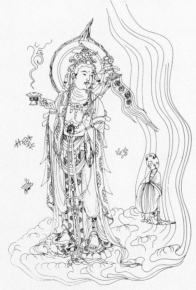

來迎圖
莫高窟藏經洞出土絹畫，
現藏英國倫敦博物館

仰給經歷了人生苦難的眾生構築了一個精神上得到安慰和寄託的王國。

佛教的淨土和地獄，昭示了人死後歸宿的兩條不同道路：行善者升天堂，作惡者入地獄。第431窟的"九品往生圖"就把生天與地獄在同一個畫面出現，鮮明的對照強化了教育的效果。中國從南北朝以來，寺院石窟便出現地獄圖，莫高窟是在初唐才出現地獄畫面，如第321窟的"寶雨經變"，經文說：菩薩身上放出的種種清淨光明，使"所有地獄、傍生、琰魔鬼界蒙光觸身，皆得離苦，悉注安樂。"

獨立的地獄變相出現在五代，這與十王信仰的傳播、地獄內容的日趨完善有關。從榆林窟第19窟以及第33窟壁畫中可知，"地獄變"的主要內容是反映死者在地獄中所受的各種酷刑、苦難。其目的是勸善懲惡，宣揚因果報應，這就需要把地獄描繪得陰森可怕，把世間最慘酷的刑罰、乃至想象中的嚴刑場面再現於地獄之中，使觀者改容，作惡者心驚。據傳唐代畫家吳道子曾於開元廿四年（公元736年）在長安景公寺繪製《地獄變相圖》，使觀者戒肉，屠夫轉業，可惜圖已不存。由於佛教從抽象的思想到具像的繪畫進行雙重影響，在世兒孫為使亡親早離地獄，不遺餘力做追福超度。

在佛教的衝擊下，儒家之孝變為佛教之孝，人們從此追求的是一個永生的天國，是一個免受地獄輪迴之苦的解脫之身。中國傳統喪葬觀念隨之有了改變。

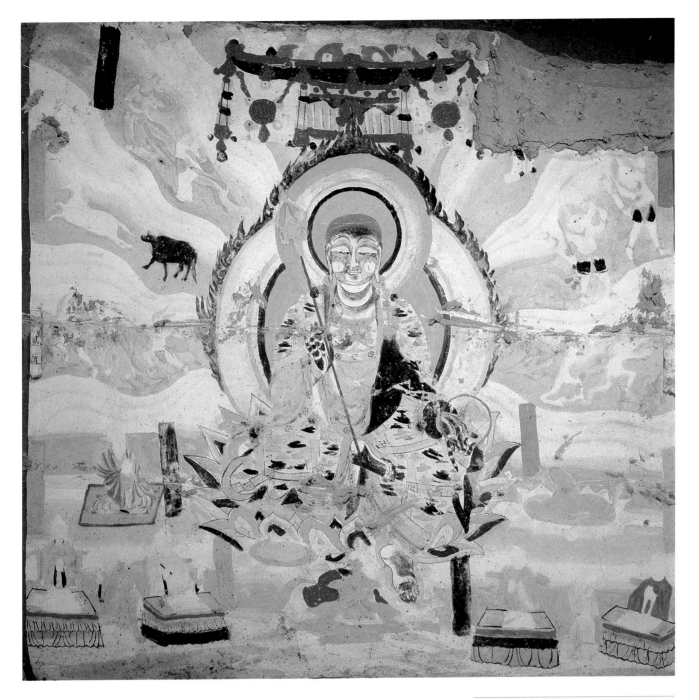

129 六道輪迴

六道的順序左側為天道繪兩位有飄帶的
天人；畜生道繪牛馬；餓鬼道繪兩個身
帶猛火的餓鬼。右側為人道原繪一婦
女；阿修羅道繪二神裸身豎髮，手持器
械；地獄道繪在地獄烈火中的兩個亡
靈。

五代 莫390 甬道頂

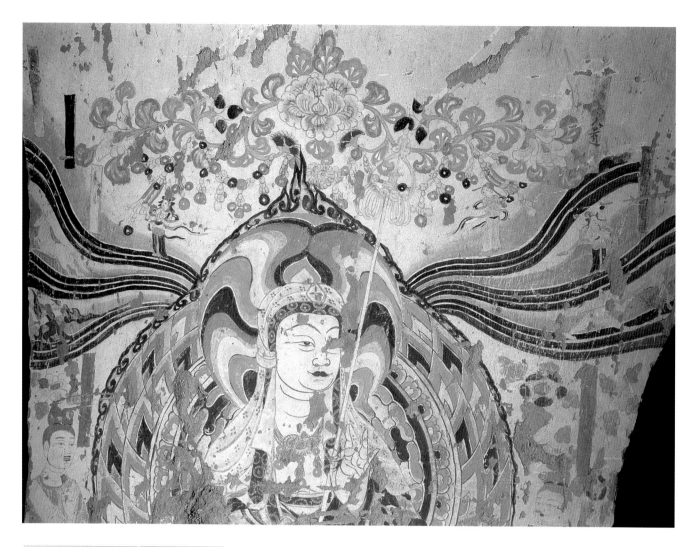

130 六道輪迴

天道	地	人道
畜生道		阿修羅道
餓鬼道	藏	地獄道

中唐至宋　榆15　前室甬道南壁

131　五趣生死輪

大輪頂部是無常大鬼，三眼、大口，長舒兩手作抱輪狀。以輪轂為中心，第一圈正中繪佛像，下部三幅畫面，按佛典應繪鴿、蛇、豬，代表貪、嗔、痴，因畫面模糊，只見左側繪一婦女。第二圈、第三圈是五道輪迴，以第二圈的輪輻作分界線，上部是天道、人道，兩側是畜生、餓鬼，下部是地獄。第四圈是溉灌像，反映輪迴轉生的情景。最外一圈是十二支圖解。

五代　榆19　前室甬道南壁

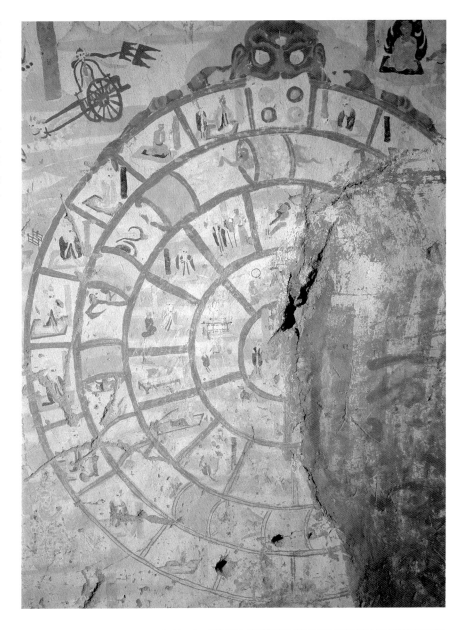

132　溉灌像

因各人善惡行業的不同，其結果也不一樣，一隻隻圓形水罐孕育着生命輪迴：生者於罐中出頭，死者露出足。圖中所繪前生是馬，轉生男身。

五代　榆19

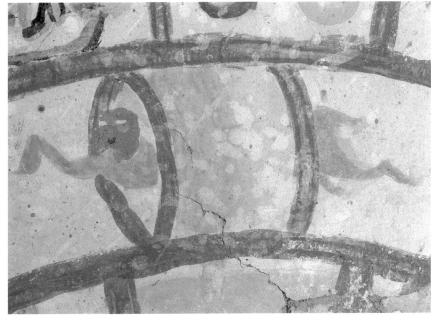

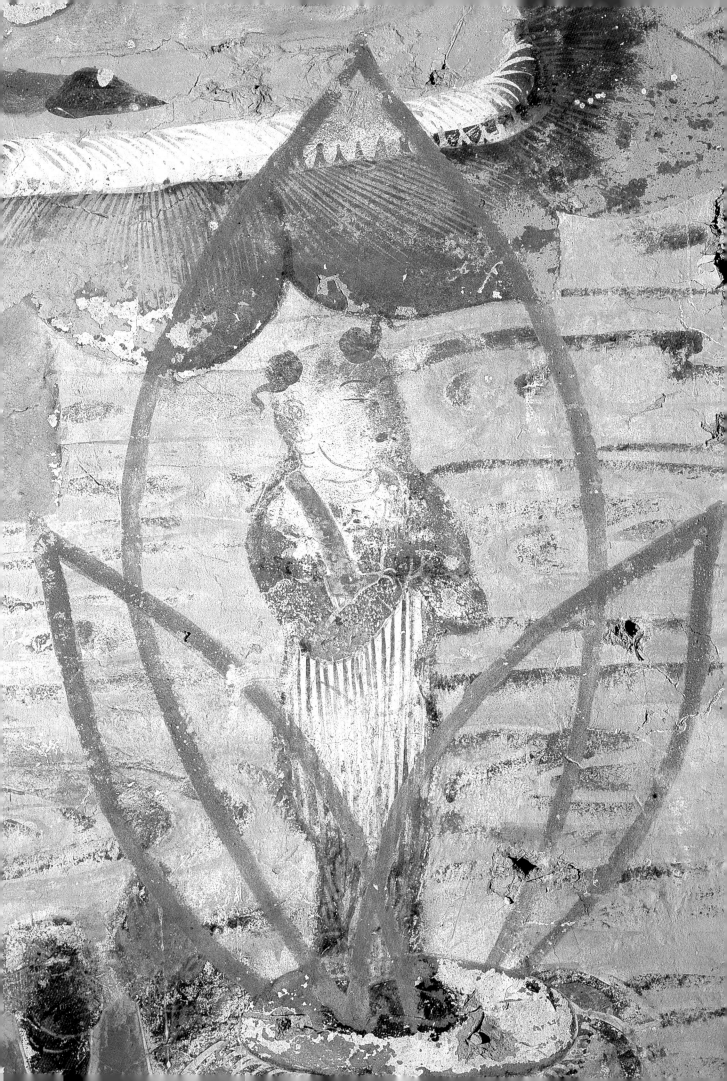

133 化生童子

童子站在七寶池的仰蓮花中心,上穿半臂衫,下着波斯條紋背帶窄腿褲,雙手合十。為了反映"化生",用三片透明蓮瓣合抱,既美觀,又表達了非人間的虛構。

初唐 莫220 南壁

134 九品往生

此為下品往生,屋內炕上兩人,左側為罪人,死後墮地獄;右側為信徒,命終有佛乘祥雲來迎。屋前為地獄景象,左為刀山劍樹及鐵蒺藜,右是燃燒的鑊湯。

初唐 莫431 南壁下部

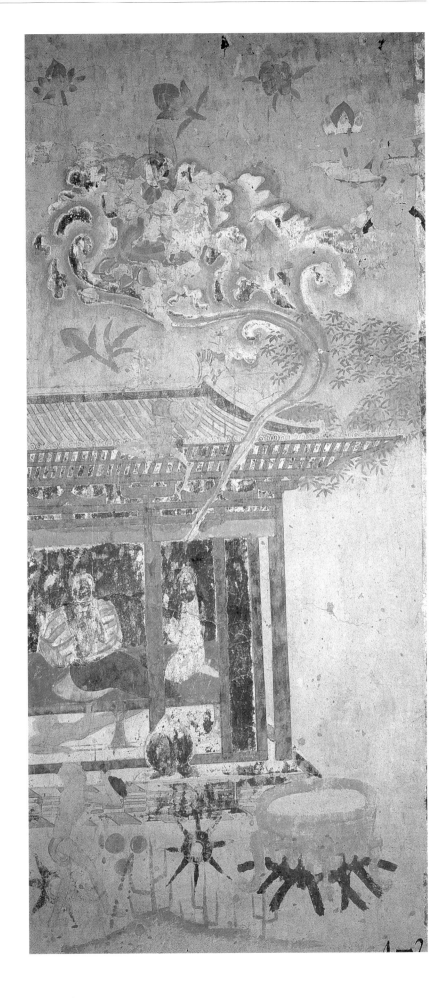

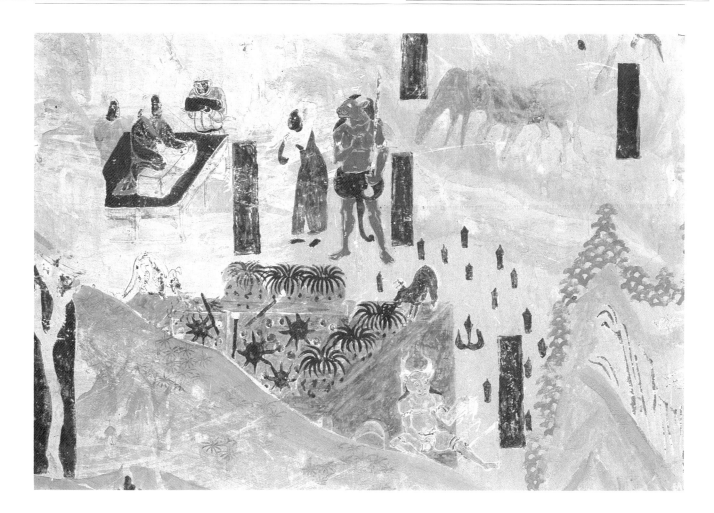

135 地獄圖

閻羅王據案審問，案旁站着捧文書的佐
吏，牛頭阿傍持棒押帶枷罪人。獄城左
右兩角有惡狼，左面有鑊湯，中有鐵蒺
藜，周圍設劍樹，有夜叉守衛城門，獄
城外是刀山。

初唐 莫321 南壁

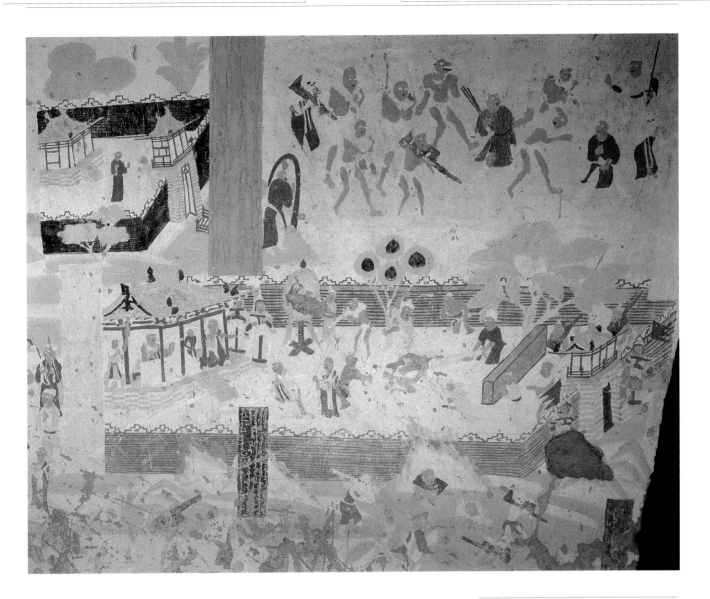

136 地獄變（目連變）

上層繪地獄的管理機構，院內兩人站着
交談。一人站在地獄門，窺見一羣新死
的人被獄卒及牛頭阿傍驅趕。下層是獄
城，門樓入口處有兩武士持牙旗把守，
門裏帶枷罪人被趕入內，一道長圍牆把
內外隔斷，牆內依次是：肢解獄、業鏡
台、閻王殿。

五代 榆19 前室甬道北壁

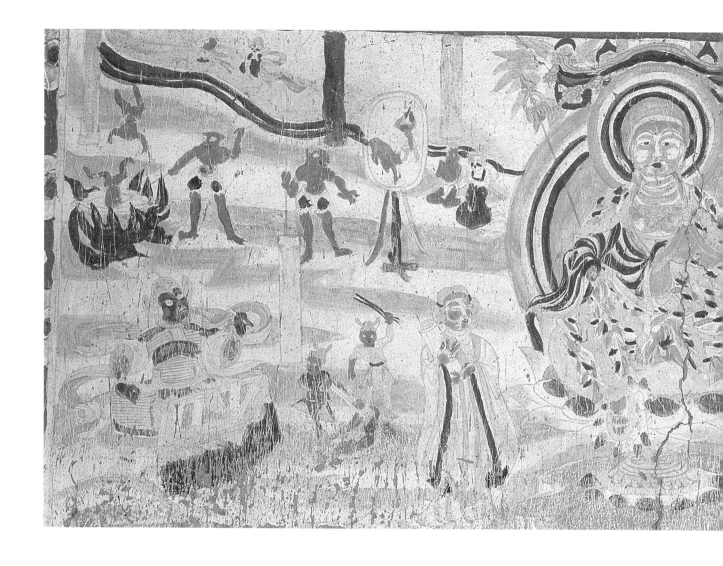

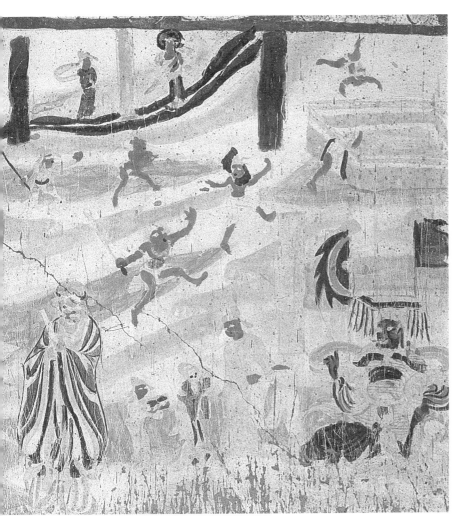

137 地獄變

以地藏為中心，身光射綫反映菩薩接引
亡人生天，左女右男。左半部繪有鑊湯
獄、業鏡台、五道轉輪王、鋸解獄。右
半部繪毒蛇獄、糞穢獄、信徒、閻羅
王。

五代 榆33 東壁門上方

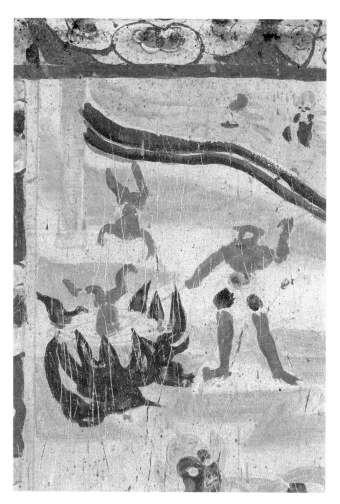

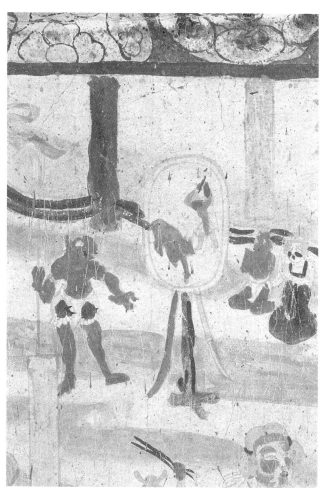

138 鑊湯地獄

獄卒正把罪人又進沸騰的湯內烹煮。

五代 榆33

139 業鏡台

業鏡是照業之鏡，亡人生前所造的善惡
業在鏡中可悉現。鏡中現出的是亡人生
前鞭打虐待老牛的惡業。

五代 榆33

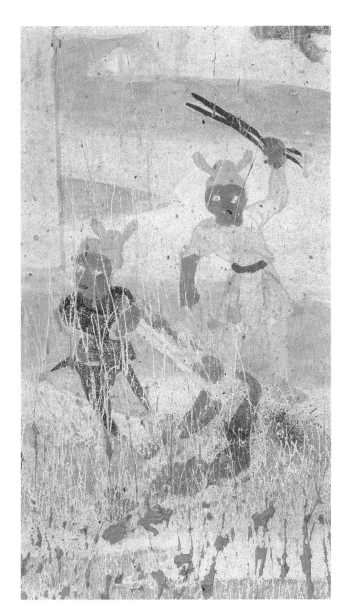

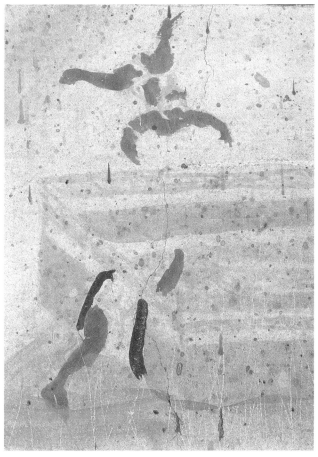

140 鋸解地獄

此獄又名大叫喚地獄，獄卒正拉鋸肢解
罪人，另一獄卒揚大鐵夾以待，罪人忍
受不了，拼命叫喚。

五代 榆33

141 糞礦地獄

把罪人一個個拋進方形大糞池中。

五代 榆33

第二節　喪葬程序

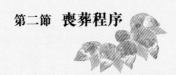

　　人死後直至下棺埋葬這段時間內，按例舉行的一系列的儀式，氣氛莊嚴肅穆，哀聲不絕，託寄思念之情。雖然由於文化背景不同，舉哀的方式有很大的差異，但各地喪葬程序基本相同，大致可分三個階段：

　　首先是停棺舉哀。將死者入殮後停棺於室內祭奠。在此人子盡哀、弔喪者致意、凶家料理有關殯葬事宜。從壁畫上看，敦煌地區的舉哀方式有明顯的民族差異，漢族舉哀表現為哭泣，從低聲哭到放聲大哭，直至捶胸頓足。西域民族舉哀頗為奇特，第158窟"涅槃經變"的舉哀圖，描繪的是各國王子為佛陀舉哀的場面，可以說是西域民族舉哀習俗的真實記錄。他們手持利刃，有的削鼻，有的刺胸，有的割耳，有的剜心，其情景十分悲壯，慘不忍睹。據敦煌文獻《王昭君變文》中說：昭君死後，匈奴舉國上下致哀，衙官用刀割臉（剺面）截耳。唐乾元二年（公元759年），回鶻可汗卒，唐朝嫁到回鶻的寧國公主亦為之剺面而哭。回鶻的風俗，死者停屍於帳，子孫及親屬在帳門以刀剺面，血淚俱流。唐太宗駕崩時，四夷之人聞喪都慟哭、剪髮、剺面、割耳，流血灑地。

　　西域民族的這種舉哀方式，可能與原始社會的割體葬有關，生活在石器時代的新幾內亞西部高地人，家中如有人逝世，婦女就得砍下一節手指。波利尼西亞羣島的薩摩亞人為部落酋長舉行葬禮，部落成員需剁下一百節手指。中國魏晉時的嚥噠人，父母死，兒子截一耳

朵。生者不惜損毀自己的部分肌體，並把它慷慨奉獻給逝去的親人，是為了讓死者靈魂安息而採取的"獻祭"行為。

　　室內停棺的時間，敦煌多以七天為限，這和七七齋有關，《十王經》說：人死後每七天需到一王接受考察、審定功過，若缺一齋，或得罪一王，死者就得在地獄受苦，不得出生。按《禮記·王制》"天子七日而殯，七月而葬；諸侯五日而殯，五月而葬；大夫、士、庶人三日而殯，三月而葬。"殯指殯殮，即入殮和停棺；葬才是出殯。可見敦煌的停棺日期不遵古禮，而受《十王經》的影響。

　　停棺儀式結束後開始啟殯。《張敖書儀》記載，敦煌啟殯需備車兩乘，一是輴車，放置靈柩；另一是魂車，模擬死者生前外出之狀，設置死者的衣服、圖像及銘旌等。輴車又稱轜車，其特點是四輪迫地而行，車輪用全木、無輻，這樣可以行載安穩。也有用輿車，即轎子的，無輪，以人力抬。第148窟壁畫中釋迦的出殯，實際是世俗貴族的殯儀，用的是輴車。棺槨上有華麗的蓋，又稱鱉甲蓋，厚葬者用五色裝飾，四周有下垂的流蘇飄帶，名為"容飾"，起屏蔽之用。如是世俗的殯葬，在輴車兩側各懸布帛一疋，由挽郎、親友牽引，持翣振鐸，唱"薤露"之歌。翣即翣扇，用木框蒙白布，上畫雲氣。鐸是一種有舌的大鈴，協調眾人唱挽歌。可見出殯儀式基本上遵循儒教禮制，但也有佛教的成分，如幢幡高擎，並以伎樂送葬等。第

290窟繪的佛傳中，悉達太子（未成佛前的釋迦）出遊四門時，見到了庶民出殯的情景，畫的是用牛車載靈柩，車上有明器，白帳蓋頂，顯得冷清、哀傷。

第148窟"涅槃變"及第61窟的"佛傳"中出殯的棺蓋頂繪有一雞，名為："棺上立雞。"從圖像看不似雞而似鳳，那麼為何稱作"雞"？因為鳳只是傳說

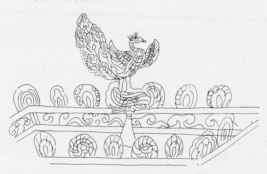

第 148 窟棺上立雞

中的瑞鳥，此畫面是一種象徵性的標幟。而在《禮記・喪服大記》規定："如畫幡，幡上為雉。"從墓葬出土看，自漢代以來就有雞鳴枕的實物。喪葬用雞是因為雞有辟惡的功能，"雄雞一唱天下白"，驅趕黑暗、迎來光明，所以凡去邪除惡的祭禮多以雞作犧性。《風俗通義》中說："雞主以禦死辟惡也。"而且"雞"、"吉"諧音，取祥瑞之意，所以喪葬用之。從佛教來說，雞是西方祥禽，居住在西方頗梨山誓願窟中修持（《大方等大集經》）。西方是極樂世界之地，由於淨土信仰的盛行，死後往生西方淨土成為民間信仰的普遍歸趣，棺上立雞正寓意把亡靈引向西方，民間稱"引魂雞"。棺上立雞是中國傳統習俗與

佛教信仰相結合的產物。

最後是殯葬。當靈柩抵達墓地後，舉行齋會。俗家葬儀是先由孝子臨壙設祭，三獻祭奠，行儒家禮儀，接着用佛教禮儀，由在場的四部眾，即僧尼及男女信徒，共同稱念十遍佛號：

"南無大慈大悲西方極樂世界阿彌陀佛"（三遍）；

"南無大慈大悲西方極樂世界觀世音菩薩"（三遍）；

"南無大慈大悲西方極樂世界大勢至菩薩"（三遍）；

"南無大慈大悲地藏菩薩"（一遍）。

僧人葬禮也用十念。至今日本淨土宗僧人在亡人十齋忌的法會中仍念"南無阿彌陀佛"十聲。

殯葬結束後，孝子結廬守墓，稱"墓廬"，屬儒家禮儀。榆林窟第19窟繪有孝子在墓旁搭棚而居。敦煌寺院的高僧殯葬後，弟子也守墓，吐蕃時《金霞和尚遷神志銘》："吊守墓弟子承恩諸孝子。"守墓是儒家孝道觀念的反映。

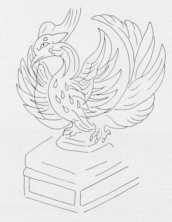

第 61 窟棺上立雞

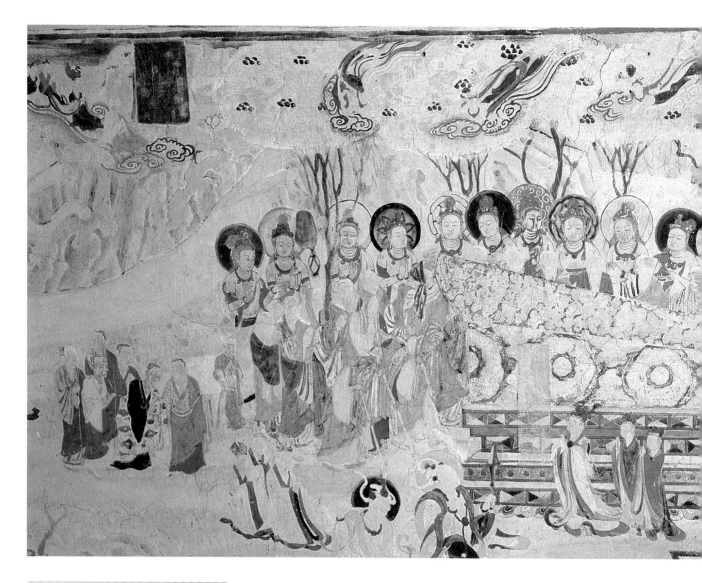

142 停棺致哀

棺木形制與現在的基本相似，外部彩繪
團花、雲紋，以雲象徵生天。致哀者繞
棺或合十、或跪拜。停棺應在室內，此
圖是釋迦涅槃，所以停棺室外。

盛唐 莫148 西壁

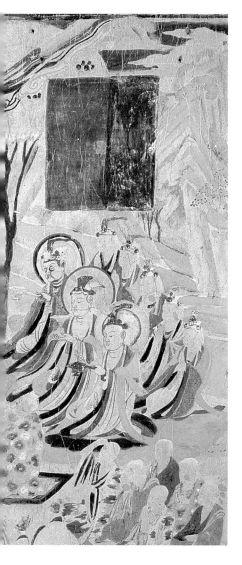

143　停棺舉哀

菩薩和弟子為佛陀繞棺致哀。民間親友
為亡人致哀的形式與此相似。

五代　莫61　北壁

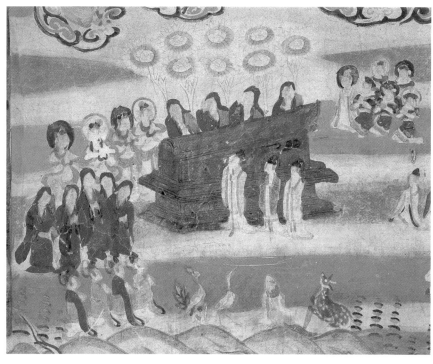

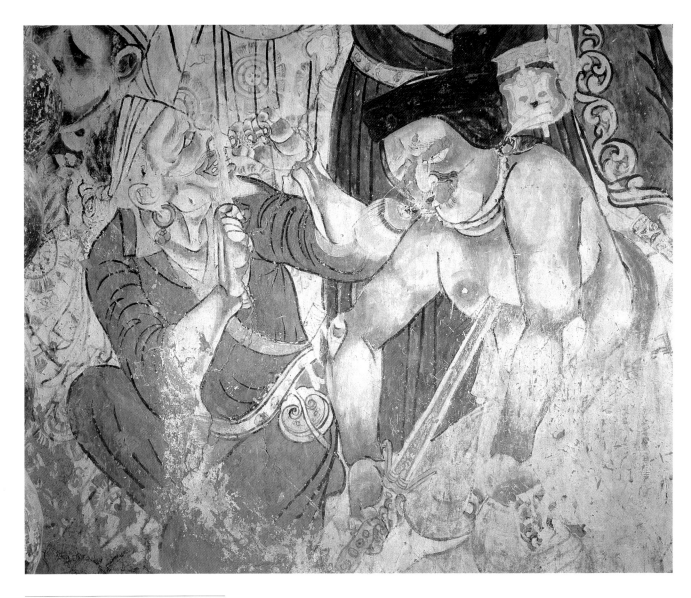

144 西域民族舉哀

西域王子為佛陀舉哀，有的削鼻，有的
刺胸。

中唐 莫158 北壁

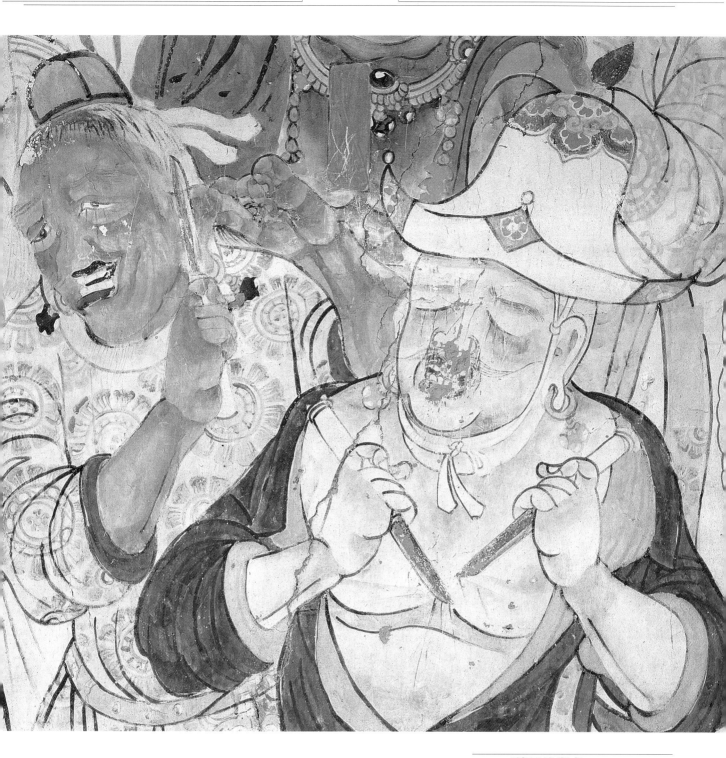

145　西域民族舉哀

此為西域民族舉哀的情景，左側割耳
者，右側剜心者。

中唐　莫158　北壁

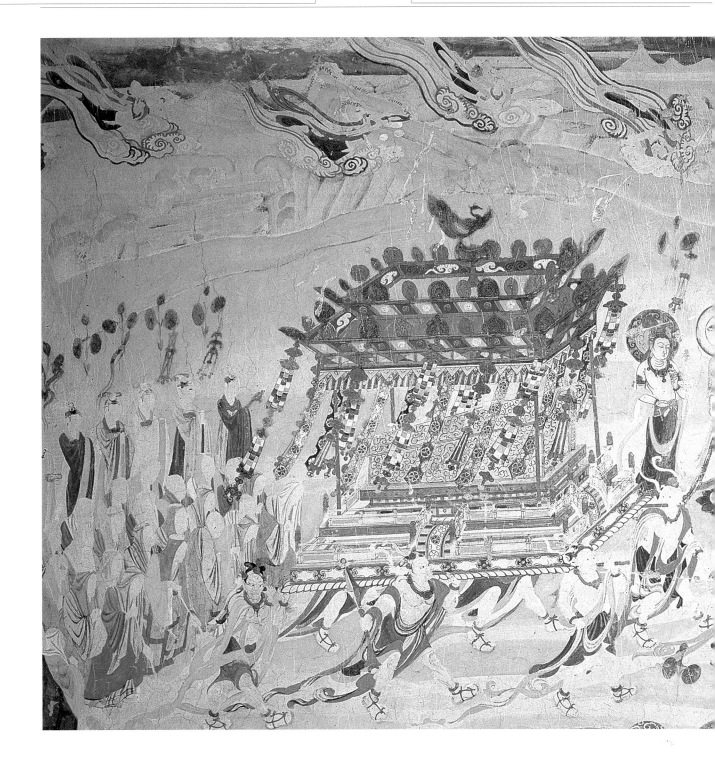

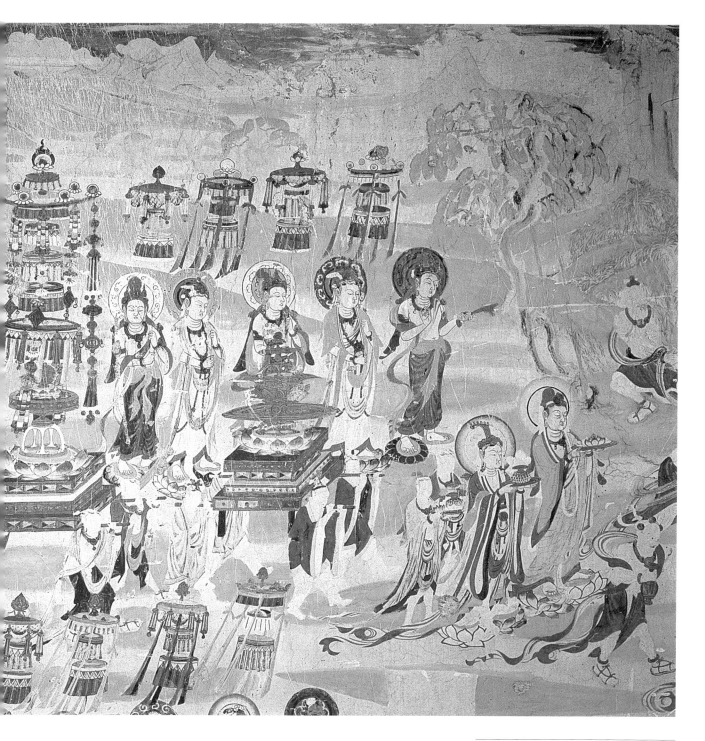

146 佛陀出殯

畫面中心為轎車，雲紋花飾的棺木置車上，棺上為鱉甲蓋，蓋上立雞，蓋的四周為容飾，即羽葆流蘇，六人抬車前進。最前面的是香轝，焚香、燃燈用；中間是邀轝，供奉亡者真容，俗稱魂車。轝車無輪。前後為持幢幡送葬者。

盛唐 莫148 西壁

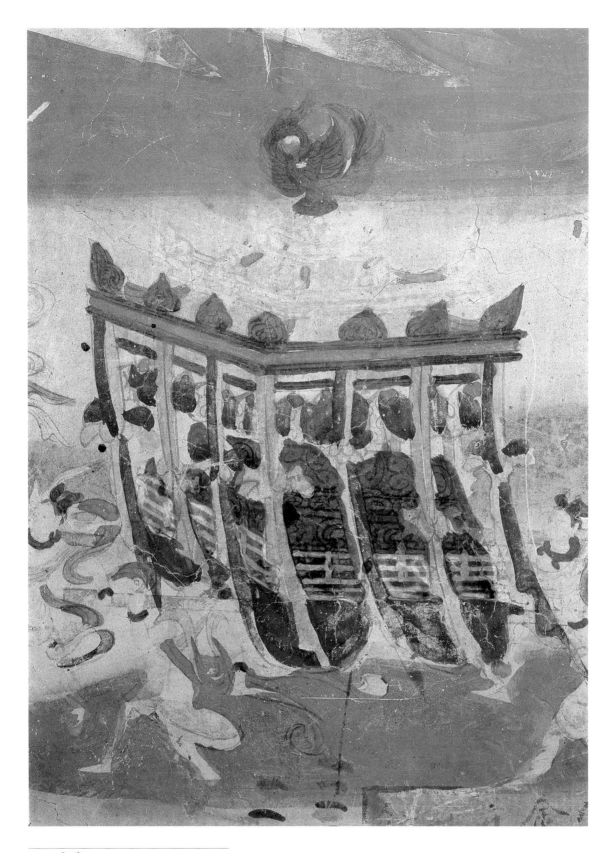

147 **出殯**

轎車居中，下有四木輪，無輻。棺木飾
雲紋，上為鱉甲蓋及容飾，蓋上立雞，
四人抬車。車的前後有幢幡。

五代 莫61 北壁

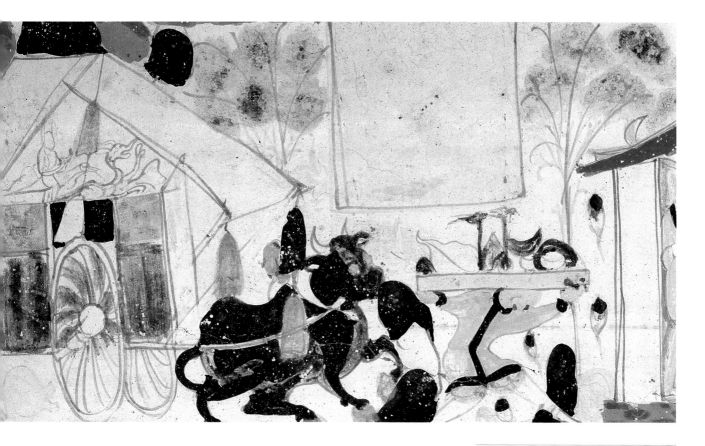

148 平民出殯

牛車拉靈柩，無人挽送，車上放乘鶴仙
人及引龍等明器。上有人字坡形的白
帳，四角垂流蘇，車前一人頭頂祭盤，
供品是對雞。

北周 莫290 窟頂西坡

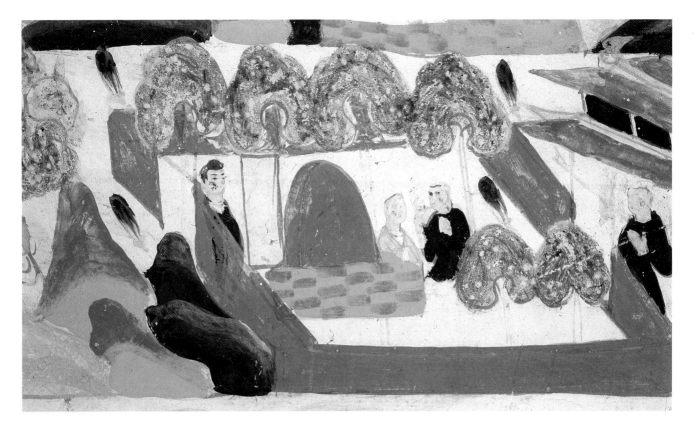

149 墳塋圖

墳前後植樹，墳前設祭壇，塋域圍牆方
形，約半人高，留出口通行。

北周 莫296 北坡

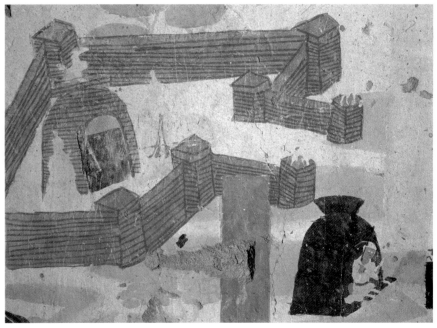

150 墳塋圖

墳兩側各有一人形，並非真人，代表墓
中的亡靈。塋域修造規範，並設門道，
塋外設草廬守墓。

五代 榆19 前室甬道北壁

151 結廬守墓

孝子在草廬中守孝，面前案几上放經卷。

五代 榆19 前室甬道北壁

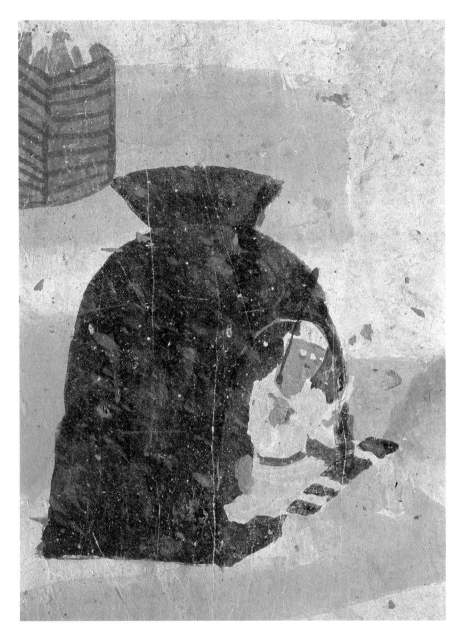

152 后土祭壇

祭壇設在塋域內的一角，壇上尚有裊裊香煙。保留祭壇，祈后土護佑亡靈。

五代 榆19 前室甬道北壁

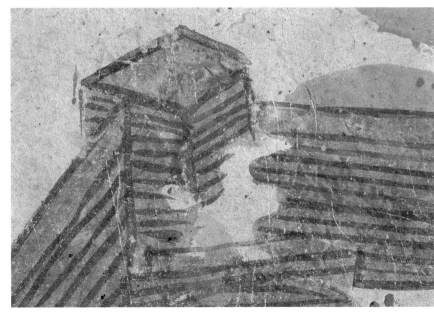

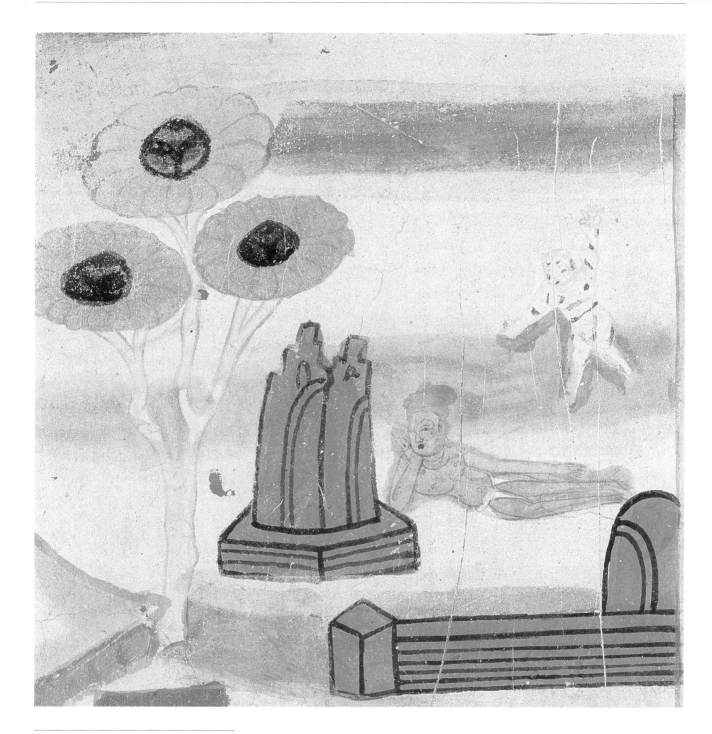

153 墳塋圖

少數民族墓形，塋域內一女亡靈躺臥，
其後為妖魔。右側露出的墳墓與漢制相
近。

五代 榆33 北壁

第三節　喪葬方式

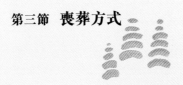

　　喪葬方式往往因時代背景、文化信仰及不同民族而各異，從敦煌壁畫的畫面看，在這一地區的喪葬方式主要是土葬、火葬和老人入墓三種。

　　土葬是中國固有的傳統。敦煌地區的土葬起初在城內，後來遷到城外。據《氾氏家傳》所載：敦煌郡舊時風俗是葬在城邑中，西涼時氾瑗認為墳墓應葬在山陵高處，並把父親出葬東沙磧，遭時俗非議，受禁十年。後縣令李充到任，"稱志孝合禮，眾心乃化，遂皆出葬東西石（磧）。"這就是時至今日仍可看到的敦煌東西戈壁灘古墓壘壘的原因。

　　墓地經陰陽選擇後，行后土之祭。《張敖書儀》記載："擇得地，則孝子自將酒脯、五方采信鋪座錢財……於墓西南上立壇，設祭后土"，"其壇不得栽種，留之。"后土是土地神，又是地下幽都之主，通過祭奠及焚燒紙錢，以示購買墓地，在此安厝。榆林窟第19窟"地獄變"的塋域中就設有后土祭壇。新疆阿斯塔那墓出土的《唐大曆四年張無價買陰宅地契》寫道："謹用五采雜信，買地一畝……安厝已後，永保休吉……故氣耶（邪）精，不得干擾……無違此約，地府玄裏自當禍，主人內外安吉。急急如律令！"此乃中原傳統習俗的反映。　第296等窟的壁畫繪有塋域，即在墳的四周置夯築圍牆，內植樹，亦稱"兆域"。敦煌的塋域往往是一個家族的墓園，按輩分排列成行。也有不許入本族墓地者，如《神力狀》載：有人的兄長在回鶻來犯之時，不幸陣亡，因此灰骨不得入積代墳墓。這是依據《周禮》"凡死於兵者，不入兆域"之說。

　　敦煌唐代土葬採用長斜坡墓道的洞室墓，地表起墳。據《張敖書儀》記載，敦煌墳制三品以上官員墳高一丈二尺，五品以上官員墳高九尺，七品以上墳高七尺，九品以上墳高六尺，比《開元禮》和《通典》的墳制低。墳堆的土由親友聚集，以表達對亡者的感情。三國時期，倉慈任敦煌太守，行德政，為民眾所敬仰，死後千人負土築墳。壁畫中的墳墓有兩種不同形制，一種是直接在地面堆起的穹廬形土堆，另一種是有基座，墳形較高，頂端像楔齒，分前後兩重，有兩道門。前者是漢族傳統墓形，後者是西域少數民族墓形，如榆林窟第33窟中所繪。

　　火葬在西北地區是另一種葬俗。中國遠古時就已有火葬，1945年發掘甘肅臨洮寺洼山新石器遺址時，在一座墓葬陶罐中盛有火化後的骨灰，這是迄今為止最早的火葬實例。古代火葬多流行於西北地區的氐族、羌族，《墨子》已有記載秦人西面的義渠之國用火葬。大概認為火焰上薰，象徵升天，後輩也就成孝子。義渠屬西羌族，在今甘肅慶陽一帶。漢族的儒家思想則認為火葬慘虐之極，不合人道。從晚唐、五代以來，火葬才逐漸在漢族中流行，甚至連皇室后妃亦行火葬。晉高祖皇后李氏及安太妃臨卒都要求火葬，後者還要求把骨灰南向揚之。這主要是受佛教影響後，喪葬觀念改變的結果。

佛教行火葬，釋迦涅槃後也用火葬。敦煌僧尼、世俗信徒也行火葬，據《亡女弟子馬醜女回施疏》：宋淳化二年（公元991年）"葬日臨壙焚屍。"火化後再行土葬。火化需用大量的柴，其來源靠親友聚集，佛經記載釋迦的父王逝世後，佛與大眾一起積聚香薪，舉棺於上火化。在敦煌的《社司轉帖》即《納贈歷》中有納柴的記錄，《社司轉帖》是由社官頒發給社員的通知，帖中明確規定某人死亡，各人須納柴一束。《納贈歷》是社人或親友贈送凶家物品的登記冊，是古代周禮賻贈的遺風。《納贈歷》中記載"見付凶家柴卅一束。"《聚贈歷》載："見付凶家柴三十三束。"可見敦煌還是相當流行火葬的，一次焚屍需兩小時，大量柴薪靠眾人聚集。火葬的眾人聚薪與土葬的千人負土，同是送葬者表達情感、弔唁死者的方式。

火化後，高僧的骨灰建墓塔供養。多數人是用磚修拱形長墓道，集體安放。也可以個人設壙埋葬。

還有一種特殊的喪葬方式——"老人入墓"，老人入墓圖出現在敦煌石窟的"彌勒經變"中，盛唐第33窟表現的是老者在親人的護送下，向墳墓走去。榆林窟第25窟表現的是老人坐在墓床上，與親人告別。老人入墓壁畫的內容分兩部分：一部分是塋域、墳墓，墓內設床或鋪氈，內壁裝修，宛如小臥室；另一部分是走向墳墓的人羣：或攙扶老人，或前後陪伴，或用車推，或頭頂、肩扛、懷抱食物及生活用品，老人在這

裏與塵世隔絕，安心修持，直至逝世，這樣便可升天，以致有的入墓圖中出現蹈舞慶賀者。《酉陽雜俎》記載："世人死者有作伎樂，名為樂喪。"西域民族也有此習俗，南北朝的高車，部落中有人死亡，男女不論大小皆集合，歌舞作樂，只有凶家哭泣。中唐第449窟、宋第454窟的兩幅墓前舞蹈圖中的墳墓頂端都是楔齒狀，是少數民族的墓。"彌勒經變"中繪老人入墓，一方面是經文有此內容，如《彌勒成佛經》："若年衰老，自然行詣山林樹下，安樂淡泊，念佛取盡，命終多生大梵天上及諸佛前。"另一方面也是敦煌地區民間盛行淨土信仰的反映。

從敦煌石窟的三十九幅老人入墓圖中可以看出，老人入墓之風流行於唐，尤以中唐最盛，這一方面是淨土信仰的傳播，另外和中唐時統治敦煌的吐蕃民族有關，他們也崇信佛教。老人入墓與儒家觀念相抵忤，受到漢族排斥，五代以後此俗漸趨式微。

老人入墓不是經變中的神話，它來源於印度民俗。《大唐西域記》記載：在印度年齡極大、死期將至者，親戚朋友，奏樂宴會，請老人乘船，鼓棹渡恒河，到了中流，老人就投水自殺，說是升了天。這就是老人入墓的原型。今印度的瓦臘納西就是古代的迦尸城，現在沿恒河邊開設"臨終旅館"，垂死之人，在親人陪同下，住進旅館，待呼吸停止後，聚柴於恒河邊火化，最後把骨灰撒入恒河，死者的靈魂也就進入天國。這

就是當今的"老人入墓"，只不過把墳墓易成"臨終旅館"。可見這種喪俗深深地植根於印度民眾之中。

佛教的"老人入墓"在唐宋時期對中國的喪俗產生過直接影響。唐時甚為流行"生壙"，又稱"壽藏"。例如初唐時的盧照鄰隱居具茨山下，預為墓區，偃臥其中。病既久，與親屬訣別，自沉潁水。李適生前為已營墓，並樹十松，曾睡在墓的石榻上，放置所撰九經要句及素琴於前。中唐時的姚勖在姚崇墓旁自作壽藏，題名為"寂居穴"；墳稱"復真堂"；墓中削土為床，名為"化台"。晚唐時的司空圖預作壽藏，並請故人入壙中賦詩飲酒。這些都是當時的有識之士，尚津津樂為生壙。特別是姚勖的壽藏，從題名反映出佛教信仰，"寂居"是遠離人世；"復真"是恢復真身，佛教認為死亡是生身的終結，是法身、真身的再生；"坐化"是死亡的一種較高境界，受香花供養，意味着生天得道。

敦煌文獻中記載，一位節度隨軍押牙，感到死期將至，希望擺脫輪迴之苦，就在當地建造墓室，於室內誦經念佛、一心修持，就如在佛堂中一樣，還在墓內彩畫佛像。可見老人入墓之俗確在敦煌民間流行。從敦煌市博物館曾發掘的十多座唐墓看，其中有的毫無棺木痕迹，骸骨在墓床上。這當是墓中坐化的實例。雖然老人入墓之俗因受儒家思想的抵制而消亡，但迄今，中原乃至河西地區的農村仍保留為老人提前做壽棺之習，並把棺木放在堂室中，有些地方，老人還臥睡於棺中，恐怕都是老人入墓的遺風。

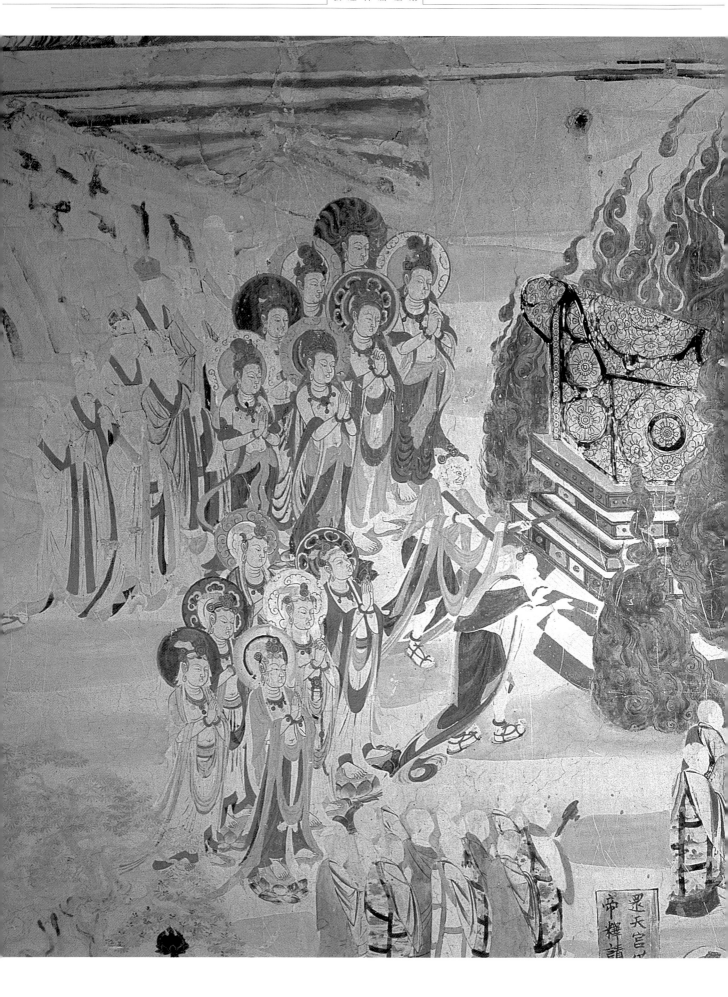

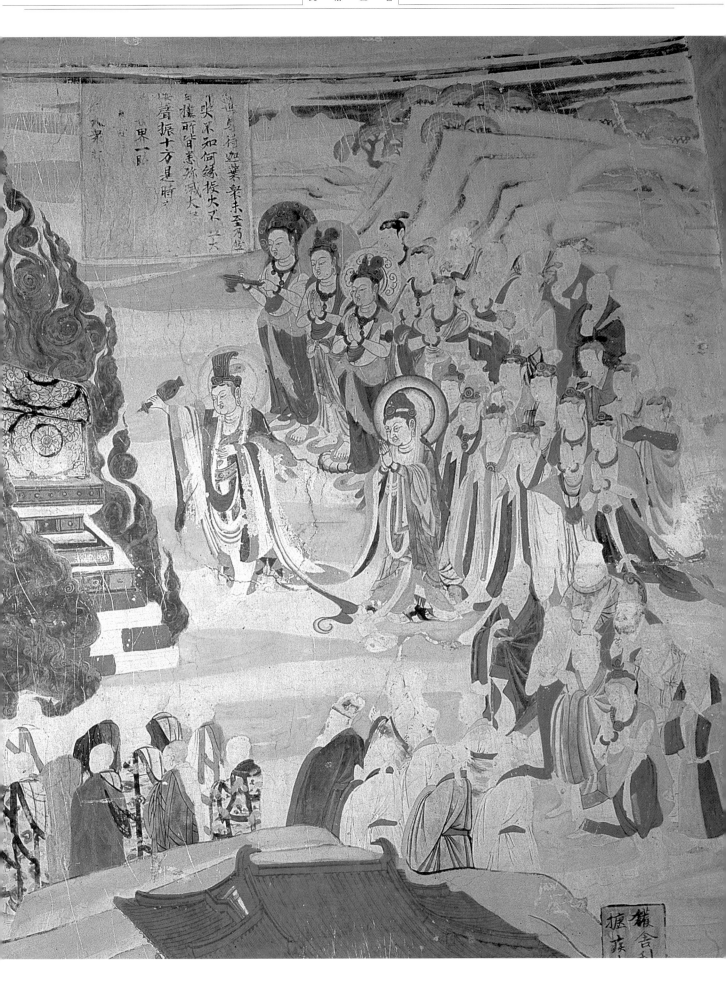

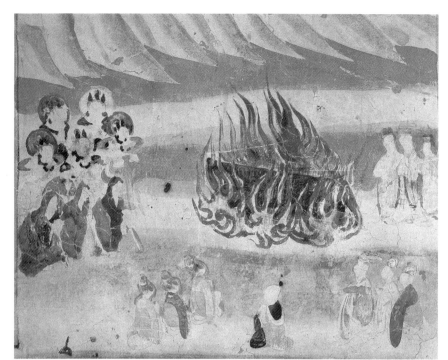

155 火化圖

火化時送葬者皆合十致敬。

五代 莫61 北壁

156 老人入墓

老人戴風帽，旁有披巾的可能是老伴，
後兩人是親屬，右側一人肩扛物品，前
面墳墓中有床。

盛唐 莫33 南壁

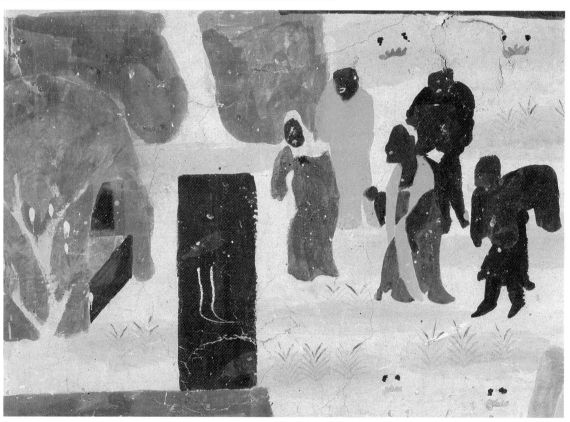

154 火化圖　　　　　◀ 見上頁

壁畫內容是佛的涅槃，實際是人間火化
場面的寫照，眾人聚柴薪，棺槨放在上
面，引火燃燒。

盛唐 莫148 西壁

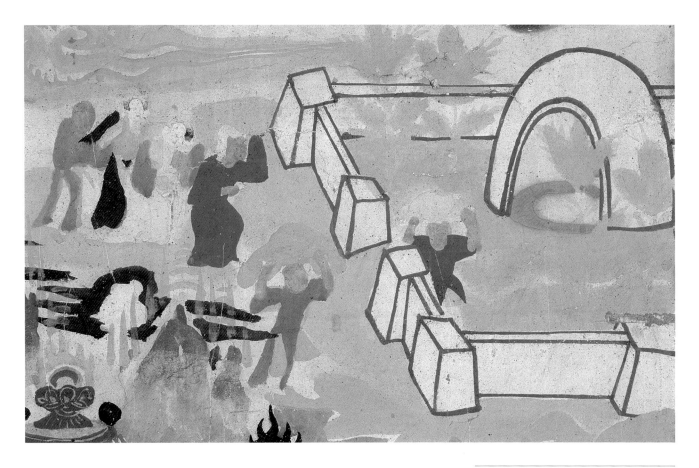

157 老人入墓

老人戴風帽,手執經卷,前一人及塋域
內一人均頭頂物品,老人身後兩位女
眷,最後一人懷抱物品。墓內鋪圓氈。
中唐 莫358 南壁

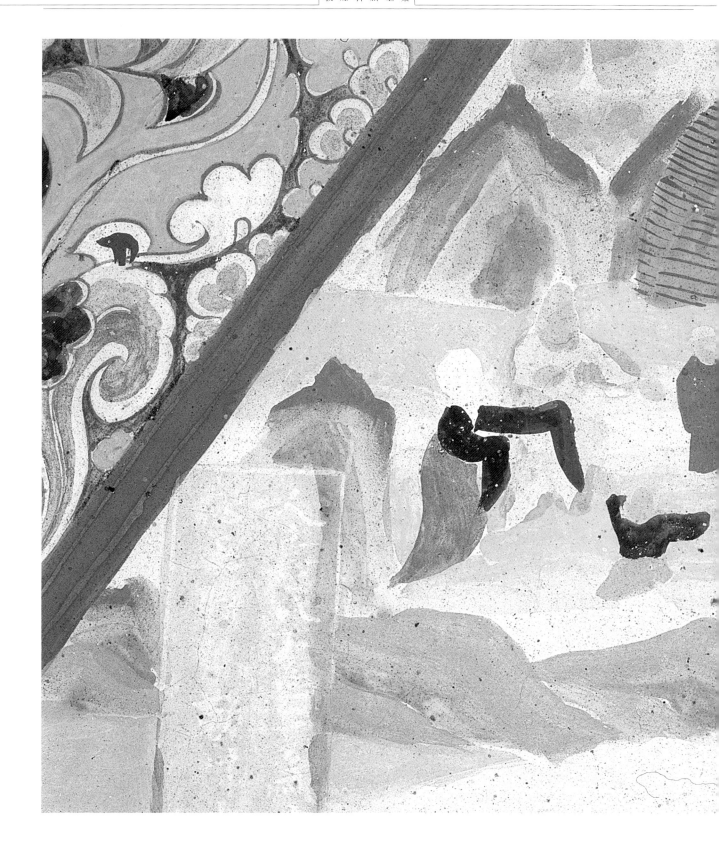

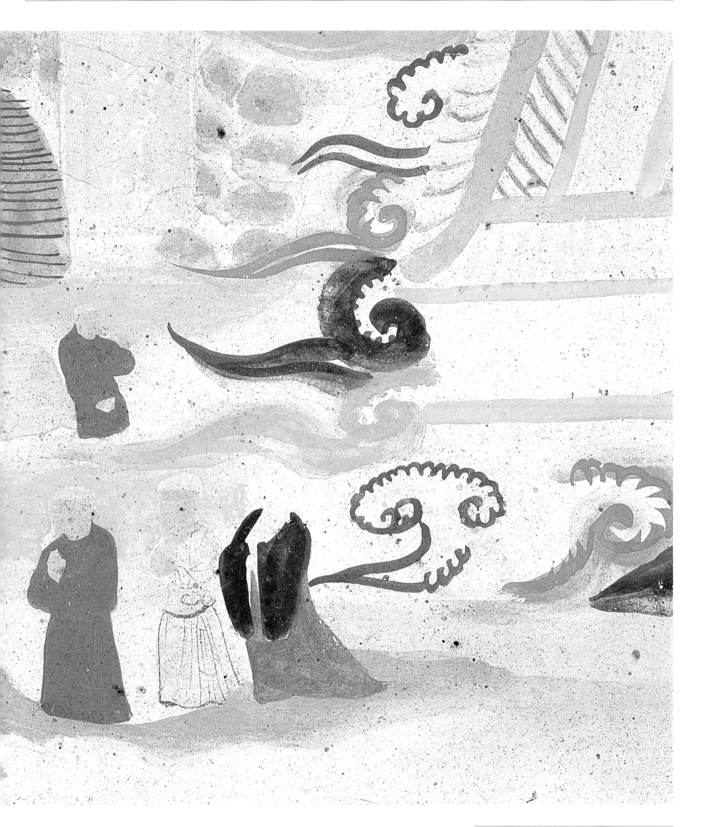

158 老人入墓

兩家人正向墓中走去。前一家三人，老人着圓領白袍服，均雙手合十，虔誠、安詳地入墓。後一家五人，前面兩人抬物品，老人着圓領袍服，老伴及小輩痛苦呼號。

晚唐 莫9 窟頂東坡

159 老人入墓

墓中放有大屏風靠背的長椅，供老人生
活之用。

盛唐 莫116 北壁

160 老人入墓

老人戴透額羅帽，着圓領白袍服，足蹬
軟鞋，拄鏤空杖，安詳坐墓床上，床前
有弧門裝飾，墓內掛山水屏風畫。老人
正與親屬執手告別，親屬八人均顯得痛
苦，或用巾拭淚，或以袖掩面，或趴地
跪拜。

中唐 榆25 北壁

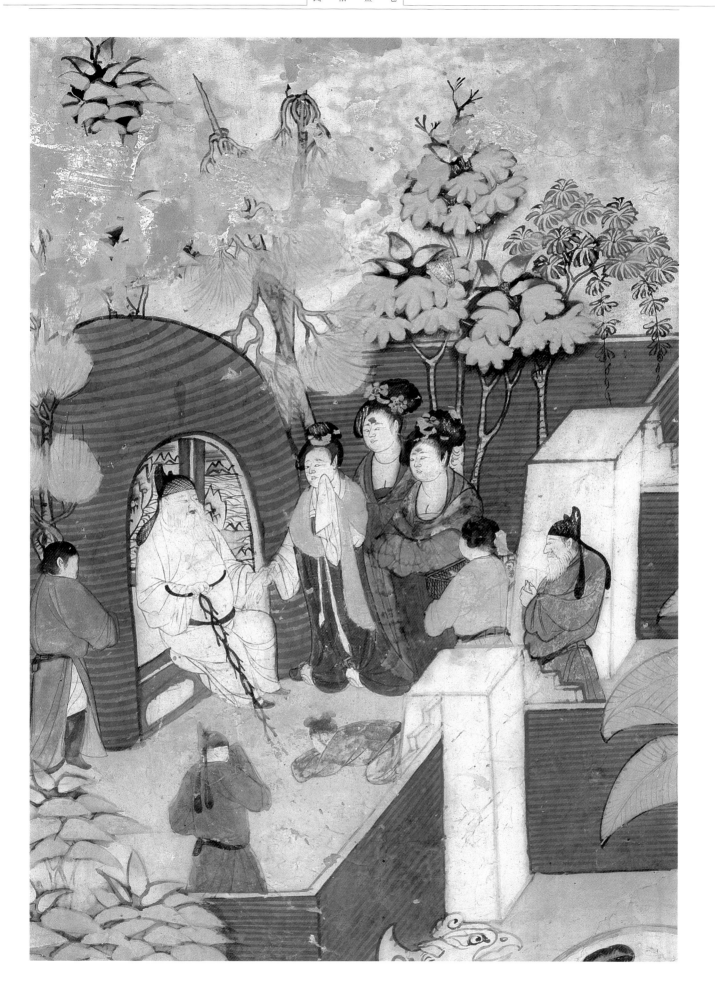

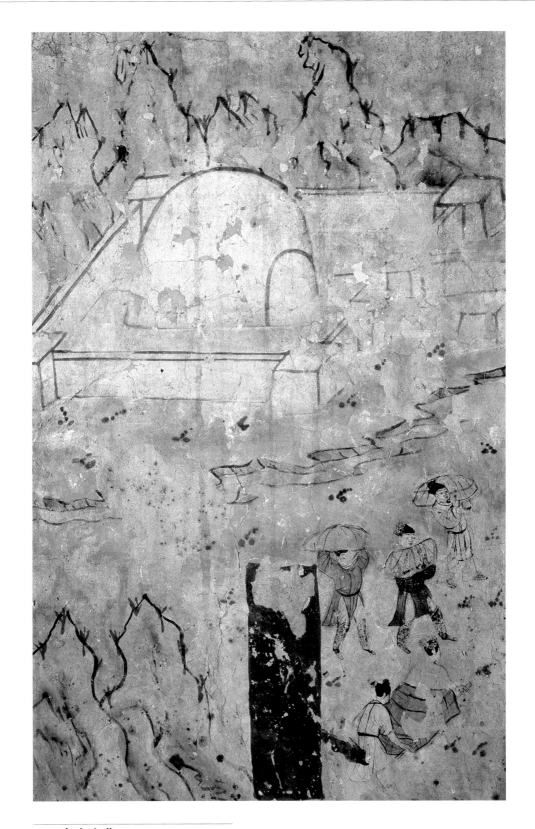

161 老人入墓

老人安坐木板車上，由親人推向墓去。
旁三人均着缺胯衫，頭頂、懷抱、肩扛
物品相送。
中唐 莫474 西龕北壁

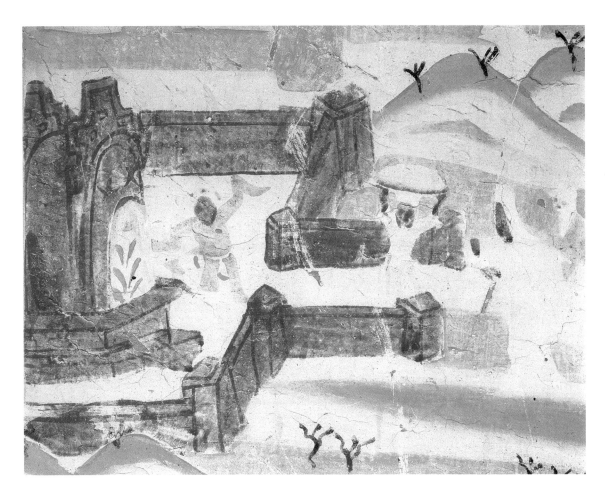

162 老人入墓
墳墓是少數民族形制，戴披風、拄杖的老人正步入塋域。塋內有一男子束巾，甩袖舞蹈，慶祝老人入墓。
中唐 莫449 北壁

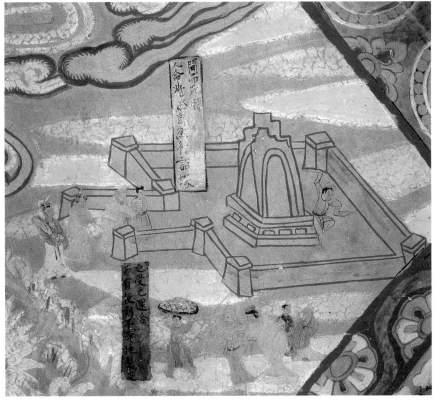

163 老人入墓
一總角兒童攙扶老人，最後一人懷抱用品，一行四人正走入塋域。另外一家一行五人，前一人頭頂食物，似為饅頭之類，攙扶老人向墓地走去。
宋 莫454 窟頂東坡

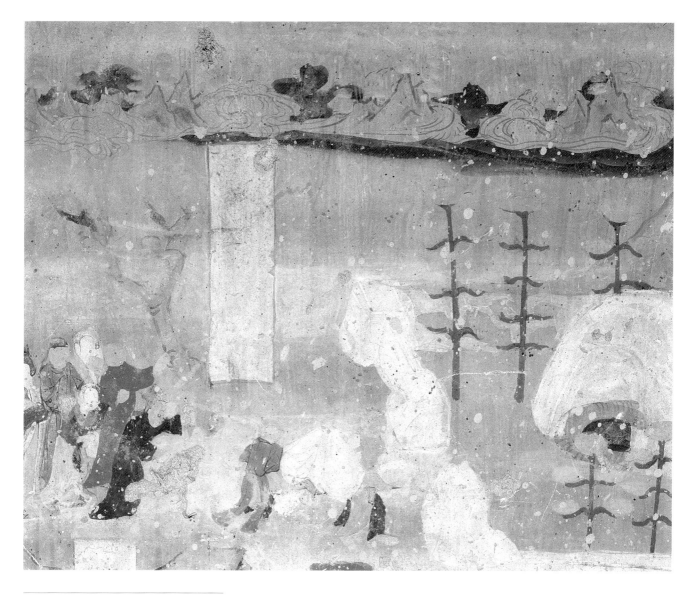

164 老人入墓

塋域以墓園圍牆為界，穹廬形的墳墓
內，地面鋪一圓氈，供老人坐臥起居。
老人在親屬的陪送下，邊走邊指着塋
域，前面兩人抬着一大堆食品、用品。
晚唐 莫12 南壁

第四節　喪葬齋忌

　　喪俗含有兩部分，前一部分是的殯殮埋葬，後一部分是祭祀亡靈，佛教稱"齋忌"，齋忌又與十王信仰相連。

　　十王是在冥府裏裁斷亡人罪業的十位判官。十王信仰，出自中國沙門撰述的《十王經》。中唐時期的道明和尚為其始倡者，據敦煌文獻《道明還魂記》所載：唐大曆十三年（公元778年）閻羅王使者誤抓道明到地獄，後發現放還生路，受地藏之托，令道明把在冥司所見所聞，撰列丹青，圖寫真容，流傳於世。《十王經》約在五代初期流入敦煌。十王信仰之所以從唐代至清代經久不衰，是因為《十王經》是中國民間信仰與佛教信仰相結合的產物，如秦廣王、宋帝王、五官王、太山王等，為民間所熟悉。它也符合中國的孝道及祖先崇拜，每過一王祭祀一次，以表達對亡靈的至孝、至誠和至哀。它與輪迴觀念、因果報應相一致，因此也為廣大佛教信徒所尊奉。

　　敦煌石窟共有地藏十王圖十四幅，起於五代，迄於西夏。十王圖以地藏為主尊，有的從地藏身光輻射出六道輪迴，前有供案，左右為道明和尚和金毛獅子，或是供養人。十王的位置分兩類，一類在地藏左右側，或按單雙數分組，從上至下排列；或作之字形排列。另一類是在地藏下部，分成兩組。十王的形態或據案審判，或站立地毯作供養狀，或跪在地毯、方牀上。十王的服飾是中國官員裝扮，戴冠或幞頭，寬袖袍服，雙手或批案、或合十、或持笏。第

384、390窟的十王中有一位戴冕旒或張華蓋者，這就是閻羅王。十王圖集中在五代，共九幅，這和《十王經》傳入敦煌的時間有關。中國同時代的十王圖雖還有四川的安岳和大足石窟，但內容和數量都遠不如敦煌。至於後來南宋在四川大足寶頂山開鑿的地藏十王圖，則比敦煌壁畫的內容更加豐富，生活氣息更加濃厚。

　　佛教有七七及百日齋之俗，以亡者逝世當天算起，每過七日就是忌辰，須為亡靈設齋追福，助其超生。這種風俗在元魏北齊時已有記載：胡國珍死，魏明帝為舉哀，下詔自始薨至七七，皆為設千僧齋，百日設萬人齋。十齋與十王的對應關係如下：

一七齋	秦廣王
二七齋	宋帝王
三七齋	初江王
四七齋	五官王
五七齋	閻羅王
六七齋	變（卞）成王
七七齋	太山王
百日齋	平正王
一年齋	都市王
三年齋	五道轉輪王

　　敦煌的齋忌是據《十王經》行事，其中又沿用儒禮的名稱，以儒禮之名行佛教之實。故一年齋又稱"小祥"。"大祥"在敦煌是三周年，兩周年設"中祥"齋會。儒家禮儀無七七齋之說，葬後設神主，行虞祭，至百日行卒哭祭。儒禮祭奠與敦煌齋忌對照如下：

儒　禮		齋　忌	
名　稱	祭 奠 內 容	名　稱	齋 忌 內 容
虞祭	神主前哭祭	累七齋	每七天設齋會，至七七。
卒哭祭	百日卒哭	百日齋	設齋會
小祥	十三月行祭	小祥	一年齋（十二月）
（無）		中祥	兩年齋
大祥	廿五月祭	大祥	三年齋，脫服。
禫祭	大祥後間月，除服	（無）	

　　敦煌的齋忌儀式，在忌辰設齋有如
下方式：

　　一、寫經追福：最典型的事例是五
代時敦煌曆學家翟奉達為亡妻馬氏追福
寫經。

　　第一七齋，寫《無常經》一卷；

　　第二七齋，寫《水月觀音經》一卷；

　　第三七齋，寫《咒魅經》一卷；

　　第四七齋，寫《天請問經》一卷；

　　第五七齋，寫《閻羅經》一卷；

　　第六七齋，寫《護諸童子經》一卷；

　　第七七齋，寫《多心經》一卷；

　　百日齋，寫《盂蘭盆經》一卷；

　　一年齋，寫《佛母經》一卷；

　　三年齋，寫《善惡因果經》一卷；

　　二、家中設齋會：家中設亡靈的神
主，屆時請僧人到家中誦經。敦煌的

《亡考文》寫道："時即有持爐至孝，奉
為亡孝某七追念諸福會也。……故於是
日，延請聖凡，就此家庭，奉資靈識。"
這是累七齋通用的範文。

　　三、寺院設齋會：這需要較大的開
支，既要齋僧還要布施。

　　普通百姓沒有條件舉行上述活動，
只在忌日燒紙錢，或在十齋中只設一兩
次齋會。

　　敦煌壁畫反映的喪俗，既有地方特
色，如西域民族的舉哀；又有佛教色
彩，如淨土、地獄、老人入墓、十齋忌
等；還有儒家傳統，如孝道、土葬、出
殯等。從總體來看是一種以佛教為主、
儒佛交融的喪俗，佛教文化已同化在漢
文化之中。

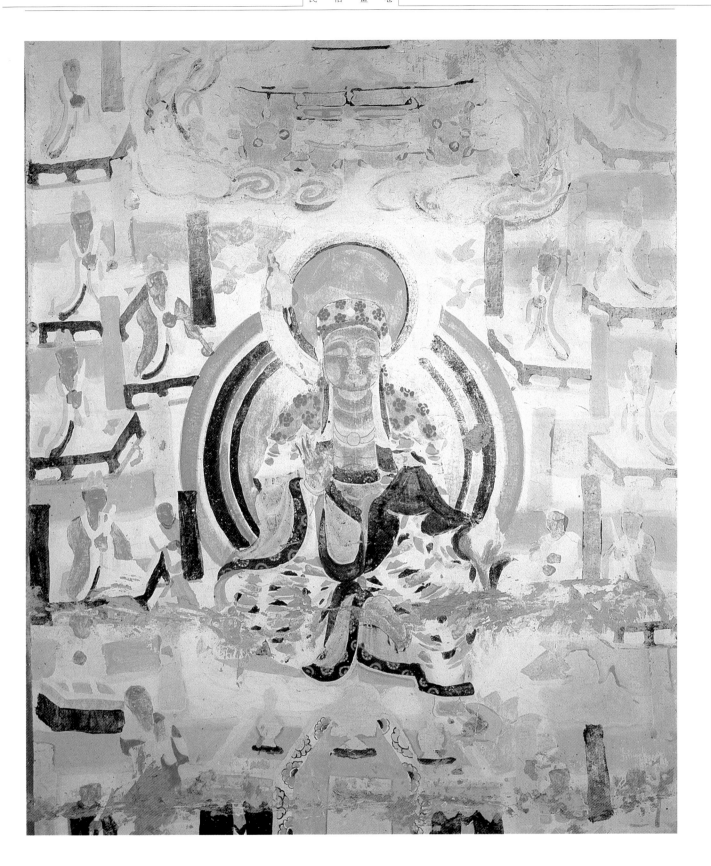

165 十王圖

正中是地藏菩薩，兩旁者有冥司和供養
人，左側着袈裟者應是道明和尚。十王
雙手持笏，端坐於禮盤上。

五代　莫375　甬道頂

五王			地藏		十王
三王	四王			九王	八王
二王				王	七王
一王					六王

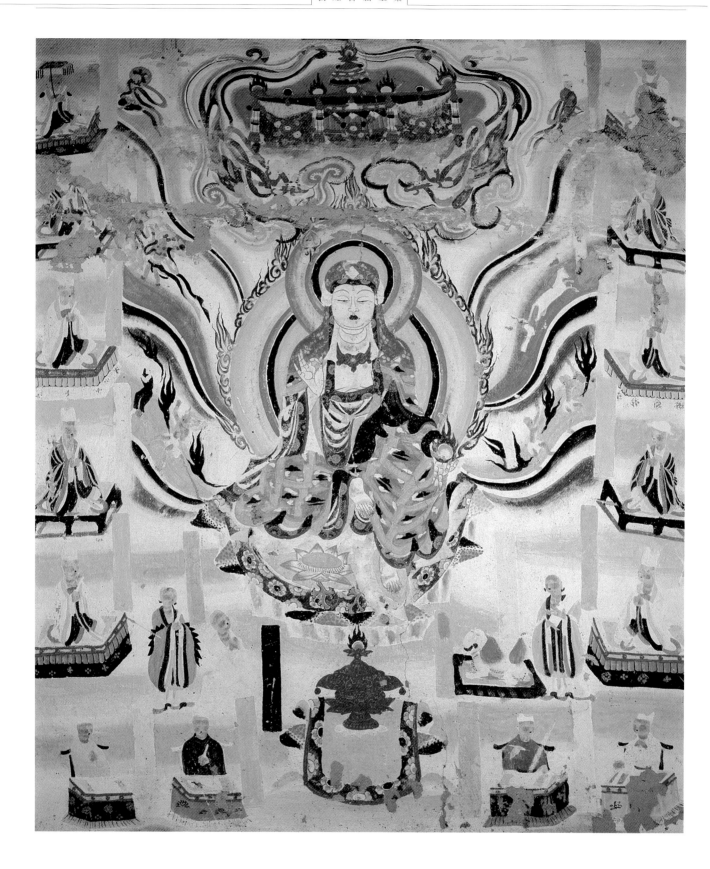

166 地藏十王

一王	天道	地藏	人道	二王
	阿修羅道		畜生道	四王
三王	餓鬼道		地獄道	六王
五王				
	道明		獅子	
七王	女供養人		女供養人	八王
九王	冥司		冥司	十王

五代　莫384　甬道頂

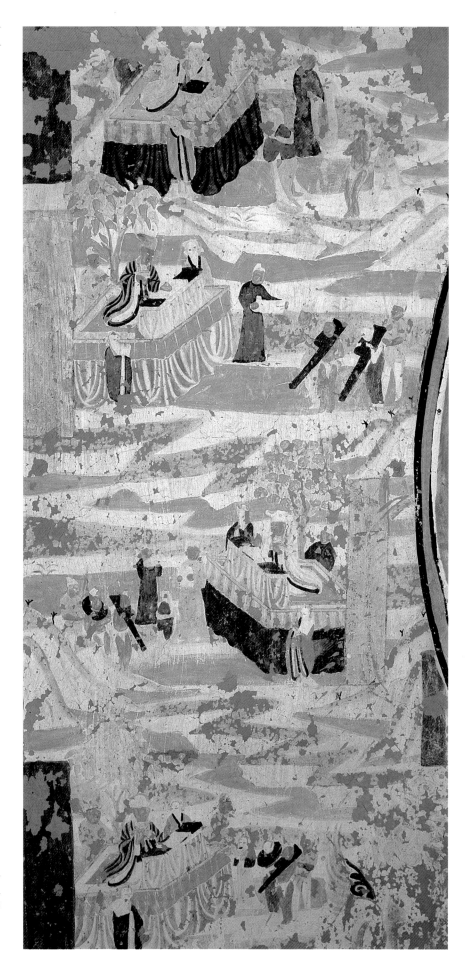

167 地藏十王

受塑像阻擋無法全拍，只見四王據案審判。

五代　榆38　前室東壁

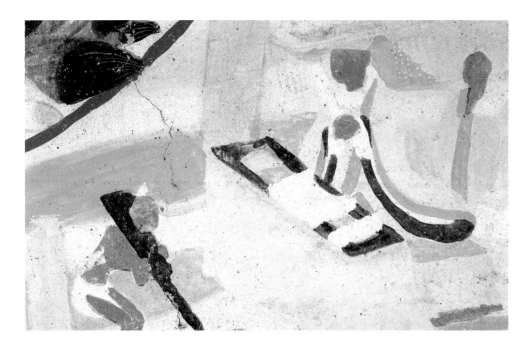

168 十王之一

此王戴冕旒，是五王閻羅王，着寬袖深
衣，案前為戴長枷的罪人，案後冥司侍
候。

宋 莫202 甬道頂

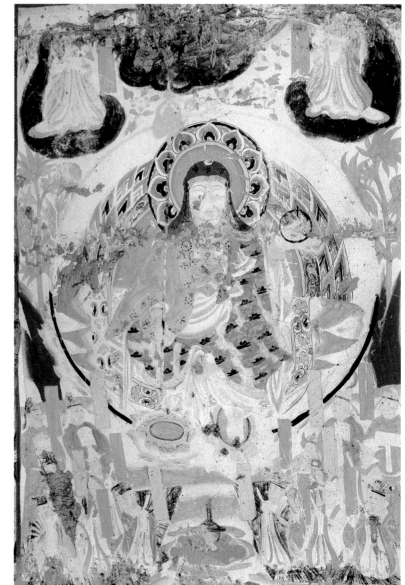

169 地藏十王

地藏與十王為上下構圖，下部左右兩側
前五位戴冠、着寬袖深衣、雙手持笏的
是十王，後兩位戴幞頭、着圓領袍服者
是冥司。

五代 莫6 甬道頂

拜佛與信神

作為佛教勝境的敦煌，佛教活動不是少數人的事情。從魏晉以來，敦煌境內便廣建寺塔，至唐、宋時期，敦煌的官寺、私廟、鄉里坊巷寺達四十七所之多，石窟五處，蘭若約二十六所，私家佛堂不下十五個。中唐吐蕃時期出家僧尼達二千人，晚唐歸義軍時期也有一千多人，在當時僅有兩萬多人的沙州，僧尼竟佔總人口的十分之一。加上廣大在家信徒，可以說上至節度使，下至庶民、賤民，涵蓋了社會各階層，佛教活動具有全社會的普遍性。其活動主要有拜佛、拜塔、聞法、供經、燃燈、齋僧、修窟、放生等。

敦煌石窟是為僧人修持和宏揚佛法而開鑿的，但由於這一地區居住的是以漢族為主體的多種民族，因此一些洞窟的壁畫中出現了傳統信仰形象。這些非佛教信仰的形象，我們在此暫且統歸為俗神信仰，它們有的承繼於漢代畫像，有的是外來的，有的則是中西合璧的。雖然保存的只是俗神中的一部分，但仍可看出佛教的寬容精神和當時的信仰狀況。

俗神信仰以今日眼光去看，似乎荒誕無稽，但對先民來說都是嚴肅的事實，如雷聲隆隆，認為是雷神擊連鼓；太陽運行是日神乘車奔馳。正是種種自然現象的存在，使俗神信仰至今仍具魅力。透過俗神信仰可窺見遠古的祖先是如何生活在夢想與真實之間，在自然和社會的各種奇異現象面前，是如何用神力作出解釋和說明，以及先民對命運的抗爭、幻想與希望。所以說俗神信仰是遠古民族的夢和傳統文化的根。

第一節　佛教徒的信仰活動

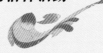

要成為一個佛教徒，首先必須"三歸"，即皈依佛、皈依法、皈依僧，故佛教徒又自稱"三寶弟子"。崇拜佛陀是崇拜佛陀修證説法的恩德；學了法寶才能獲正見，因此也要敬宏揚佛法的僧侶。佛教徒的信仰活動是以三寶為核心的。

在印度，信徒先對佛像及塔行禮，然後從右方繞巡禮拜，因為塔最初是安置佛舍利的建築，是佛陀的象徵。禮拜姿勢可概括為三種：揖、跪、稽首，又因地域差異而各不相同，如跪拜，在印度有長跪，手膝踞地；在西域有胡跪，單膝跪地；在中國是雙膝着地的跪拜。第217窟和第103窟的壁畫表現了盛唐時期拜佛與拜塔的情景。

佛教徒認為佛法是普渡眾生的舟楫，學習佛法的方式有聞法、誦經、寫經等。聽聞説法是信教的第一步，但聞法卻並非易事，由聞法所得功德達三十二種之多，第14窟壁畫繪製的就是其中之一，即心生歡喜。信徒由聞法生信心，由信心而生歡喜，佛經認為佛法如甘霖，滋潤着信徒的心田。學習佛法的第二步是誦經。通讀經義稱為看經、念經；為讚嘆佛德而讀，稱為誦經、諷經；為祈願而讀，稱為轉讀。讀誦經典的功德甚大。在印度原以解義學法為主，佛教傳入中國後，摻進世俗的內容，為祈願或回向之風盛行。祈願的內容多種多樣，常見者以寫經解除苦難，以誦經治療疾病。學習佛法的第三步是寫經。在宋代，十世紀之前，印刷術尚未發達，所以寫經還有傳播佛教的功能。中國從東漢時開始譯經，譯成的經文都是直接書寫的，再因請經或流佈之故，將譯文輾轉書寫，由是寫經之風大盛。當時有專業的寫經生、寫經法師，也有的是信徒自寫。在莫高窟出土的文獻中有唐代刺血寫經的真迹，《金剛般若波羅密經》的尾題書有：唐天祐三年（公元906年）"八十三歲老翁刺血和墨，手寫此經。"足見寫經者之虔誠。

燃燈和齋僧也是信徒的供養之舉。在佛像、佛塔、佛經前燃燈表示佛法的光明，凡重大佛教節日要定期燃燈，如夏曆正月十五佛陀涅槃、二月初八佛陀出家、四月初八佛陀誕生、七月十五盂蘭盆會、臘月初八佛陀成道等，另外還有隨時舉行的各種功德、祈願的燃燈佛事活動。燈輪是唐代的華燈，據記載唐先天二年（公元713年）正月十五元宵節之際，京城樹的燈輪高達二十丈，燃燈五萬盞。從第146窟的壁畫可以看到，敦煌燈輪一般約為四五層，燃燈數十盞。在描繪佛國的壁畫上，繪有鏤空燈輪，高約十來層，每層有兩三圈，一層可燃燈十多盞，整個燈輪可燃燈上百盞，雖無京城之壯觀，也頗有火樹銀花之氣概。

齋僧是設齋飯供養僧眾，因為僧是三寶之一。齋僧的本意是表明信念和皈依，後來漸漸融入賀福、祈賽之目的，使齋僧普遍化。唐代齋僧法會極為流行，大者達到萬人齋的規模。　因為燃燈、齋僧都反映了對三寶的信仰和供養，所以往往一並舉行。

　　修窟造寺可獲得種種功德，但這是
一項耗資巨大而且十分艱巨的工程，多
是有錢的出錢，有力的出力，通過壁畫
上的供養人，可以窺見當年敦煌僧俗共
建、官民共建、多民族共建的動人情
景。

　　第 12 窟壁畫描繪了放生的場面。
唐、宋時期，每年四月初八佛誕日舉行
放生會。屆時贖買被捕之魚鳥等諸禽
獸，再放歸於山林、池沼。放生是因佛
教戒殺生而來，還體現了生死輪迴之
說，《梵網經》說：佛子應以慈心行放生
之業，六道眾生悉是我父母，應方便救
護，解其苦難。南北朝時，梁武帝奉佛
戒殺，以至祭祀供獻都用麵做犧牲，放
生之俗由此時興起。

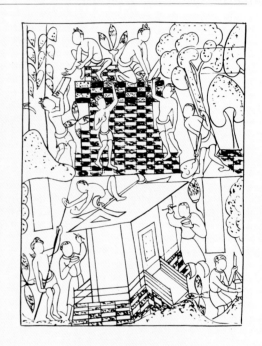

第 296 窟修造寺塔

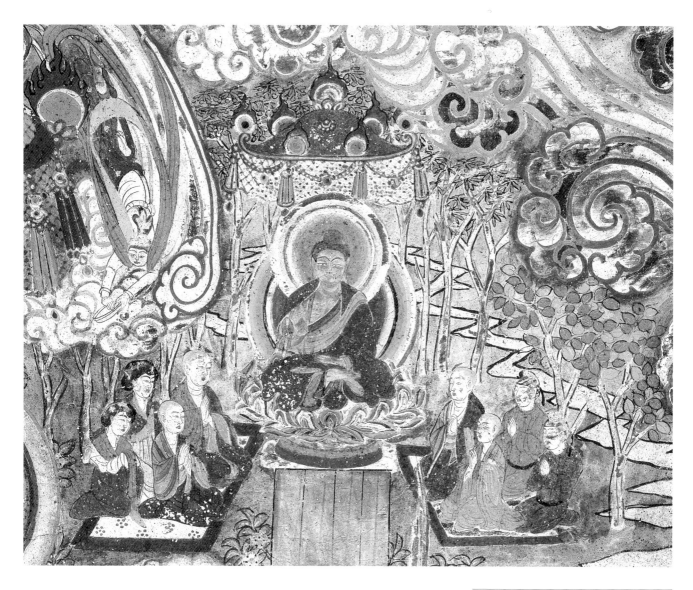

170 頂禮佛陀

佛陀作說法像。上部兩側為飛天，雲紋
翻滾，下部兩排蔥鬱挺拔的樹木。迂迴
曲折的阡陌小路，把天上人間巧妙聯
結。在佛兩側每邊各四人頂禮跪拜，右
側前兩人為僧，後兩人為優婆塞，即受
持五戒的在家男子，又名清信士。左側
前兩人為女尼，後兩人為優婆夷，行長
跪之禮，即兩膝着地，足尖支地。
盛唐 莫217 西龕頂

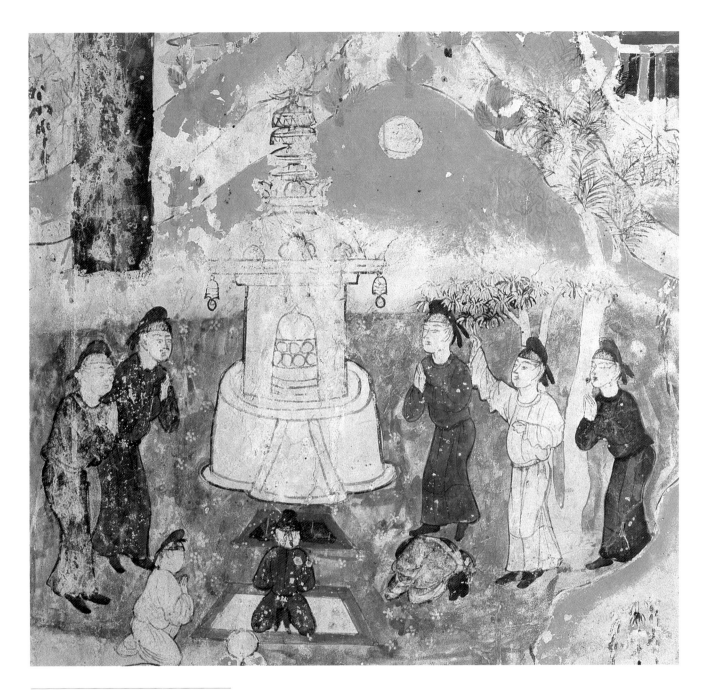

171 拜塔

塔前一周共有八位信徒在行禮，展現了印
度及西域的各種跪拜方式，右起順時針方
向：合掌平拱、舉手高揖、合掌平拱、五
體投地、長跪、胡跪、合掌平拱、合掌平
拱。五體投地是兩膝、兩肘與頭頂着地，
是禮法中表達最高敬意之禮。胡跪又作互
跪，是右膝着地、豎左膝之禮。長跪是兩
膝着地，可節省體力。

盛唐 莫103 南壁

172 聞法歡喜

一優婆塞跏坐於禮盤上，禮盤即禮佛及
說法時所升的高座，雙手捧讀經文，周
圍有六名信徒，聞法後情不自禁，歡喜
雀躍。

盛唐 莫14 南壁

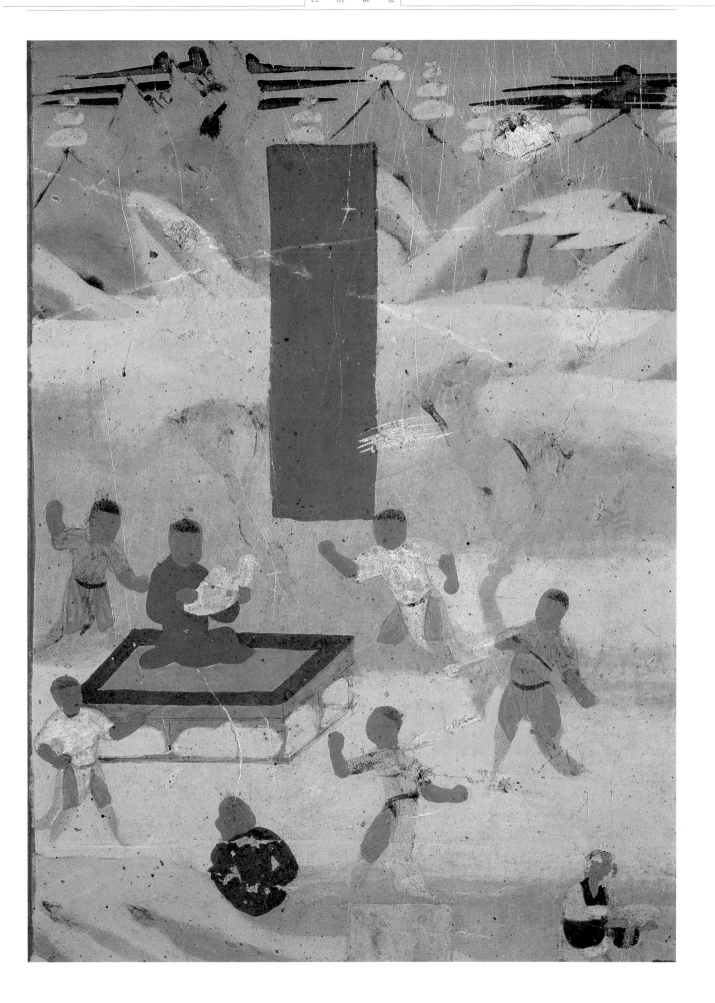

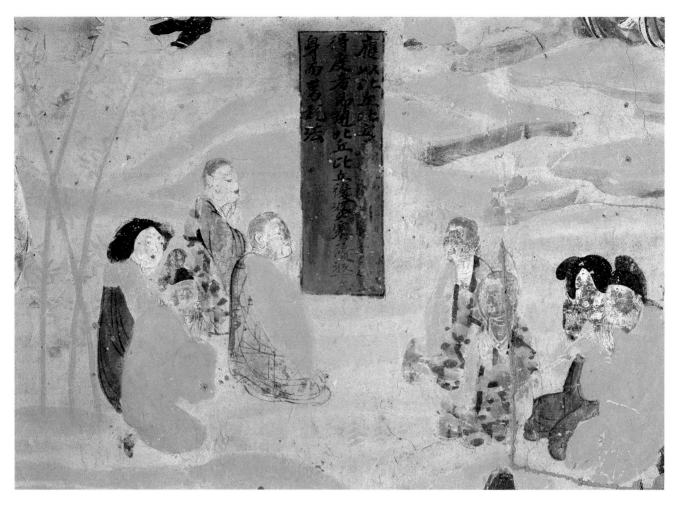

173　男女信徒得度

畫面表現觀世音菩薩現比丘、比丘尼之身，為眾生說法。僧尼及世俗男女相對而坐，靜心聽法，其中一位俗裝近事女卻驀然回首，紅唇微啟，眉目傳情。

盛唐　莫45　南壁

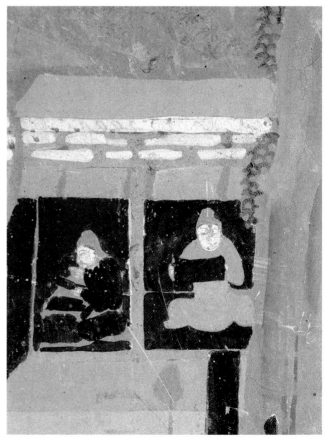

174　看經讀經

兩位居士正在家中學法，左側是一老者，戴風帽，正在專心致志地看經，左手持經書，右手邊指點。右側者戴襆頭，雙手捧經書在讀誦。

初唐　莫321　南壁

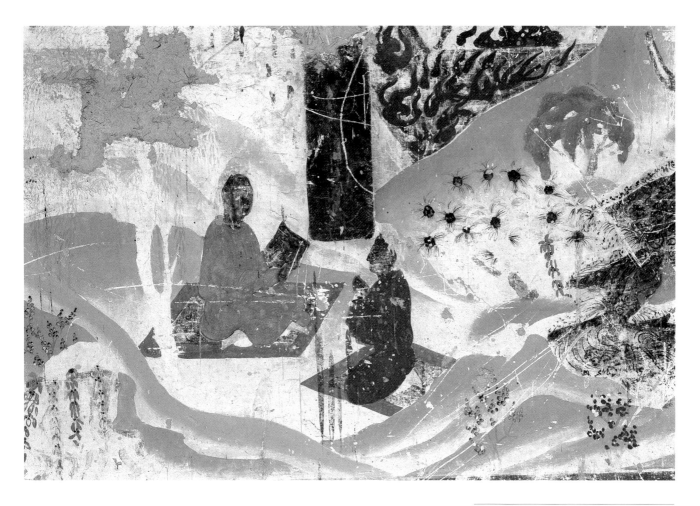

175 念經祈願

一信士趺坐在地氈上，手捧經文，為另
一位長跪於前、雙手合十的祈願信徒讀
誦。

盛唐 莫217 南壁

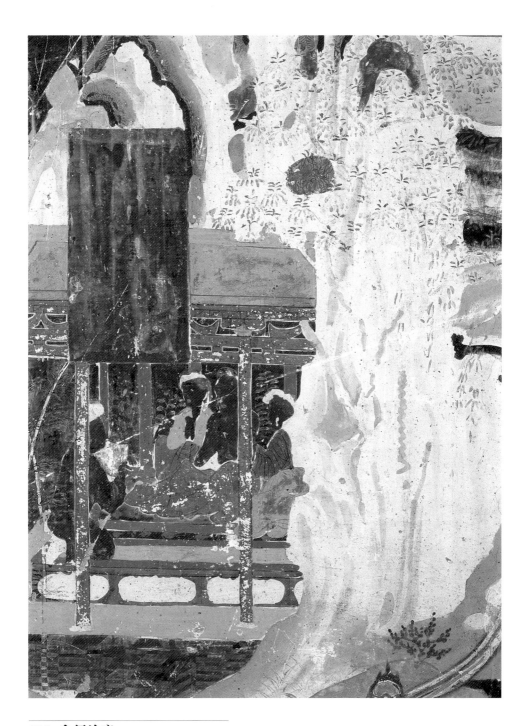

176 念經治病

"法華七喻"中的"藥草喻"説：佛陀的教法如雲雨滋潤，能治百病，能成大醫王，普救羣生。病人在屋內由左右各一人攙扶坐起，兩人雙手合十為病人祈願，床頭一信士正將經讀誦。

盛唐 莫217 南壁

177 念經治病

一上身赤裸的病人在親人攙扶下坐地氈上，均雙手合十，虔誠祈願。信士胡跪捧讀經文，後面一人拱手作禮。

盛唐 莫103 南壁

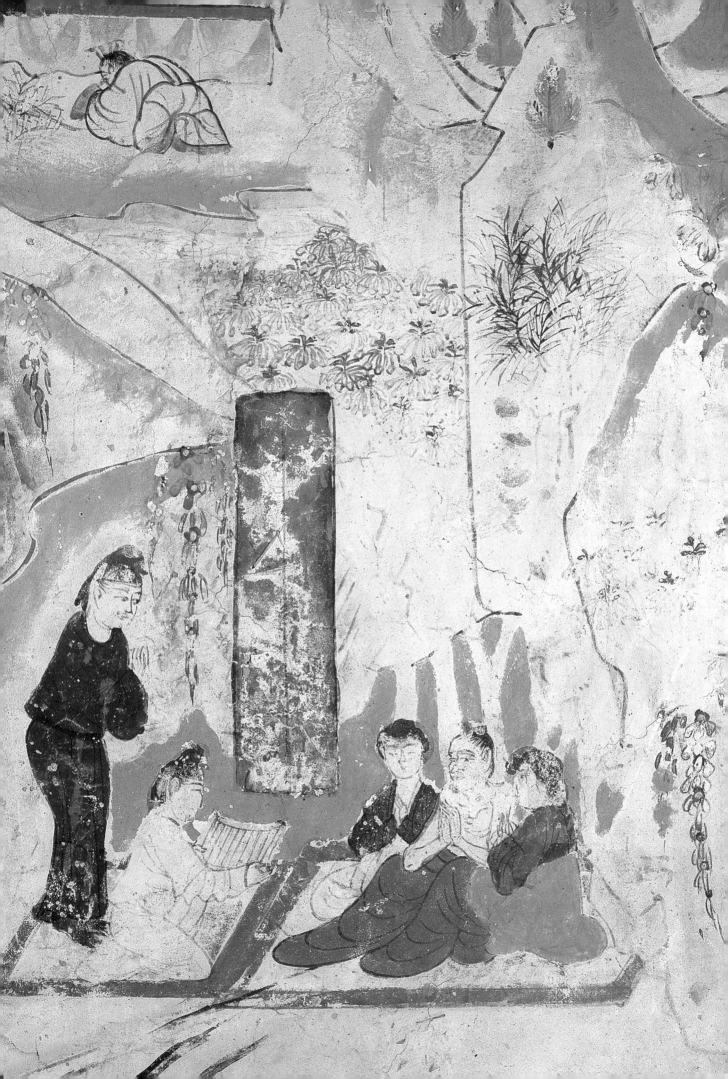

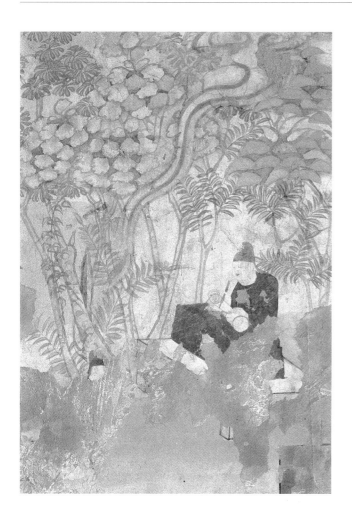

178 寫經

一信士在床上伏案寫經，當年的書寫工
具有毛筆和硬筆兩種，硬筆是用骨、
木、竹削磨出筆尖書寫，並形成硬筆書
法。圖中用的是毛筆。

中唐 榆25 北壁

179 燃燈

中心矗立着五層燈輪，每層燈輪擺放一
周油燈。前面兩人雙手捧着斟滿的油
盞，向燈輪送去；後面兩人正在逐一點
燃燈盞。

五代 莫146 北壁

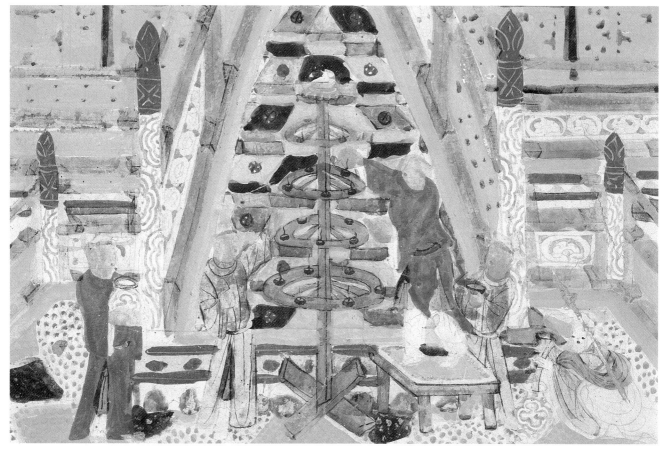

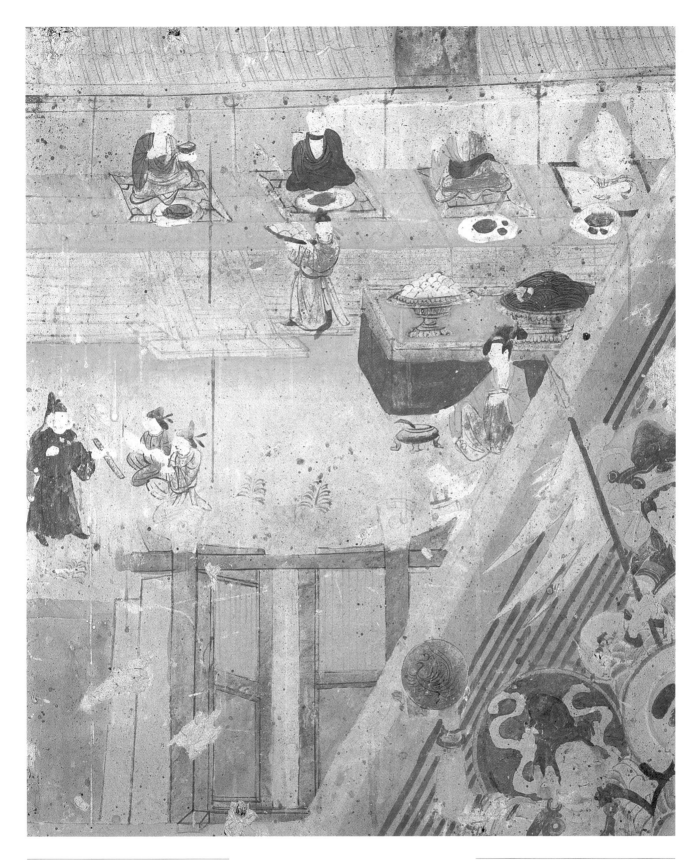

180　齋僧

這是寺院中舉辦的齋僧活動，供台上擺
着食物，左側一人手持經卷，另兩人向
經卷禮拜，反映了資糧供養和經供養。

中唐　莫236　東壁門

181　齋僧　　　　　　　　　見下頁 ▶

供台上左側有炊餅（饅頭），右側䭔餅
（環餅、饊子）。一信徒正端一盤炊餅
上供，婦人在三腳鐺內舀油燃燈。

中唐　莫236　東壁門

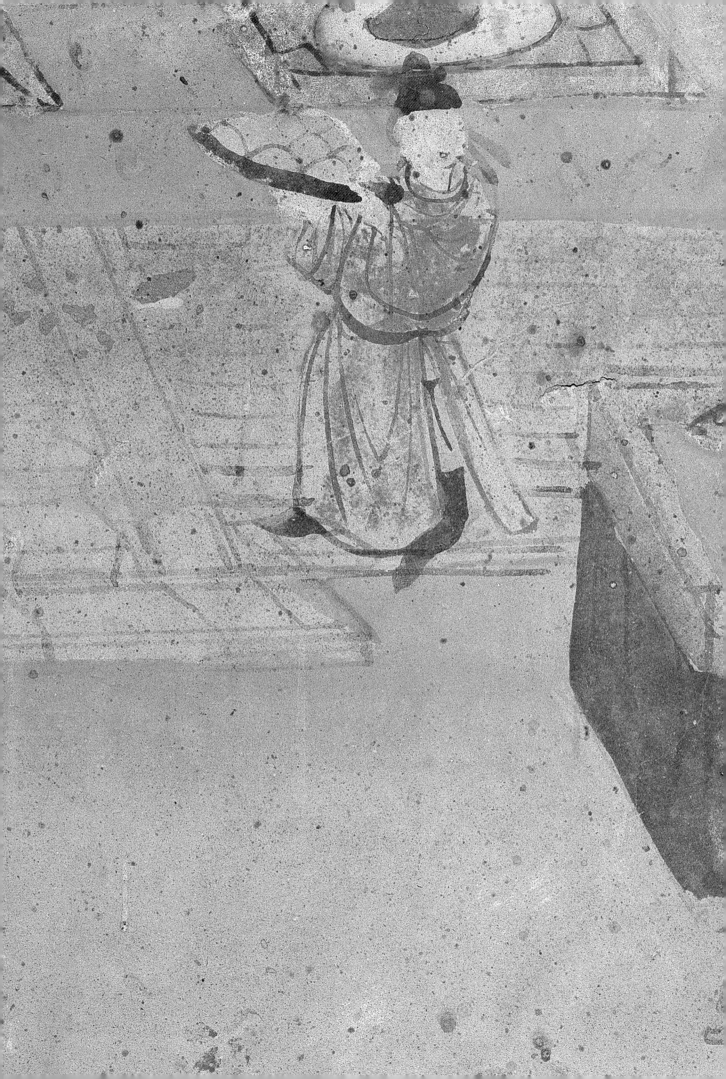

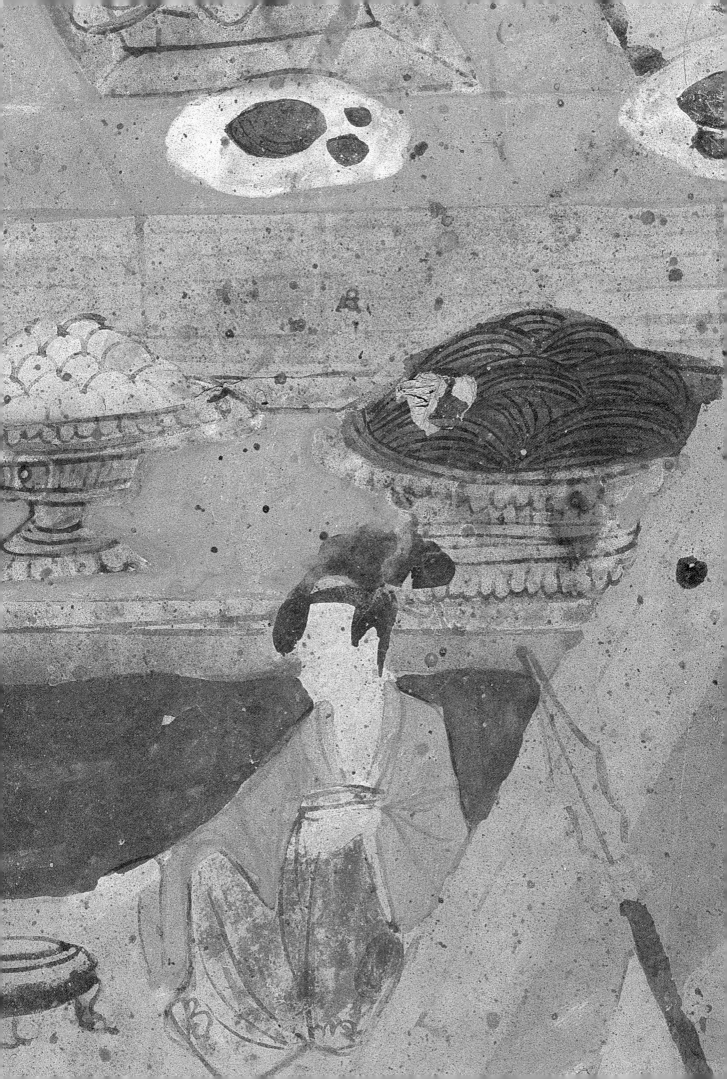

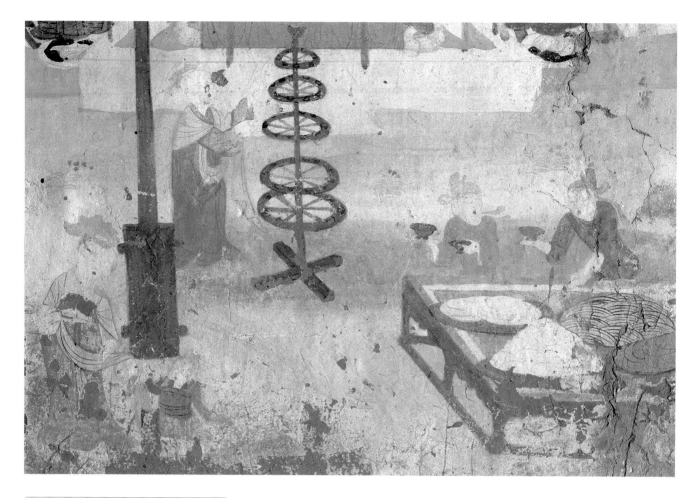

182　燃燈齋僧

左起：樹幢幡的杆子，一婦人正在燃
燈，兩名信徒端着油盞走向燈輪。供台
上放着四盤供品：左前炊餅，左後胡
餅，右前餢飳（油餅），右後䭔餅。

中唐　莫159　西龕

183　放生法會

寺院正舉辦放生法會，豎幢幡、立燈
輪、設供台，僧人正忙着佈置供品。
一隻隻放生的小鳥正從施主手中飛向天
空，一人合十胡跪於前面，一人雙手平
拱作揖於後。地上有一水壺，表示還放
生魚蟲之類；還有一隻羊，將施給寺
院。

晚唐　莫12　北壁

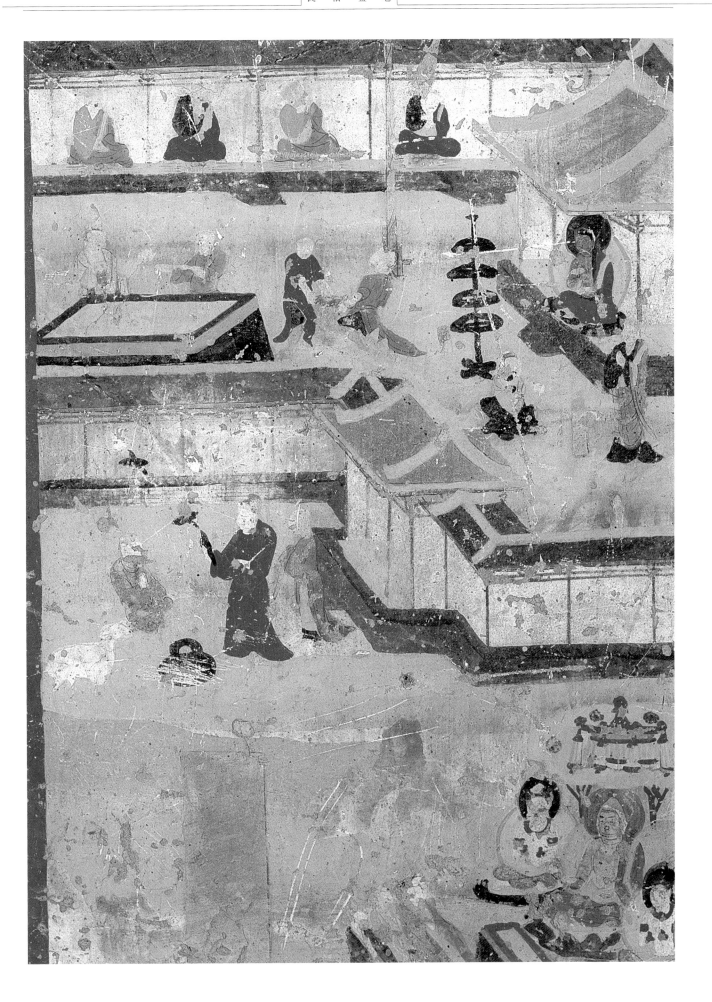

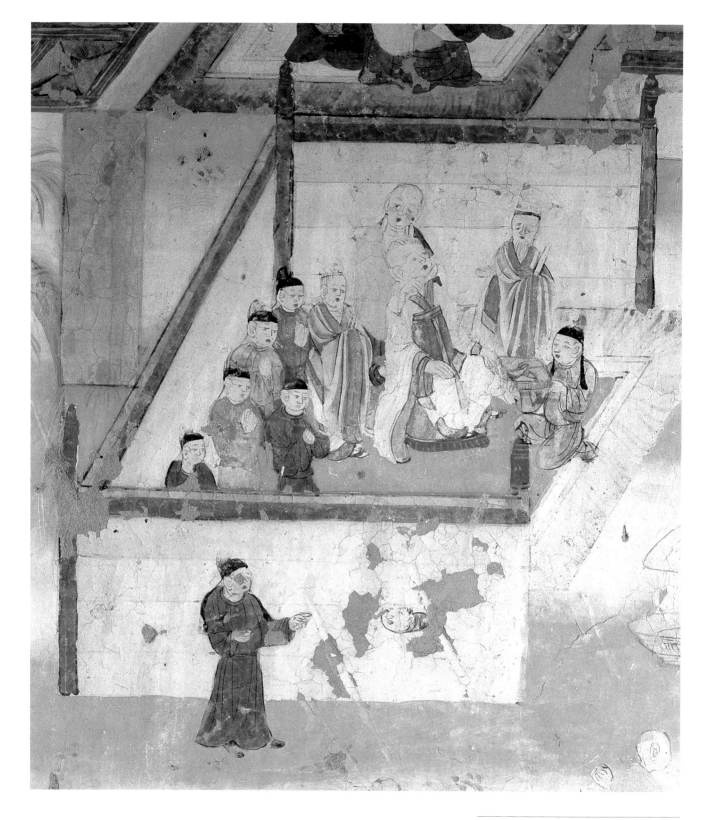

184 剃度

剃除頭髮，度人出家，把鬚髮剃掉表示
願斷除一切煩惱及習障。屏障內僧人正
為信徒剃度，前一人胡跪，雙手端盤接
髮。屏障外有一人在觀看剃度。旁邊的
頭像可能是未完成的畫面。

中唐 莫159 南壁

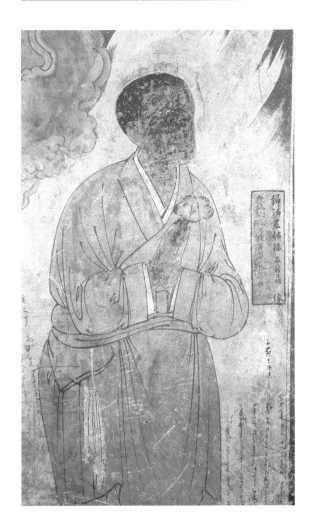

185 掃灑尼

此女尼年年月月在寺窟中清掃沙土，以此供養三寶。

元 莫61 甬道南壁

186 比丘日常用具

禪庵內以菩提樹為背景，繪出比丘的日常用具，右起：食鉢、小袋、淨水瓶、傘、濾水去蟲的漉水囊、水瓶、大袋。兩隻袋子內盛經卷、淨口用的楊枝、沐浴用的澡豆、替換的三衣、鋪在地上坐臥用的布、手巾、刀子、打火用的火燧、清理鼻毛的鑷子等等。

宋 莫443 北壁

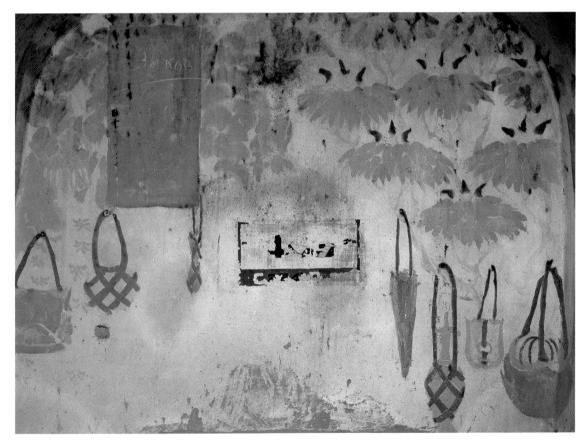

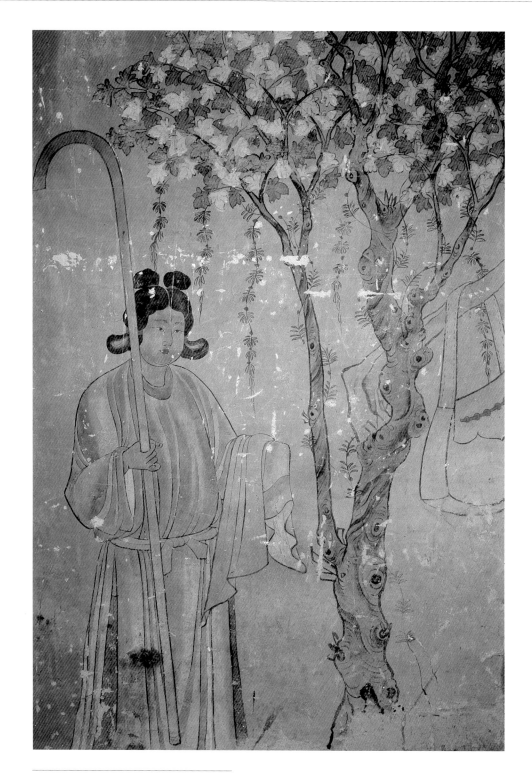

187　近事女

近事女指受持五戒之在家女子，又名優
婆夷、近住女，親近諸善法、諸善士、
諸佛法而承事之，可防身語之過，故稱
近事。該近事女梳雙丫髻，右手執杖，
左手持巾，其前面為晚唐敦煌高僧洪辯
和尚的塑像。
晚唐　莫17　北壁

第二節 自然神崇拜

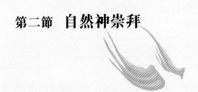

中國自原始社會以來，就盛行對自然界多神崇拜。自然崇拜是指對自然界的現象、事物所作出的原始解釋、崇拜和信仰等，其中以天體崇拜為主。在壁畫中把這種崇拜個性化，成為具有人形或人格化的神。

壁畫中的日月神，依其形態和內含的不同可分四種：

一、外來的日月神：

在西魏時期的第285窟壁畫中有一鋪日月神。日月神為菩薩形，日神乘馬車，月神模糊，可能是鵝車，相背奔馳，下有力士托車。這是西亞和中亞文化結合的產物。希臘古老的太陽神赫利俄斯就是每天乘雙輪四馬車出巡；阿富汗巴米羊石窟頂部殘存的日神，着男裝，正面站在輪車上，拉車的是兩匹翼馬；新疆龜茲石窟17窟的日神也坐馬車。中國在《楚辭》、《淮南子》中也有日車、月車的記載，但日車為六龍，可見西魏壁畫中的日月神是一種外來文化。馬車、鵝車是先民根據日月在空中不停運轉所產生的聯想，馬善於馳騁，天鵝則翩翩飛翔，二者均作相背奔馳之狀，表示日月永無休止地東升西落。

二、佛教的日天月天：

日天月天是佛教的護法神，是密教的十二天之一。日天又稱"寶意日天"，為觀音菩薩的化身，源於古印度太陽神蘇利耶。月天又名"寶吉祥天"，為勢至

菩薩的化身，源於古印度月神戰達羅。中晚唐以來，密教在敦煌地區傳播，壁畫中出現了密教尊像，在"千手缽文殊"像的上部就繪有日天月天，反映大日如來為了破除昏暗，猶如日月晃耀眾生。日天月天與早期日月神的形象有相似之處，均作菩薩像，但日天月天的是馬座、鵝座，突出了佛教的色彩。

三、中國傳統的日月神：

伏羲、女媧是中國神話中的創世神，創造天地，所以以伏羲女媧又是中國傳統的日月神。伏羲、女媧均人首蛇身，胸前有日月輪，日輪中有金烏，月輪中有蟾蜍，這就是中國早期的日月神。初民認為是飛翔的烏載着太陽在運轉，《山海經》說：古代十日並出，"皆載烏"。四川新都出土的漢代日月神羽人畫像磚，人首鳥身，腹部載日輪、月輪，這就是初民聯想的形象記錄。烏，又稱陽烏、三足烏、踆烏，被認為是太陽的精魂，這大約與遠古神話"十日並出"草木遇火化為焦黑有關。月中的蟾蜍來源於"嫦娥奔月"的故事，說嫦娥竊不死之藥，"托身於月，是為蟾蜍。"而月亮又名"太陰"，為女性象徵，蟾蜍因繁殖力強，以代表生育之神，故女媧又有禖神之說。漢代時又因白兔在西王母駕前搗製不死之藥，所以與蟾蜍同居月中。中國人還認為月中有桂樹，而印度人則認為月中有生命樹，其實都是初民

看到月亮上的斑點而引發的聯想。

四、佛教與中國傳說結合的日月神：

在第9窟 "維摩詰經變" 中，維摩詰以法力把須彌山和四天王等納入芥子中，又把四大海水和諸龍神納入一毛孔中。畫面上龍神以蛇身交尾纏繞在須彌山腰，緊接其下是六臂的阿修羅神，上兩手托日月，中兩手一持矩尺，一執香爐，這是中國伏羲女媧日月神與佛教內容相交融。在第14窟 "千缽文殊變" 中，佛教畫像出現中國傳統的日月神，二龍女蛇身交尾纏繞在須彌座腰，龍女身旁各有一金烏日神和蟾蜍、白兔月神，這仍然是吸收了伏羲女媧日月神的形象。在 "華嚴經變" 須彌山腰兩側各有一金烏日神和月天，金烏是中國日神的標幟，月神則是佛教月天形象，《俱舍論》記述：月輪中有月宮殿，由天銀與天青色琉璃造成，住着月天子及妃、天眾等。通過多種日月神形象，反映了漢文化的深厚基礎，以及對外來文化的兼容及佛教漢化的過程。

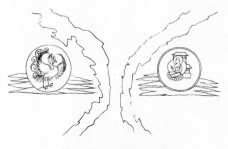

第9窟日神與月神

敦煌壁畫上的早期風神是外來的，西魏時期第249窟的風神是人獸合體，手擎高過頭部的長條形風袋，這是西亞和中亞的風神形象。中國早期風神見於河南南陽和山東武氏祠的漢畫像中，作乘車張口吹氣狀，莫高窟早期的風神很顯然是以外來形象作主體。中國傳統風神，又稱風伯，字飛廉，在《楚辭》、《周禮》中已有記載。唐代時，外來風神形象漢化，人形着漢裝，無風袋，懷抱大風囊，從囊口出風。北魏的龍門石窟賓陽中洞，其風神即持風囊。敦煌石窟出現在 "勞度叉鬥聖變" 中的風神，共有19鋪，完好的3鋪，表現舍利弗令風神施威，以狂風刮得勞度叉帷帳欲傾，魔女昏迷，最後取勝。風神均懷抱風囊，形象絕大多數為風伯，只有一鋪作風姨，風姨的變化是訛傳而來，《太公金匱》說："風伯名姨"，"姨" 本是風伯的名字，訛為風姨，唐以後女性化。佛教把風神稱風天，是千手觀音的眷屬。

雷神司打雷，又名雷公，雷師。南陽的漢代畫像磚有雷公車，三虎駕車，車上豎一鼓。自古以來雷與鼓相連，王充在《論衡》中記載了秦漢時雷神的形象："疊疊如連鼓之形，" 又畫一個像力士的人，稱為雷公，左手拿連鼓，右手推椎像敲擊，"其意以為雷聲隆隆者，連鼓相扣擊之意也。" 此後，雷神基本上以此為模，第329窟的雷神均人獸合體，為了構圖的美，連鼓圍成圓形，雷神在其中，手腳同時敲擊，仿佛隆隆之聲連續不斷。

電神，又名列缺，俗謂打閃。《神異經》說玉女投壺，天為之笑則閃電。第285窟所繪早期電神作人獸同體，雙手持鐵杵，用力往下砸，發出閃電，這是初民由鑽石取火引發的聯想。另外在莫高窟藏經洞出土的《電經》中亦有電神，以射箭代表閃電，由人獸同體變為唐代士人形象。

雨神，按《山海經》記載：名計蒙的神，住光山上，龍首人身，其出入必有飄風暴雨，這就是雨神。第285窟西魏壁畫中已有這種人獸合體的雨神，口中源源不斷地傾吐着條雨。唐代以來，隨着龍王信仰的傳播，龍王直接降雨，或是乘雲而至的菩薩。

中國古代水神稱河伯，名馮夷。“河伯娶婦”的故事廣為流傳，河伯的形狀或說人面魚身，更多的是作龍形。藏經洞出土的《敦煌錄》記載：敦煌城西有玉女泉，每年需以一對童男女祭水神，唐神龍年間（八世紀初），水神化為一龍，被刺史張孝嵩射殺。此故事情

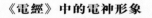

《電經》中的電神形象

節應是由“河伯娶婦”變來，但隻字未提河伯，故《雲麓漫鈔》說：自從佛教書入中土，有龍王之說而河伯無聞了。唐宋以來，河伯傳說衰微，代之而起的是龍王。佛教把龍王稱水天，本為古印度婆羅門教的天空之神、河川之主，有行雲佈雨的功能，所以龍王既是水神又是雨師。敦煌石窟的水神形象可分兩種：一種是龍在水中出沒，為“勞度叉鬥聖變”的鬥法之一，勞度叉化作龍，舍利弗化作金翅鳥，二者在水天之間搏鬥。另一種是人格化的龍王，身着朝服，作卿相之態，是漢化的龍王。

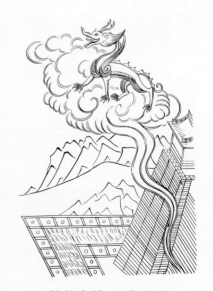

榆林窟第25窟雨神

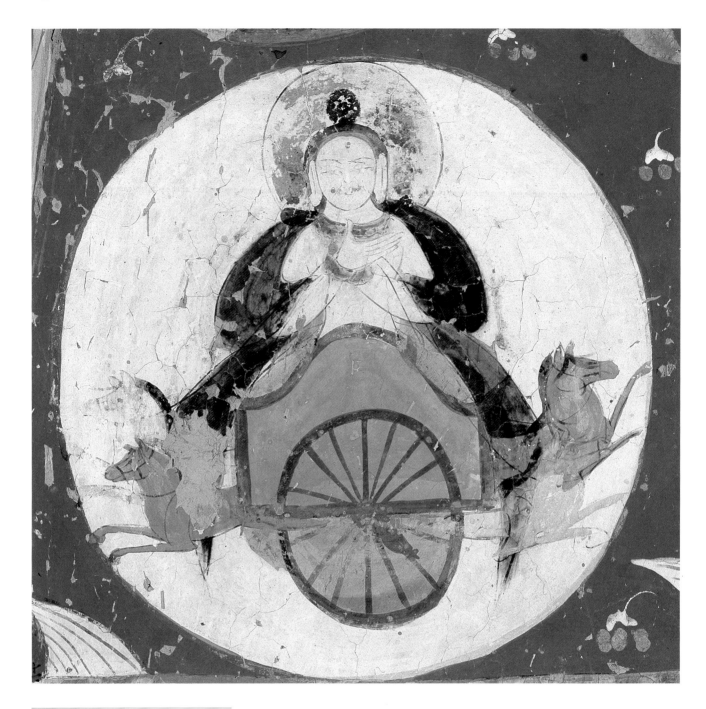

188 西方日神

日輪中日神端坐雙輪馬車上,束髻,有
項光,着菩薩裝,雙手合十。馬車兩側
各兩馬,相背奔馳,象徵太陽從東到
西,又從西回到東,往返無窮。

西魏 莫285 西壁南側

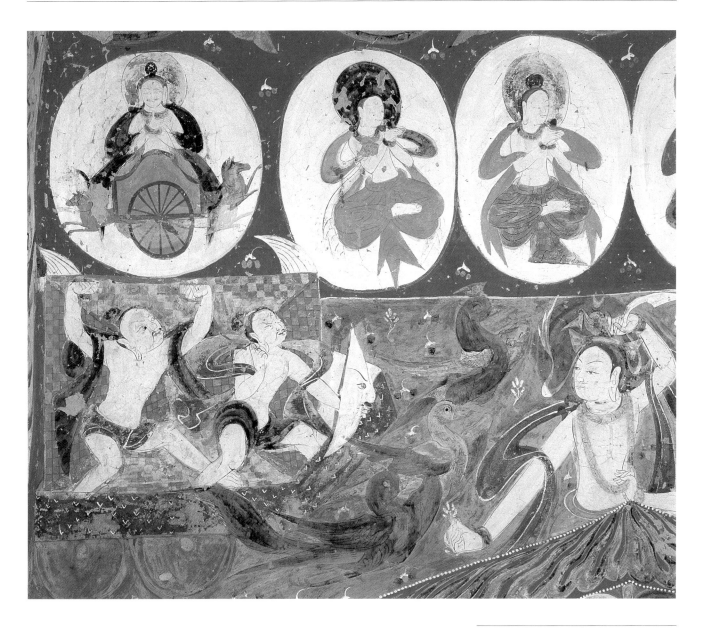

189 西方日神及眷屬

左上角為日神。下有二力士乘四輪三鳳
車，一力士雙手上托日車，一力士手執
頭盔。馬車、鳳車正奔馳，形象反映日
輪懸空不停運轉。其餘為日天眾，即日
神的眷屬。

西魏 莫285 西壁南側

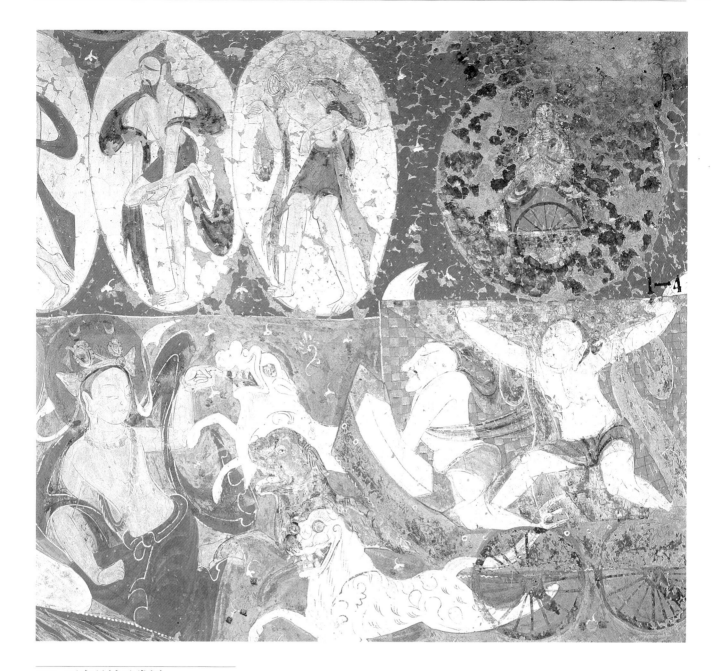

190 西方月神及眷屬

右上角為月神，乘鵝車（模糊）。下二
力士乘四輪三獅車，一力士雙手托月，
一持盾，人物與車均呈動態，以示月亮
在空中運轉。其餘為月天眾，即月神之
眷屬。

西魏 莫285 西壁北側

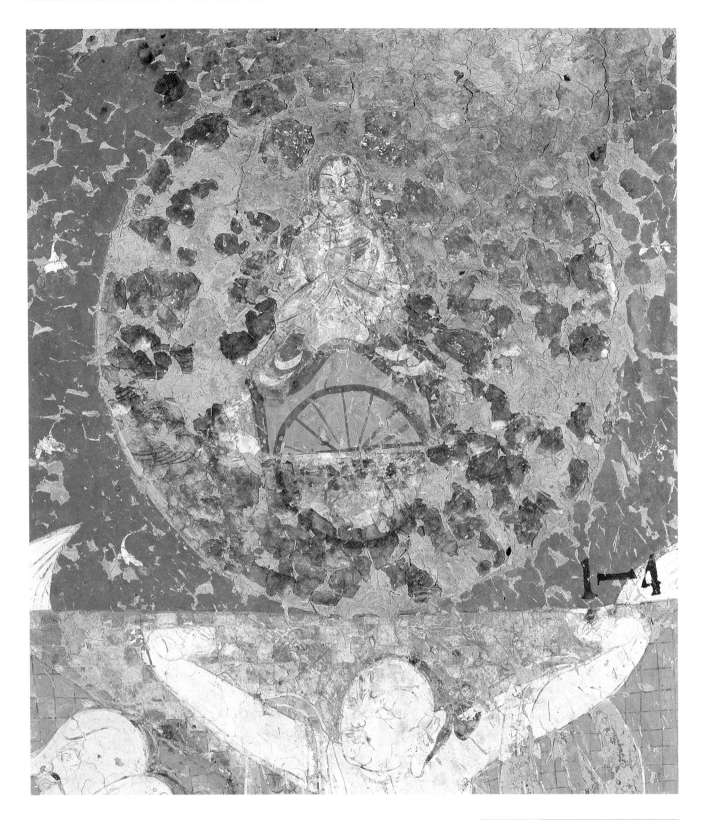

191　西方月神

月輪中月神端坐車中，着菩薩裝，雙手
合十。車兩側應各有兩天鵝，相背飛
翔，表示月亮運轉，惜畫面模糊。
西魏　莫285　西壁北側

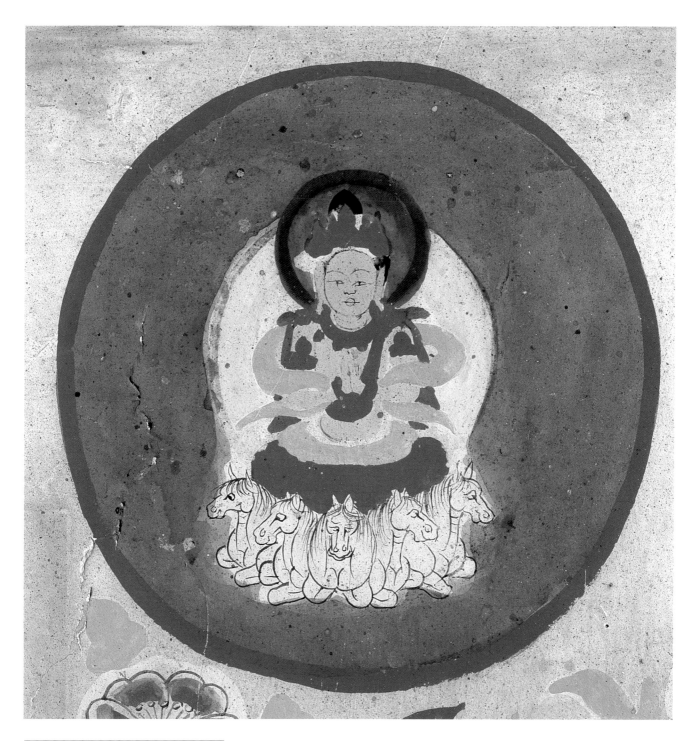

192 日天

日輪中菩薩戴佛冠，身上瓔珞飄帶，有
項光和背光，雙手合十，趺坐於五馬座
上。

晚唐 莫144 東壁門北側

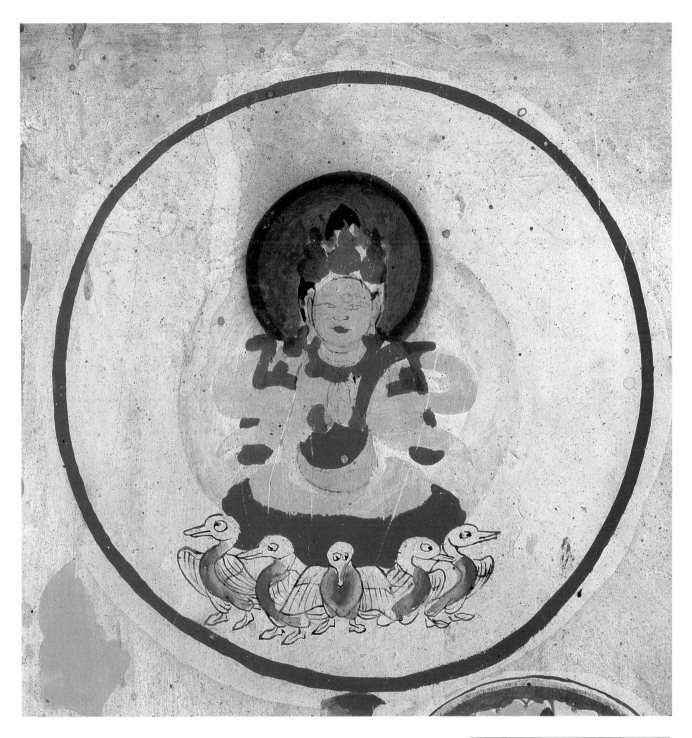

193 月天

月輪中菩薩趺坐於五鵝座上。

晚唐 莫144 東壁門北側

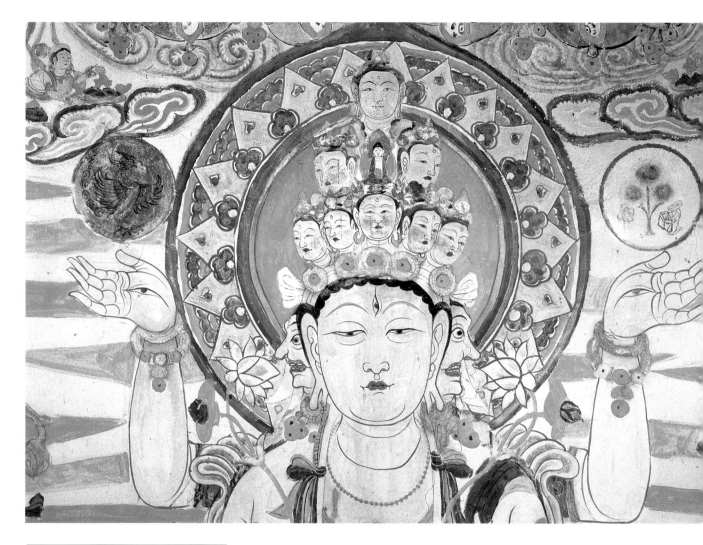

194　中國傳統的日月神

十一面觀音雙手托中國傳統的日月神，
右手托的是日神，內為三足烏；左手托
的是月神，桂樹居中，左側蟾蜍，右側
玉兔搗藥。

晚唐　莫76　北壁

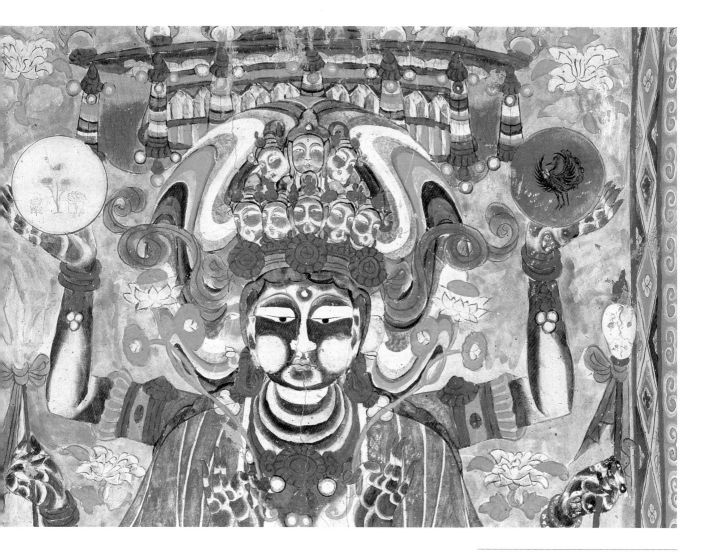

195 中國傳統的日月神

十一面觀音右手托月神，左手托日神，
均是中國傳統。如按中國陰陽五行之
說，應左手托日，右手托月。但敦煌壁
畫所見，哪隻手托日神或月神，無嚴格
規定。

五代 莫35 甬頂

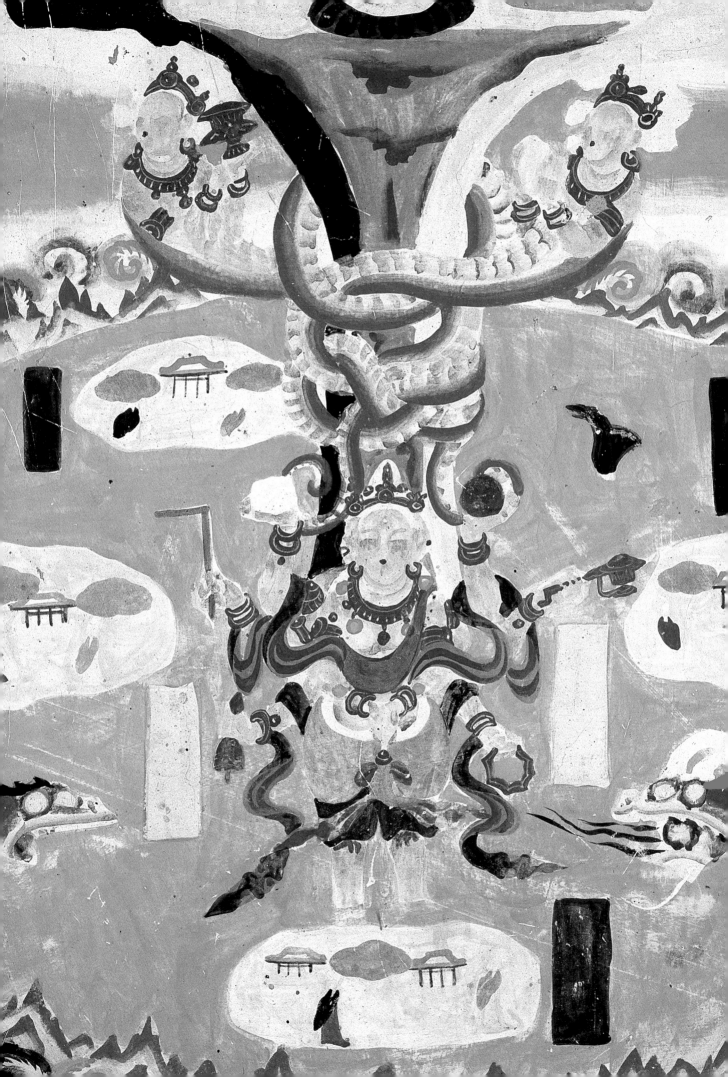

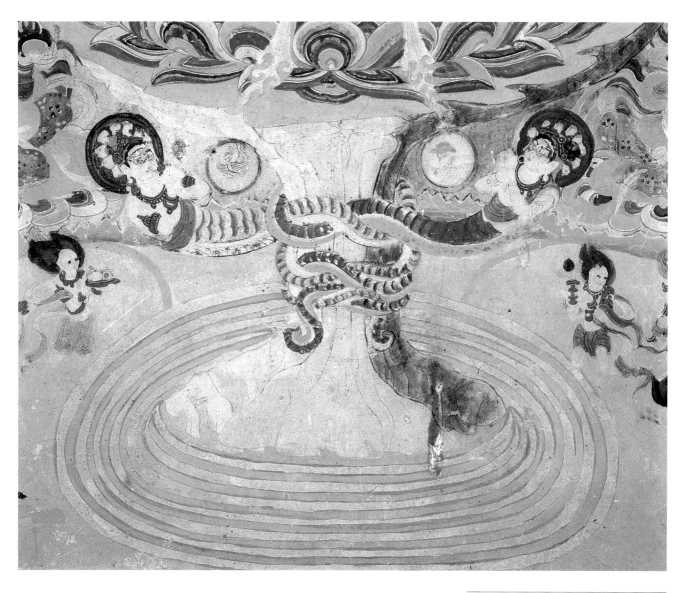

197 日月神

文殊菩薩所坐的須彌座，立於秘密金剛界蓮花胎藏世界海。二龍女交尾纏繞須彌座腰。龍女旁各有中國傳統的日月神，是中國傳統文化與佛教文化結合的產物。

晚唐 莫14 北壁

196 中外文化交融的日月神

正中為須彌山，上部是龍神，上身為菩薩，下半作蛇身，交尾纏繞須彌山腰。下部是阿修羅神，站在大海中，六臂，上兩手各托日月；中兩手右持矩尺，左執香爐；下兩手執法器。這是伏羲女媧日月神與佛教文化結合的產物。

晚唐 莫9 北壁

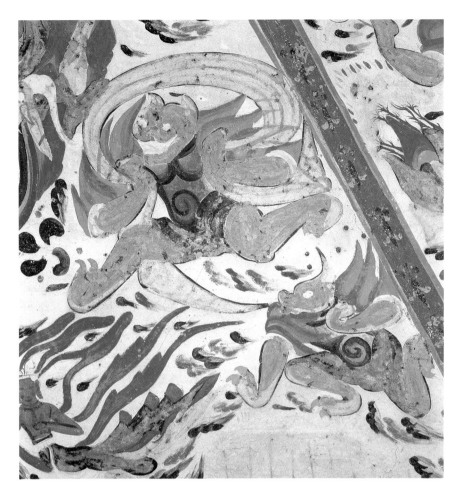

198 風神

上下兩尊風神，均為人獸合體，半裸。
上尊雙手擎風袋，飄揚頭上，作鼓風
狀，是犍陀羅藝術風格。下尊努嘴吹
風，與漢畫像的吹氣風神相似。

西魏 莫249 窟頂西坡

199 風神

風神高舉雙臂狂奔，獸頭獸身，臂生羽
翼。

初唐 莫329 龕頂

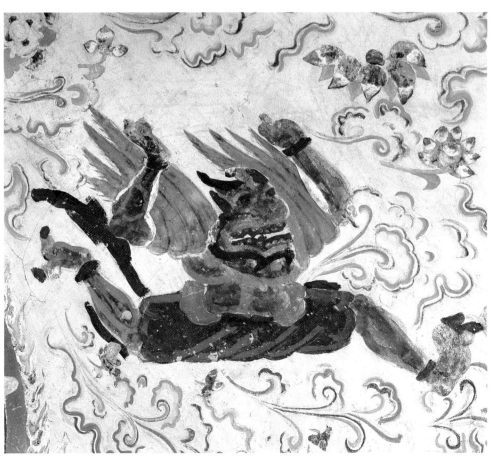

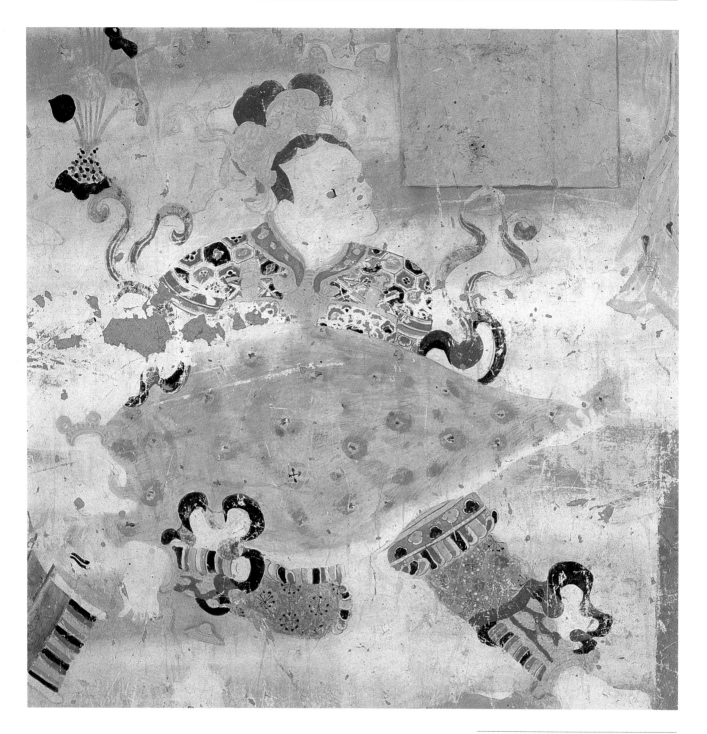

200　風姨

風姨束高髻、戴冠，身着花鎧裝，瓔珞
飄曳，跣足，懷抱花風囊奔行。

晚唐　莫9　南壁

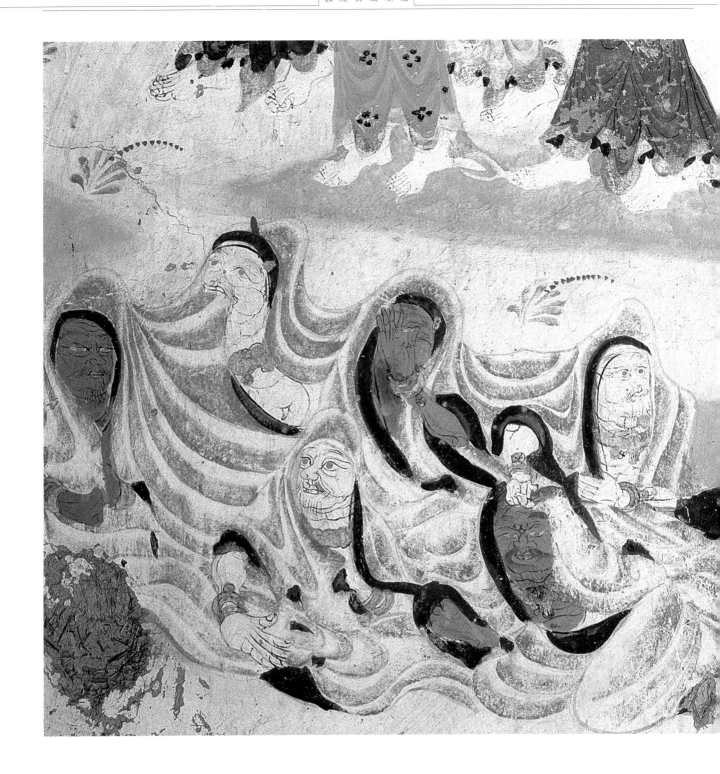

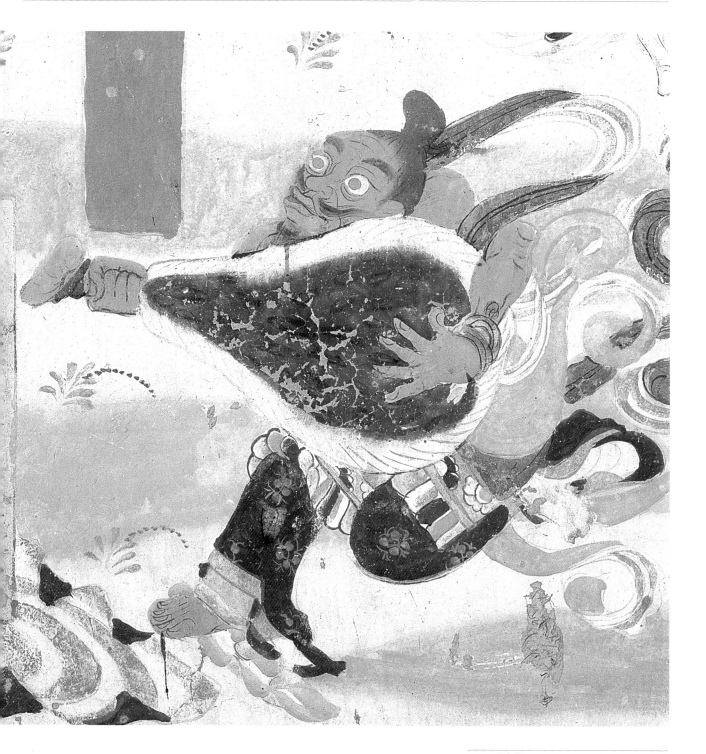

201 風伯

風伯懷抱大風囊,跣足奔跑,全部飄帶
上揚,有一種風馳電掣的動態感。圓睜
的雙眼,上翹的鬍子,一方面表示他對
外道妖魔的憤怒,另一方面反映他正在
用力鼓風。風伯的左側是一羣魔女,勞
度叉本擬妖惑舍利弗,但在佛法面前全
變成醜陋的老太婆,被狂風吹得無處躲
藏,狼狽不堪。

五代 莫146 西壁

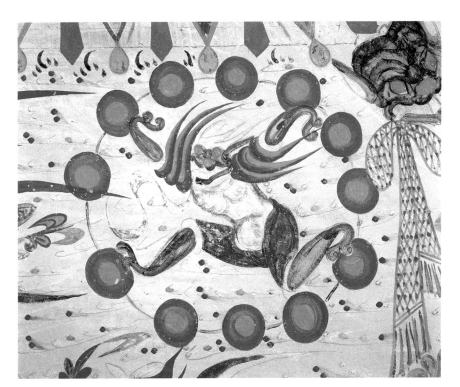

202 雷神

各鼓連成一圈，謂之連鼓。人獸合體的
雷神手腳同時敲擊，騰空飛躍。

西魏 莫285 窟頂西坡

203 雷神

與早期雷神構圖相似，但畫工的技藝更
精，鼓呈立體感，還繪出連鼓不斷的響
聲，使隆隆之音彷彿可聞。

初唐 莫329 西壁龕頂

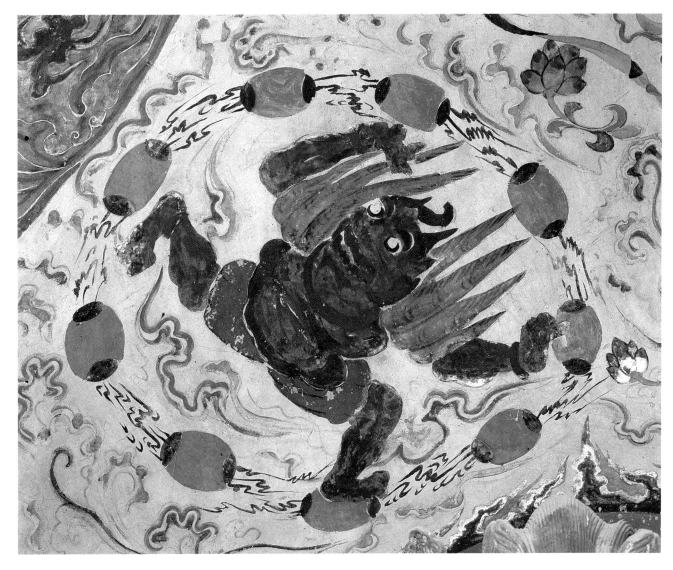

204 電神

人獸合體的電神單腿站立，作弓形，雙手持尖頭鐵杵，呈現全力猛擊之態，使發生閃電。

西魏 莫285 窟頂北坡

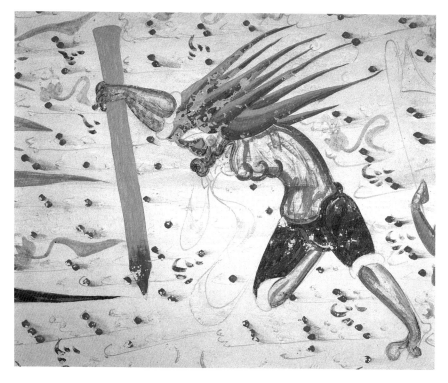

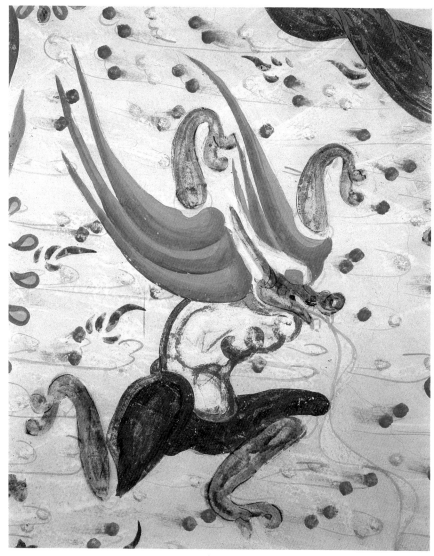

205 雨神

雨神名計蒙，龍首、龍爪、人身，有雙翅，在空中邊飛行邊向人間降雨。

西魏 莫285 窟頂西坡

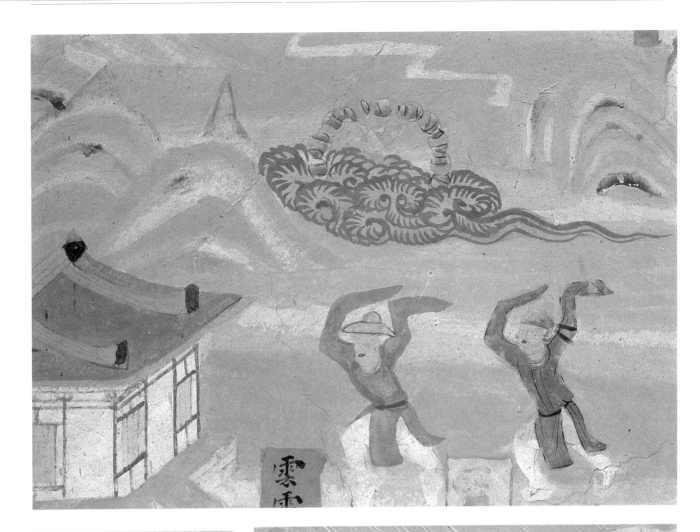

206 雷雨神

天空中雨神佈雲，傾瀉大雨；雷神相
隨，雷鼓大作。地面眾生以袖遮頭，奔
到屋中避雨。

五代 莫98 南壁

207 水神

在一望無垠、煙波浩渺的水空上，水神
——一條四爪龍正與追趕來的金翅鳥作
殊死搏鬥。

晚唐 莫9 南壁

第三節　偶像崇拜

　　偶像源於萬物有靈的概念和圖騰崇拜，是初民將所寄託的情感，包括愛與恨、敬與畏、祈求與被除典型化的形象。

　　伏羲、女媧是中國最古老、流傳最廣的神話形象之一，他們既是日月神，又是創世神和民族英雄。據傳說，伏羲、女媧姓風，人首蛇身。伏羲是雷神之子，又稱太昊、庖犧氏，他仰觀天象，始畫八卦；結繩為網，教民漁獵；犧牲熟食，以供庖廚；始制嫁娶，以儷皮為禮。持矩。女媧，傳說中的古帝，煉石補天，摶土造人，是生育的禖神。一說與伏羲是兄妹為婚，繁衍人類。拿着規。

　　漢代的畫像、帛畫、壁畫中已有伏羲女媧的人首蛇身像，或相互交尾，或相向而立。確切地說伏羲是龍身，《魯靈光殿賦》說：“伏羲麟身，女媧蛇軀。”漢武梁祠石刻的榜題說伏羲是青龍。古代認為蛇是龍的原型，龍是蛇的神性顯示，所以說人首蛇身應是華夏民族龍圖騰的象徵。雌雄交配的狀態表現對生育的信仰。手拿規矩，代表創造萬物，可以規天矩地，古人認為天圓地方，“無規矩不足以成方圓”。祖先信仰和生育信仰是伏羲、女媧神話的主旋律。

　　三皇信仰盛行於魏晉，敦煌石窟西魏時出現兩處《三皇圖》。三皇，指傳說中的上古三帝王，其說不一，或以燧人、伏羲、神農；或以伏羲、神農、祝融；或以伏羲、女媧、神農等。西漢末，隨劉歆三統（天統、地統、人統）之說，新三皇之名才確定，就是天皇、地皇、人皇。是君臣之始，教化之先。《始學篇》說：“天地立，有天皇十三頭，號曰天靈，治萬八千歲。”“地皇十一頭，治八千歲。”“人皇九頭，兄弟各三百歲，依山川土地之勢財度為九州。”《春秋緯》把人皇九頭的解釋理性化，說人皇的九頭代表兄弟九人，恰與古代中國設置的九州一致，各為九州之長。

　　三皇圖形是人獸合體，《拾遺記》記載：西晉泰始元年（公元265年），有頻斯國人來朝，說國內有大石窟，可容萬人坐，“壁上刻為三皇之像：天皇十三頭，地皇十一頭，人皇九頭，皆龍身。”後來朝廷以車馬珍服送頻斯國使“出關”，依此看來，頻斯國當在西域，可見三皇信仰披流西境。三皇信仰除了含創世神話及祖先崇拜外，還有祈福禳災之功，《抱朴子·遐覽》：道書之重者，莫過於三皇文，“家有三皇文，辟邪惡鬼、瘟疫氣、橫殃飛禍”，還可以治病、賜福。

　　偶像崇拜的神話，往往變為與歷史傳承有關，這就是神話的歷史化現象。

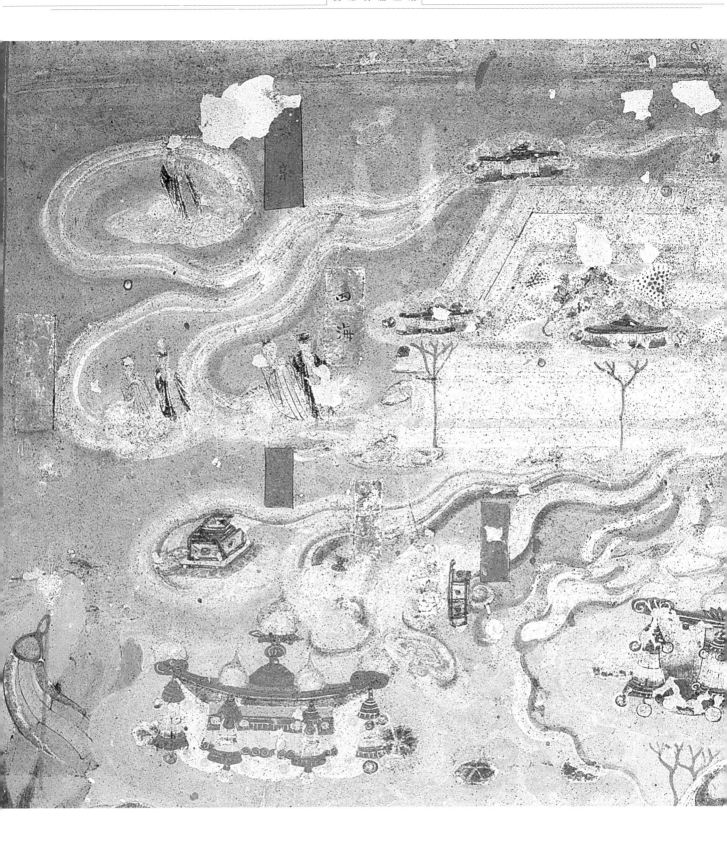

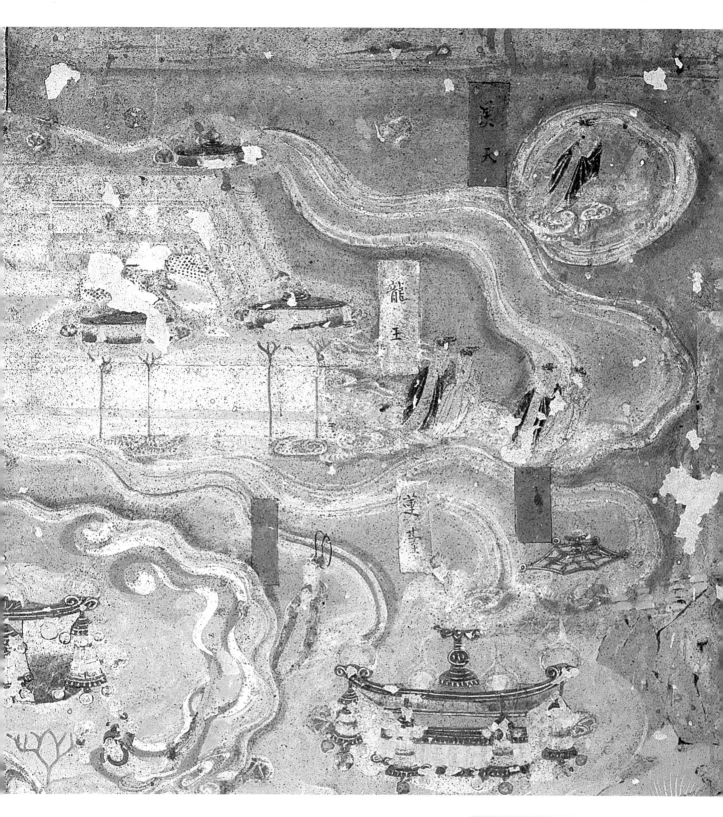

208 玉帝 昊天 四海龍王

晚唐 莫141 北壁

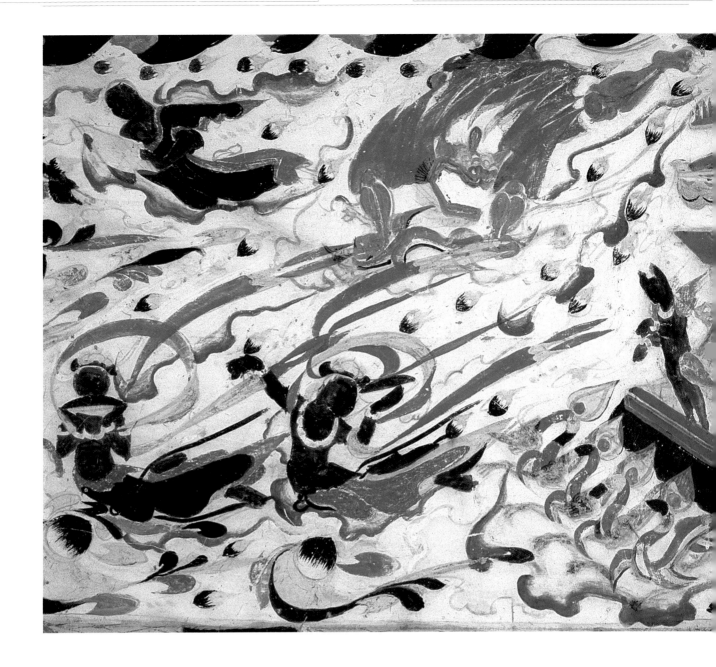

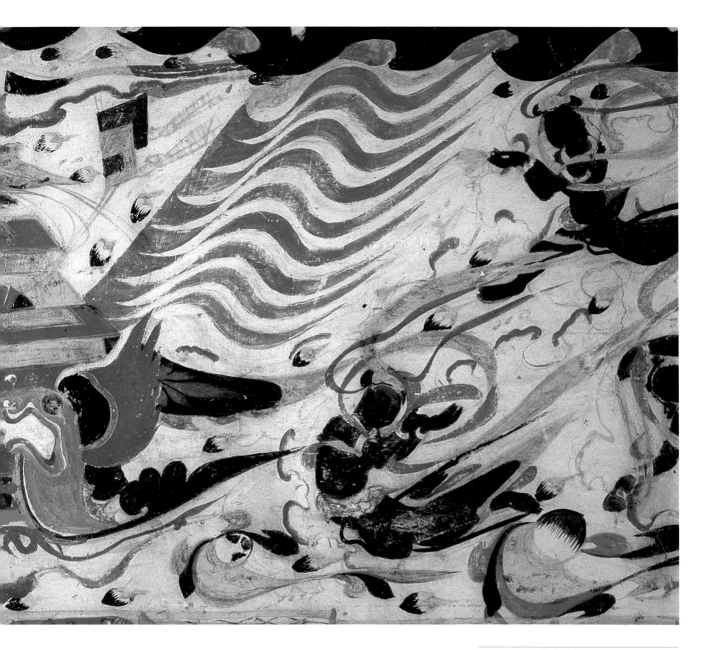

209　東王公出行

傳説中東王公是居住在東方扶桑國的大
帝，以紫雲為蓋，青雲為城，統轄着眾
仙人。東王公出行時“驅駕羣龍，窮觀
天域”。一説此為佛教中的帝釋天。
隋　莫305　窟頂北坡

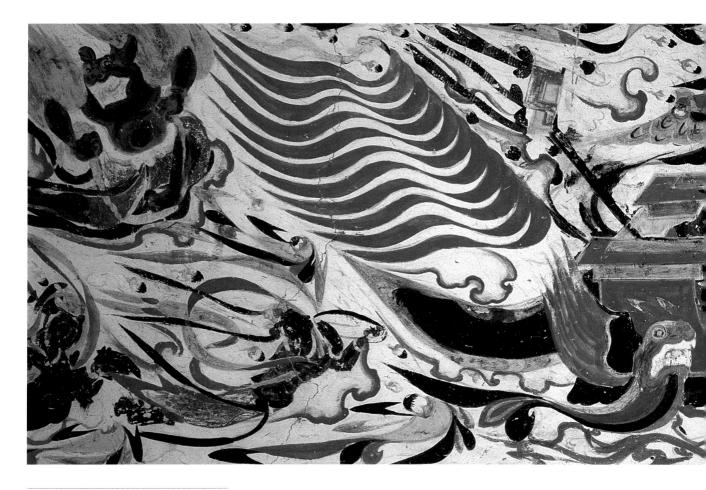

210 西王母出行

相傳西王母是居住在昆侖山的女神,對
中原的周天子十分友善,以致周天子樂
而忘歸。西王母出行駕鳳輦,車頂懸華
蓋,車後樹旌旗,車前站着長耳仙人。
一說為帝釋天妃。

隋 莫305 窟頂南坡

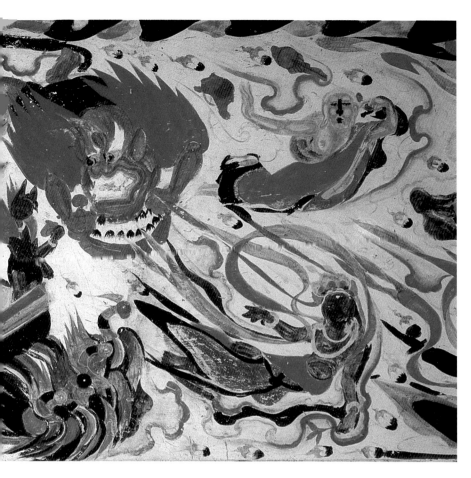

211 龍王

敦煌乾旱，故崇拜水神，在神國世界中
加繪四海龍王，為唐代官員形象，站在
雲端。

晚唐 莫141 北壁

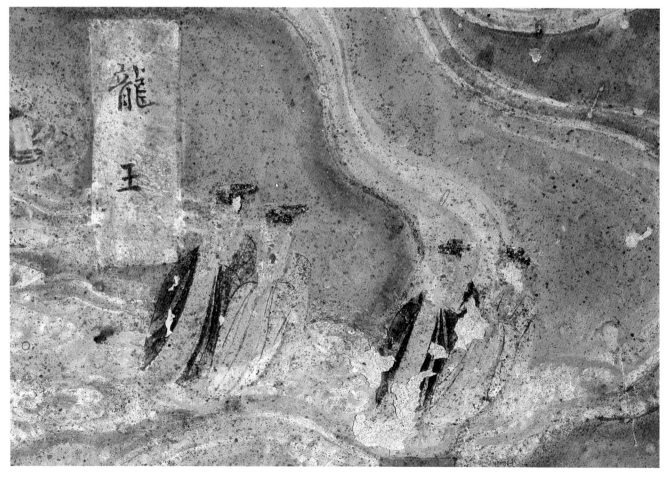

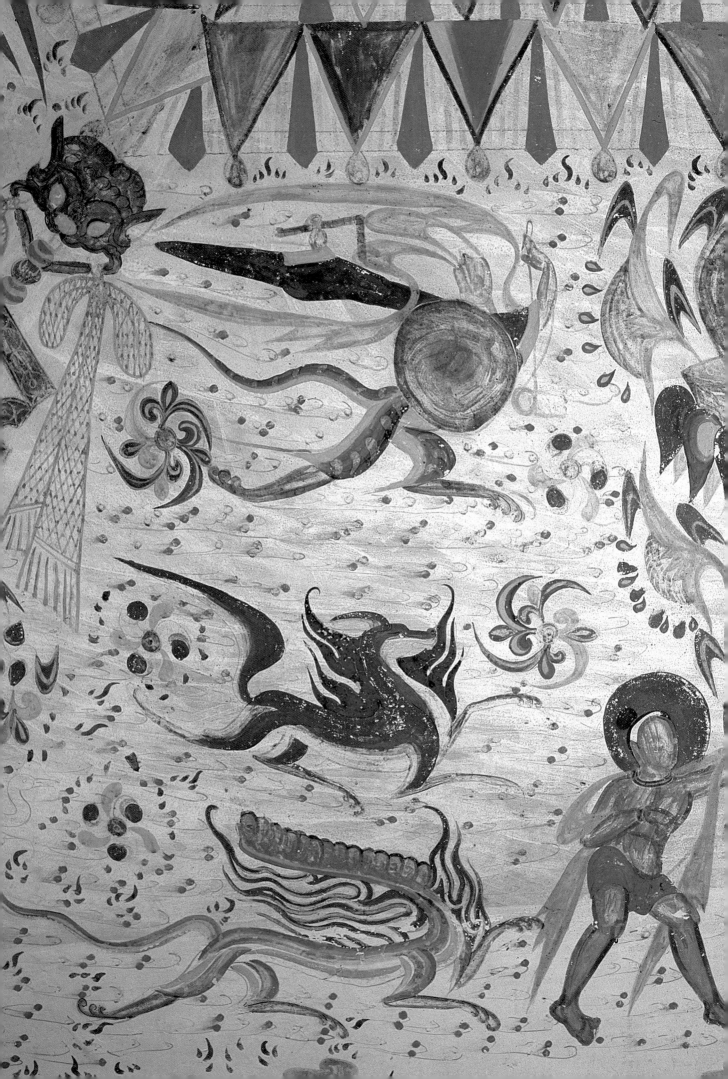

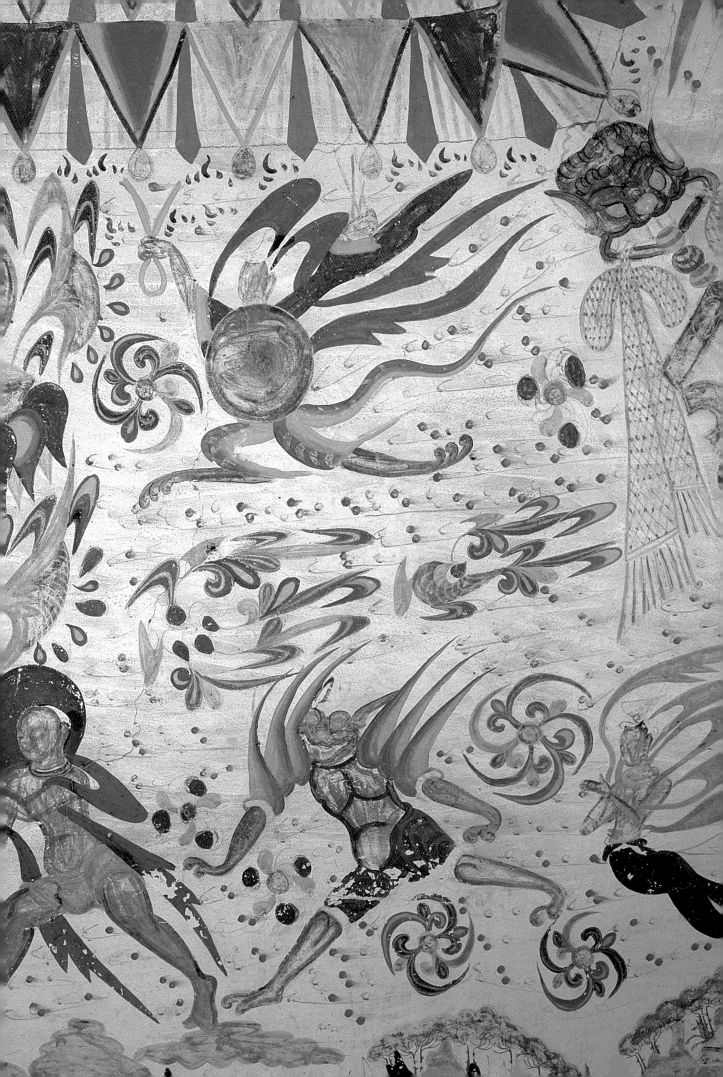

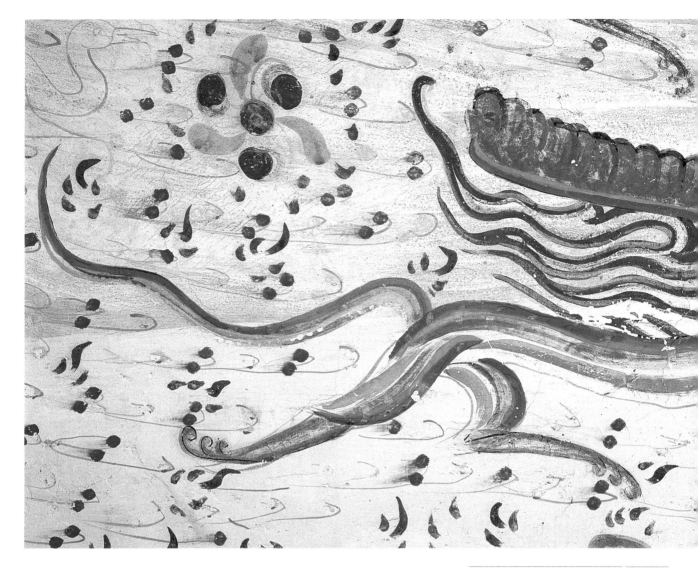

213 天皇

天皇人首龍身，本應13頭，畫面作14
頭，以文獻記載及同時期的第249窟的天
皇證之，恐是畫工的誤筆。
西魏 莫285 窟頂東坡

212 伏羲女媧　　　◀見上頁

伏羲女媧是原始崇拜中的大神，相傳為
人首而蛇身，伏羲胸前為日輪，手執
矩，女媧胸前為月輪，手執規。
西魏 莫285 窟頂東坡

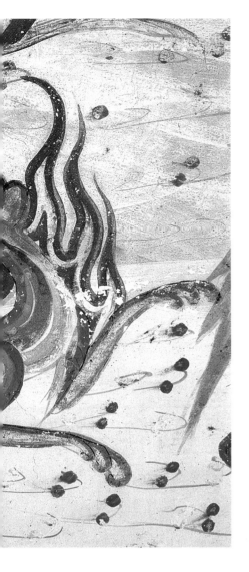

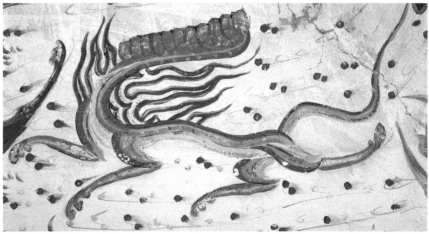

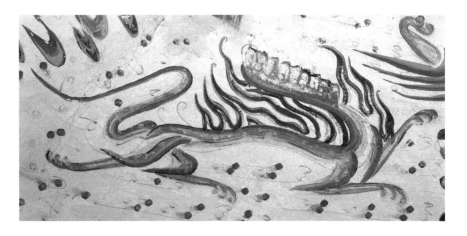

214 地皇

地皇人首龍身，11頭。

西魏 莫285 窟頂東坡

215 人皇

人皇人首龍身，9頭。

西魏 莫285 窟頂東坡

第四節　巫術

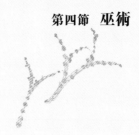

　　巫術起源於原始社會早期，商、周以後，巫由通神、事神、降神、娛神，演變為史官、卜官和禮官，漢魏以來，流行於民間，並成為一種行業，出現了以此謀生的巫覡。巫師女曰巫，男曰覡，是巫術活動的表演者和執行者，巫術活動包括崇信巫鬼、講究禁忌、進行占卜等各種避免厄運影響於自身的行為，還有招致幸運、保佑平安的護身符，避邪物的使用，以及祭奠歌謠、敬神辭令、祈禳咒語的使用等等。

　　佛教反對和排斥巫術，但巫術又廣泛流行於眾生之中，從維護佛教利益出發，一方面需要反映巫術活動，另一方面告誡信徒不能相信巫術。巫術畫面主要出現在"藥師經變"的"九橫死"中，唐代玄奘譯的《藥師琉璃光如來本願功德經》說："得病者若信世間邪魔外道、妖孽之師，妄說禍福，便生恐動，心不自正，卜問覓禍，殺種種眾生，解奏神明，呼諸魍魎，請乞福佑，欲冀延年，終不能得。愚癡迷惑，信邪倒見，遂令橫死，入於地獄，無有出期。"對巫術直接批判，把巫術定為邪門歪道。

　　其次出現在《祇園圖記》"勞度叉鬥聖變"中，第9窟從右向左一列圖畫是表現須達一行尋地買園的過程，其中就有巫覡賽神的場面，賽神即酬神。酬神有兩重含義：一是出發尋地，祈求護佑路途平安。二是求神問卜，尋求園地的方位。這些在原經文中無記載，但畫師汲取了現實生活的營養，晚唐時歸義軍衙府的官吏外出辦事，隨身都帶上賽神的畫紙，沿路祈賽。

　　個別畫面出現在密宗的"十一面觀音"中，反映法師誦咒作法的情景。

　　在敦煌壁畫中，巫術有以下幾種形式：

　　一、巫術醫療：中國春秋時便有"鄉立巫醫"之制。因為巫可以通神，稱之為"神巫"，可以憑藉神力除病。第12窟、第76窟的壁畫表現了巫術醫療有兩種方式，一種是通過巫術特有的一套儀式，設神壇，由巫覡歌舞，俗稱"跳神"，民間稱這種治療方式為"撩病"。另一種通過念經、祝咒驅除病魔。不論哪一種，往往還輔以藥物治療。

　　二、巫術驅鬼：巫術治鬼，是試圖用一種獨特的方式去控制各種可怕的力量，這不僅是普遍運用的巫術功能，而且是人們根深蒂固的信念。在原始的思維邏輯中，人之所以有各種災難疾病，不能完全平安地生活，主要是由於鬼靈作祟，因而驅鬼除邪便成為生活中的大事。驅鬼的方式多種多樣，但總體來看不外乎兩類，一類是祭鬼，以祓禳之法進行；另一類是驅鬼，用法術、符咒鎮壓逐除，如第468窟所繪。前者在古代還納入祭禮，帶有祈禱性質，通過祭祀，以供品或相應的器物送鬼；後者是對惡鬼而言，通過巫術去制服它。這是人類樹立信心的表現，向鬼宣戰，與之格鬥，並獲得勝利。

　　三、巫術祈賽：通過巫術的一定儀式和程序，設法與鬼靈力量和解，賽神祈佑。當天災人禍降臨，或遇到有危險的事情，或碰到各種困難時，人無能為力，而又希望得到平安與幸福，於是求助於神力庇護。在敦煌最常見的是外出行人的祈賽，自然條件的惡劣，加上經常發生的掠奪、搶殺，行人只得沿路祈賽，在寺廟、在可能有危險的處所，用事先準備好的物品賽神。《敦煌錄》記載：漢代名將李廣利"廟在路旁，久廢，但有積石駝馬，行人祈福之所。"正規的祈賽，則需在一定的場地設壇，巫覡以歌舞請神、接神、禱神，最後送神。

歌舞是巫術活動的特色之一，《靈異記》敘述一次巫術活動："於檻外結壇場，致酒脯，呼嘯歌舞，彈胡琴。"在敦煌壁畫中，巫舞有女巫抱琵琶獨舞；女巫抱琵琶歌唱，男覡和樂而舞；男覡作法，一旁有專人集體歌舞。壁畫中抱琵琶的多為女巫，亦有男覡。唐代詩人王建在《賽神曲》中寫道："男抱琵琶女作舞，主人再拜聽神語。"

莫高窟第358窟"藥師經變"壁畫中繪有賽神的紙馬之俗：在神壇上立一馬，上騎一人身獸頭的神，此馬即是賽神用的紙馬。《天香樓偶得‧馬宁寓用》記載："俗於紙上畫神像，塗以彩色，祭賽既畢則焚化，謂之甲馬。以此紙為神所憑依，似乎馬也然。"《蚓庵瑣語》也說："世俗祭祀必焚紙錢甲馬……昔時畫神像於紙，皆有馬，以為乘騎之用，故曰紙馬也。"可知賽神時在紙上畫神像及馬，在祭祀、祈賽開始時就供上，結束時則焚化。

紙馬之俗不但巫術用，其他世俗祭賽也用，在敦煌出土有祈祭地獄十王的齋文，文中寫道："瓊花供三德之尊，紙墨獻十王之號。是時也，金鞍玉鐙隨馬雕裝。"可見祈祭十王時也用紙馬之獻。此風盛行於唐宋，甚至外出行旅也隨身攜帶紙馬，唐代詩人王昌齡有一次舟行至馬當山，遇大風，舟人說：貴賤至此，皆合謁廟，以祈風水之安。王昌齡即使人把事先準備好的酒脯紙馬獻於大王，還即興作詩一首：

"青驄一匹崑崙牽，
奉上大王不取錢。
直為猛風波裏驟，
莫怪昌齡不下船。"

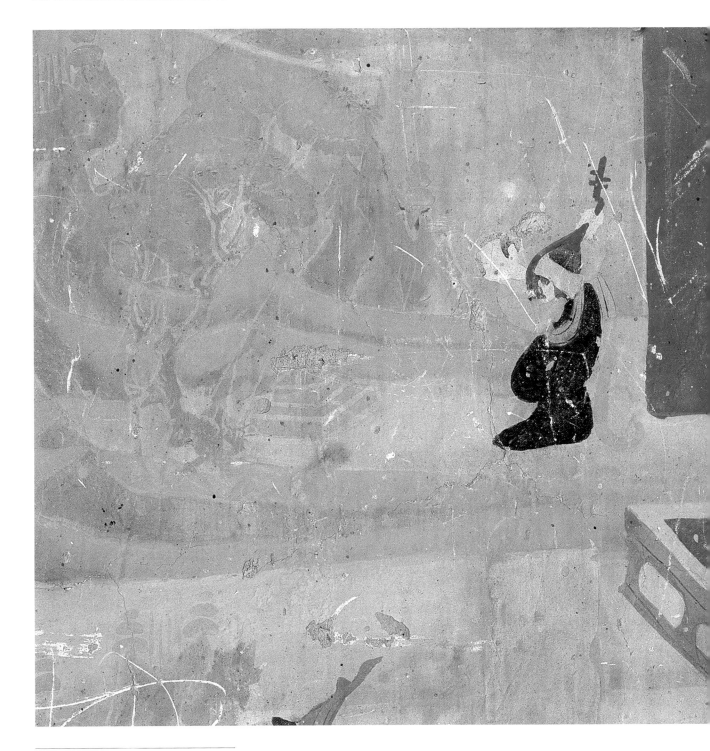

216 賽神治病

右下角是躺在床上的病人，為了接受巫
醫的治療，妻子攙扶着他。左側設神
壇，覡師抱曲項琵琶歌舞。

晚唐 莫12 北壁

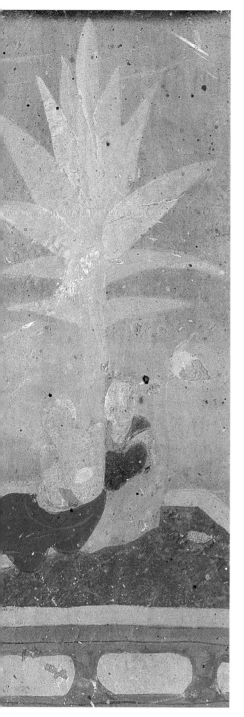

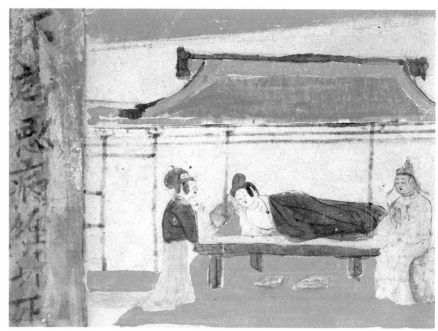

217　巫醫治病

病人臥床上，女巫站在床頭，女巫上襦
下裙，雙手合十，手中捧着東西。男覡
坐床前，戴幞頭，着袍服，雙手合十，
與女巫配合或禱祝，或作咒，或念經，
亦為巫醫治病的方式之一。

宋　莫76　北壁

218　外道治病　　　　　見下頁 ▶

坐在後面地上的外道，正在得意地宣講
其道術；另一個坐者是病人，一旁放有
藥包。站着的人雙手合十，表示一心只
信正道，不上當受惑。

唐　莫76　北壁

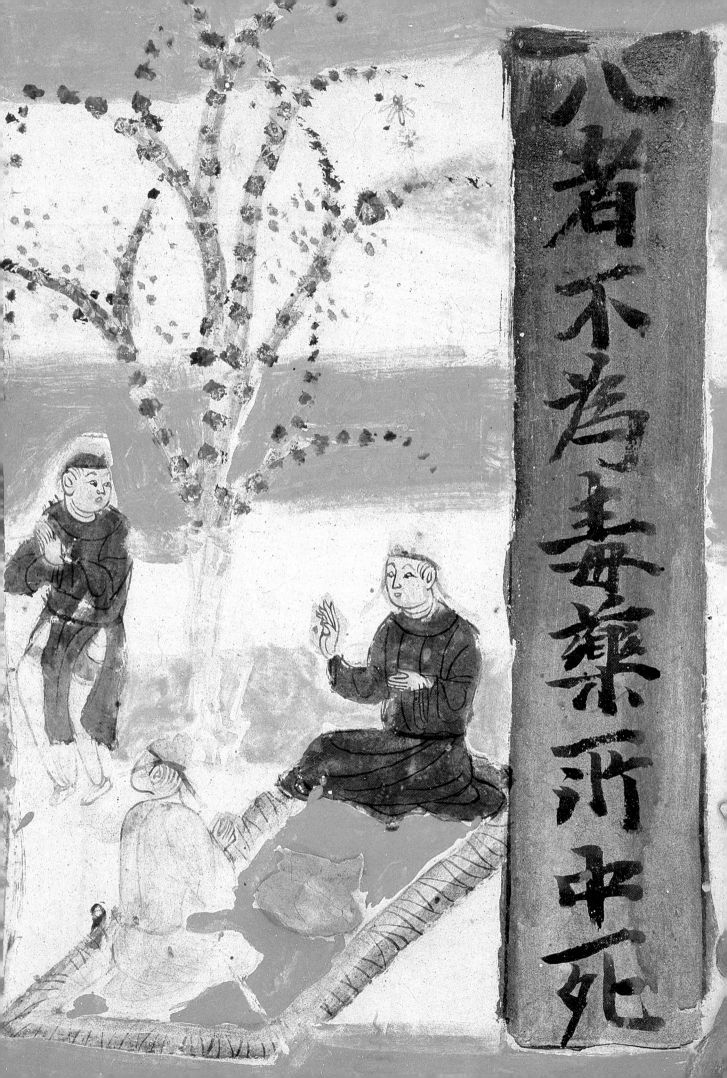

或不為毒藥所中死

219 祓禳驅鬼

畫面分三部分，從上至下：床上的病
人。女巫水邊祓禳，鑊下火焰熊熊燃
燒，左側女巫梳高髻、着襦裙，跪向水
中，左手上揚，邊動作邊禱祝；右側女
巫跪在有玻璃罩的燈旁，懷中揣有一帶
柄的拍板類道具。火與燈代表光明，剋
制邪惡，是祓禳常用之物。她們的面前
是一灣池水，這是古代水邊祓禊的遺
風。最下是驅鬼，右側是一頭髮直豎、
齜口胥的惡鬼，全身赤裸，披　紗，正
要害一小孩。左側床上的法師即施法
術，寫符咒，惡鬼受威懾，轉身逃跑。
中唐 莫 468 北壁

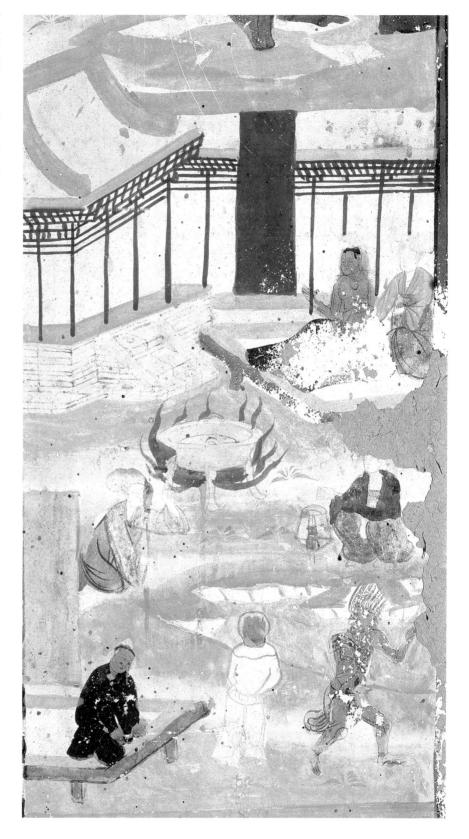

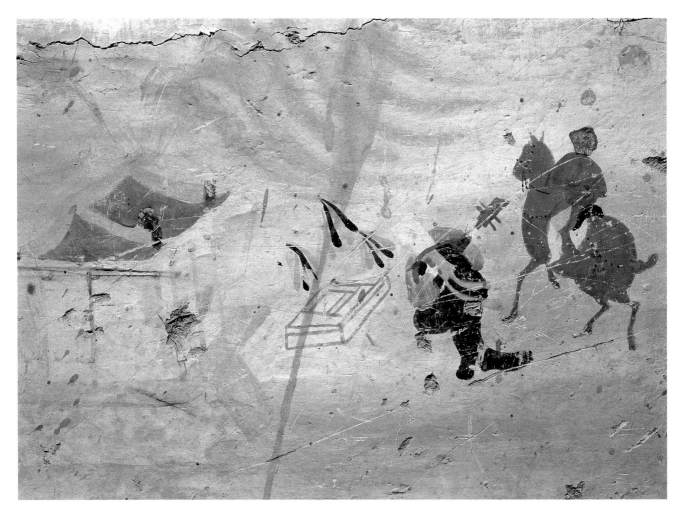

220 巫術祈賽

為了尋找供養釋迦的理想境地，一行人
將外出尋地買園，出發時通過女巫賽
神，祈求路途平安。女巫懷抱琵琶，在
神壇前又唱又跳，騎馬的是使者。
晚唐 莫9 南壁

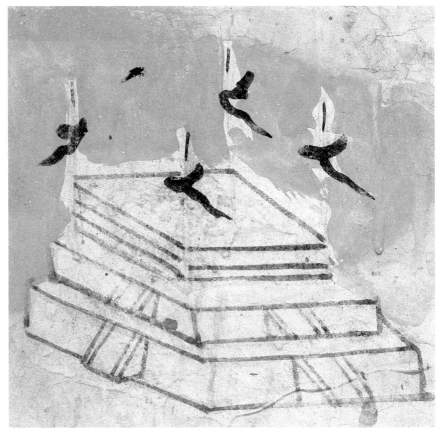

221 神壇

巫術作法必設壇，壇有三階，壇上四角
立柱，上繫飄帶，或豎幡。壇是巫與神
相交通的聖地。
五代 莫146 西壁

222 巫舞

神壇前鋪花氈一方，女巫抱琵琶歌舞賽
神。

中唐 莫360 北壁

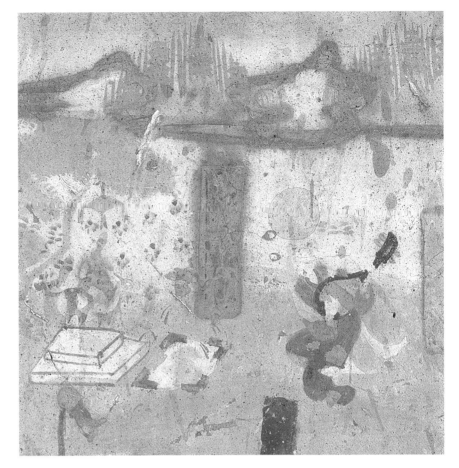

223 巫舞

神壇前女巫抱琵琶歌唱，男覡和樂起
舞。

中唐 莫7 南壁

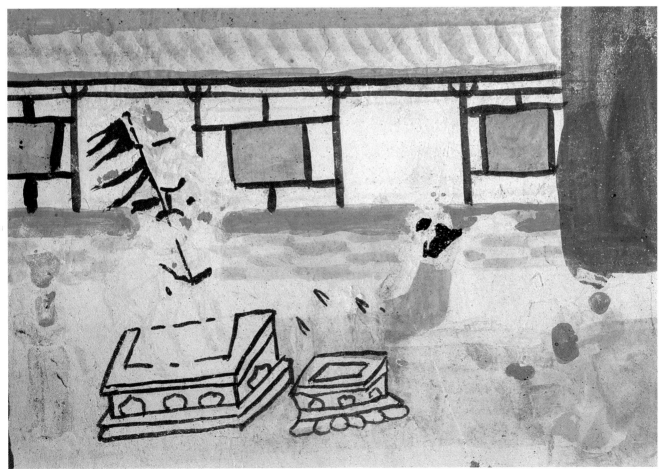

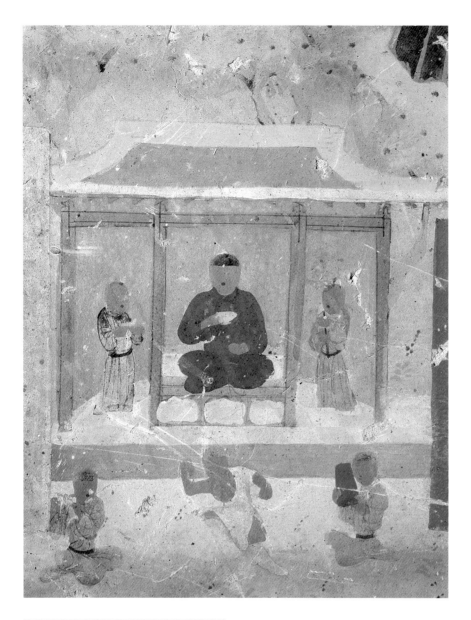

224 巫舞

巫師坐屋內，右手端水碗，念咒作法，
兩旁各有一侍兒。屋前樂舞齊作，從左
至右：吹笛、舞蹈、拍板。侍兒和樂舞
伎都是童子，頭上還留有髻髮。

晚唐 莫14 南壁

225 紙馬

壇上立馬一匹，上坐一人身獸頭者，頭頂
似為華蓋。壇旁蹲着一人，正伸手取供
品，這兩人均非真實形象，是虛幻之影，
代表下降的神靈。右側一人正雙手往案桌
上供，供桌的一側一男覡在跳舞。

中唐 莫358 北壁

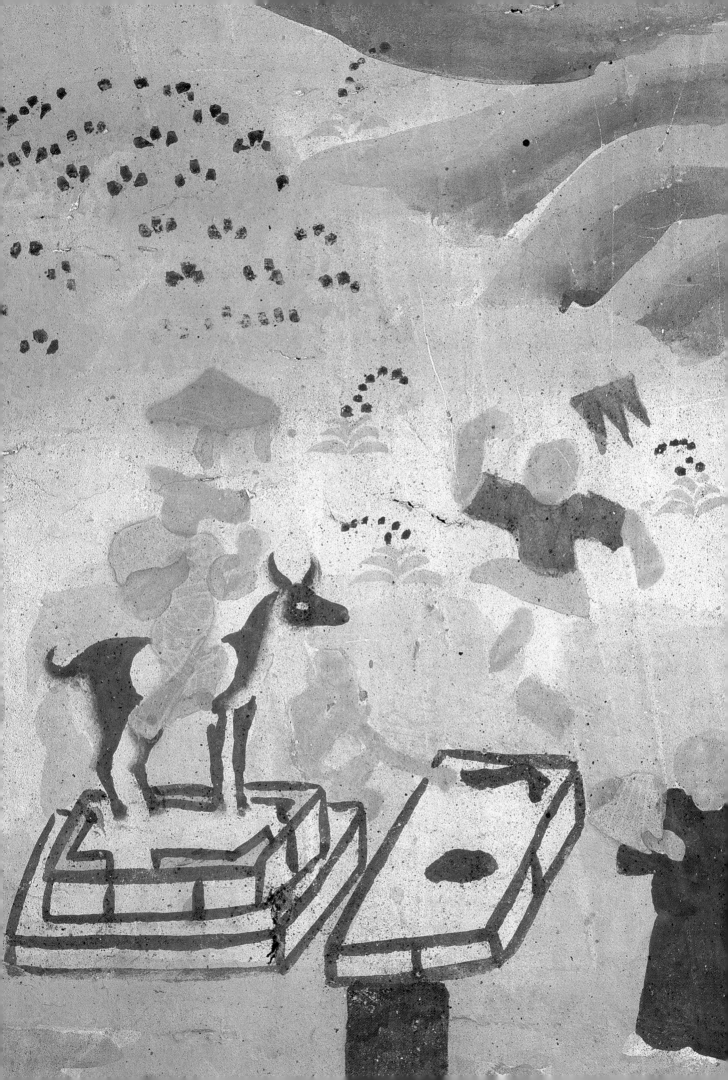

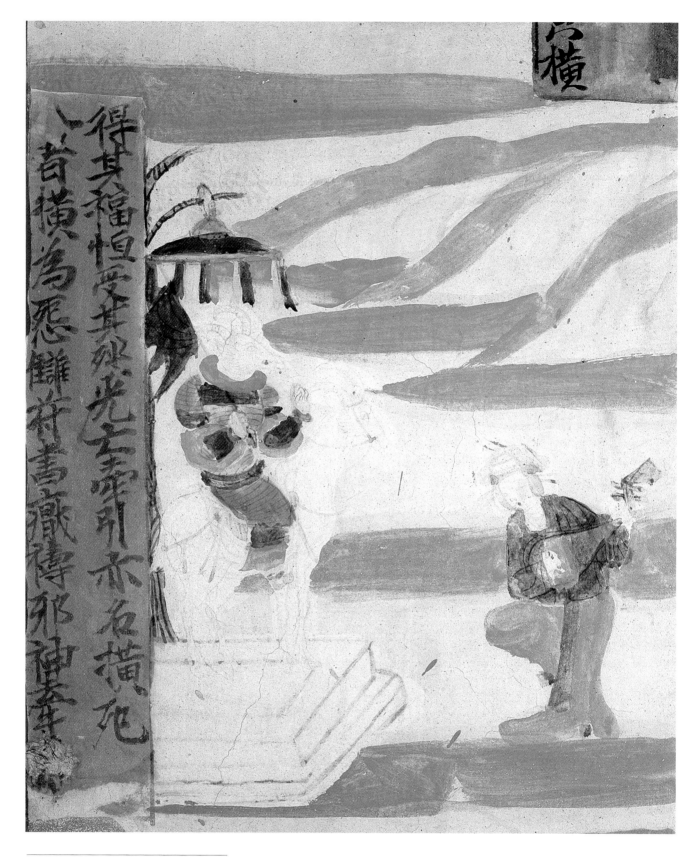

226　紙馬

壇上為紙馬及神靈的幻影，壇前女巫抱
琵琶歌舞。

宋　莫76　北壁

圖版索引

敦煌石窟分佈

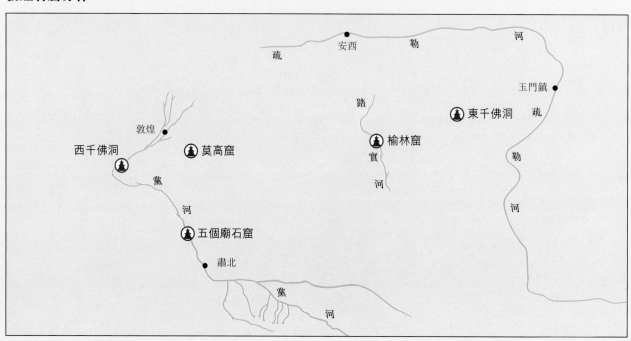

敦煌歷史年表

歷史時代	起止年代	統治王朝及年代	行政建置	備　注
漢	公元前 111－公元 219	西漢 公元前 111－公元 8 新 9－23 東漢 23－219	敦煌郡敦煌縣 敦德郡敦德亭 敦煌郡	公元前 111 年敦煌始設郡 公元 23 年隗囂反新莽；公元 25 年竇融據河西復敦煌郡名
三國	公元 220－265	曹魏 220－265	敦煌郡	
西晉	公元 266－316	西晉 266－316	敦煌郡	
十六國	公元 317－439	前涼 317－376 前秦 376－385 後涼 386－400 西涼 400－421 北涼 421－439	沙州、敦煌郡 敦煌郡 敦煌郡 敦煌郡 敦煌郡	336 年始置沙州；366 年敦煌 莫高窟始建窟 400 至 405 年為西涼國都
北朝	公元 439－581	北魏 439－535 西魏 535－557 北周 557－581	沙州、敦煌鎮、 義州、瓜州 瓜州 瓜州鳴沙縣	444 年置鎮，516 年罷， 為義州；524 年復瓜州 563 年改鳴沙縣，至北周末
隋	公元 581－618	隋 581－618	瓜州敦煌郡	
唐	公元 619－781	唐 619－781	沙州、敦煌郡	622年設西沙州，633年改沙州； 740年改郡，758年復為沙州
吐蕃	公 781－848	吐蕃 781－848	沙州敦煌縣	
張氏歸義軍	公元 848－910	唐 848－907	沙州敦煌縣	907 年唐亡後，張氏歸義軍 仍奉唐正朔
西漢金山國	公元 910－914		國都	
曹氏歸義軍	公元 914－1036	後梁 914－923 後唐 923－936 後晉 936－946 後漢 947－950 後周 951－960 宋 960－1036	沙州敦煌縣 沙州敦煌縣 沙州敦煌縣 沙州敦煌縣 沙州敦煌縣 沙州敦煌縣	
西夏	公元 1036－1227	西夏 1036－1227 蒙古 1227－1271	沙州 沙州路	
蒙元	公元 1227－1402	元 1271－1368 北元 1368－1402	沙州路 沙州路	
明	公元 1402－1644	明 1404－1524	沙州衞、罕東衞	1516 年吐魯番占；1524 年關閉 嘉峪關後，敦煌凋零
清	公元 1644－1911	清 1715－1911	敦煌縣	1715 年清兵出嘉峪關收復， 1724 年築城置縣